왕초보 사주학

입문편

낭월 박주현

동학사

왕초보 사주학(입문편)

글쓴이 | 박주현
펴낸이 | 유재영
펴낸곳 | 주식회사 동학사

1판 1쇄 | 1995년 9월 10일
1판 39쇄 | 2024년 11월 20일
출판등록 | 1987년 11월 27일 제 10-149

주소 | 04083 서울 마포구 토정로 53(합정동)
전화 | 324-6130, 324-6131 · 팩스 | 324-6135
E-메일 | dhsbook@hanmail.net
홈페이지 | www.donghaksa.co.kr
　　　　　www.green-home.co.kr

ⓒ 박주현, 1995

ISBN 89-7190-024-6 03180
＊저자와의 협의에 의해 인지를 생략합니다.
＊잘못된 책은 바꾸어 드립니다.

음양오행의 문을 열고

허공에 점을 하나 찍어봅니다.
그러고 보니 참 부질없는 일인가 봅니다.
원래 그대로인 자연의 법칙을
이렇게 무명의 필부가
너절하게 주절거리게 되었습니다.

이 글은 원래 음양오행을 좋아하는 벗님들끼리
나눠 읽으면서 즐거워하던 글입니다.
한국 PC통신의 하이텔 한방동(한의사 통신 동호회)에서
조그마한 게시판을 빌어서
조촐하게 "역학모임"이라는 이름을 달고
소박하게 공부를 시작했습니다.

날이 가고 달이 쌓여,
이쯤에 이르자
우리 벗님들이 한 권의 책으로 정리를 하라고
성화를 대기 시작했습니다.
그래서 이렇게 망상을 일으킵니다.
이 인연으로 다시 새로운 벗님을 만난다면
또한 분에 넘치는 복이겠지요.

이러한 명분으로 이 책은 탄생하게 되었습니다.
인연이 있어서 이 책을 펴신 벗님.
잠시 훑어봐 주세요.
음양오행의 변화와 인간의 사주팔자의 순환법칙에
관심이 있었다면…….
한번 천천히 읽어보심도
전혀 무익하지는 않으리라고 생각합니다.

그래서 만에 하나라도
어려워서, 혼동돼서 그간 인연을 맺지 못하셨다면
이 책은 도움을 드릴 것입니다.
그리고 계속되는 강의는
다음 권의 "연구편"을 탄생시킬 것입니다.
이 책은 그 처음이자 씨앗에 해당합니다.

이 책과 "연구편"을 통해 훌륭한 음양오행의 열매를 수확하신다면
이것은 모두 벗님의 노력에 의한 결실입니다.
그리고 만 분의 일이라도
난해한 명리의 바다를 항해하는데
저의 안내가 도움이 되어서
성공했다고 생각해주신다면…….
정말 분에 넘치는 영광이겠습니다.
그럼 긴 여행에 동반자가 되시기를 바라면서…….

노성산(魯城山) 기슭 서니암(西尼庵)에서
낭월(朗月) 박주현 두손 모음

1. 왕초보 명리학

• 들어가는 말 10

1장 두 갈래의 공존 - 음양론(陰陽論)

음양(陰陽) 이야기 ·· 16
• 음양의 구조 ·· 19
• 음양의 물질 ·· 20
• 음양의 추상 ·· 20

2장 다섯 갈래의 큰길 - 오행론(五行論)

木 이야기 ·· 26
火 이야기 ·· 33
土 이야기 ·· 38
金 이야기 ·· 48
水 이야기 ·· 53
다섯 손가락 이야기 — 오행 종합(五行 綜合) ············· 60

2. 초보 명리학

1장 열 개의 하늘 - 십간(十干)

갑목(甲木)_ 천년 묵은 소나무 ······························· 73
을목(乙木)_ 골프장의 잔디밭 ································ 81
병화(丙火)_ 장팔사모창을 휘날리는 장비 ··············· 85
정화(丁火)_ 이 한 몸 다바쳐서 오직 ······················ 89

무토(戊土)_ 묵묵히 앉아 있는 지리산 ················· 93
기토(己土)_ 넓고 넓은 나주평야 ··················· 97
경금(庚金)_ 설악산의 울산바위 ··················· 103
신금(辛金)_ 빛나는 다이아몬드 ··················· 106
임수(壬水)_ 낙동강 칠백 리 ····················· 112
계수(癸水)_ 졸졸졸 흐르는 옹달샘 ················· 118
십간 종합(十干 綜合)_ 얽히고 설켜서 밀고 당기고 ········ 122

2장 열두 개의 땅-지지(地支)

자수(子水)_ 응고된 종자 ························ 132
축토(丑土)_ 냉동 저장고 ························ 140
인목(寅木)_ 속리산 정이품송 ····················· 146
묘목(卯木)_ 무성한 숲속 ························ 155
진토(辰土)_ 촉촉한 문전 옥답 ···················· 158
사화(巳火)_ 타오르는 불꽃 ······················ 164
오화(午火)_ 후끈 후끈 달아오르는 열기 ·············· 169
미토(未土)_ 메마른 고원 ························ 173
신금(申金)_ 암반 지대 ·························· 179
유금(酉金)_ 차돌멩이 ··························· 184
술토(戌土)_ 아라비아 사막 ······················ 188
해수(亥水)_ 태평양 ····························· 192
지지 종합(地支 綜合)_ 묶기도 하고 풀기도 하고 ········ 198
사주 작성법(四柱 作成法)_ 절대로 틀리면 안 돼유! ······ 207

3. 입문 명리학

1장 변화하는 오행

생(生)의 과다(過多)_ 어머니 잔소리 ·················· 217
설(洩)의 과다(過多)_ 가지 많은 나무 ················ 221
극 무력(剋 無力)_ 데모, 군중의 아우성 ············· 226
수극 과다(受剋 過多)_ 눈 내린 위에 서리까지 ········ 229
기 태왕(氣 太王)_ 성난 파도 ························· 233

2장 왕상휴수사

십이운성(十二運星)이라는 미신(?) ················ 236
왕(旺)_ 홈그라운드 ································· 239
상(相)_ 어머니가 계신 고향집 ···················· 241
휴(休)_ 아기 낳은 산모 ···························· 246
수(囚)_ 감옥살이 ··································· 250
사(死)_ 도살장 ······································ 252

3장 뿌리 내리는 법칙

木의 뿌리 내리기 ··································· 256
火의 뿌리 내리기 ··································· 260
土의 뿌리 내리기 ··································· 264
金의 뿌리 내리기 ··································· 267
水의 뿌리 내리기 ··································· 270

4장   합(合)도 하고 충(沖)도 하고

천간 오합(天干 五合)의 이모저모 …………………… 274
삼합(三合) 연구 …………………………………………… 281
육합(六合) 연구 …………………………………………… 287
달밤에 몰래 만나는 암합(暗合) ………………………… 289
서로 부딪치니 충돌(衝突)이라 ………………………… 294
합충(合沖)도 복합적인 경우가 있다 …………………… 300
나머지 복잡한 놈들
　　(형(刑), 파(破), 해(害), 공망(空亡)) …………… 303

5장   육친(六親) 연구

열 가지 특수법칙 ………………………………………… 308
나의 뿌리, 어머니 ………………………………………… 312
어머니의 두 얼굴 ………………………………………… 319
하늘같은 아버지 ………………………………………… 324
남편도 여러 가지 ………………………………………… 330
　• 갑목(甲木)의 남편 역할 ……………………… 331
또 하나의 남편 …………………………………………… 339
　• 을목(乙木)의 남편 역할 ……………………… 339
각시도 여러 가지 ………………………………………… 344
남녀 배필을 보는 궁합 …………………………………… 352
자식, 그리고 그 밖의 인연들 …………………………… 355

■ 덧붙이는 글 ……………………………………………… 359

1

왕초보 명리학

들어가는 말

광활한 명리(命理)의 바다,

한쪽 편에 서서……
우선 무엇인가 시야에 들어온다고 해서
전부가 아닌 줄은 알지만,
그래도 누군가 본 만큼이라도 적어두어야
다음에 와본 사람이 참고를 삼지 않겠느냐는 말로
얼버무리면서 극히 초보자 후배님들의
명리학에 대한 안목을 인도하고 싶은 욕심에
주저하는 마음을 채찍질하여
이렇게 하나의 티끌을 일으킵니다.

그러나 또 한편, 생각해보면
명리가 뭐 그렇게 어렵기만 한 것은 아닙니다.
괜스레 심오하다느니,
우주의 이치가 있다느니,
갈수록 태산이라느니,
온갖 무게 있는 말로 치장을 해두어서 그렇지

따지고 보면
밥 먹고 일하고 돈 벌고 잠자는 그것이
명리학이 아닙니까?
날이 샜으니 양(陽)의 시간이란 것을 알겠고,
밤이 되니 음(陰)의 시간이란 것을 알 수 있듯이 말입니다.

나무가 쑥쑥 자라면
木기운이 왕성한 것이요
모닥불이 까물까물하면
火기운이 쇠한 것이란 것만
분별할 줄 안다면 말이지요.
전문가는 다만 이것을 이용해서
좀더 파고들었다는 것이고,
아마추어는 그저 그 정도로
만족하고 있기 때문인 거겠지요.
이 책을 집어드신 벗님은 무슨 마음이신가요?

처음에는,
'그까짓 사주팔자가 도대체 뭐해먹는 말라비틀어진 말 뼈다귀 같은 소리여, 모든 일은 노력한 대로 이루어지는 법인데 쓸데없이 일하기 싫은 놈들이 말장난 해놓은 걸 가지고…… 거기에 매달려서 중요한 자기의 인생 결정을 남에게 부탁하는 변변치 못한 인간들의 마음을 악용해서 밥 먹고 사는 버러지들의 땟국물이라구!'

얼마쯤 지나고 나면,

'글쎄…… 사주가 있는 것도 같고 없는 것도 같고…… 그래도 사주를 믿는다고 하면 이 최첨단의 문명시대에 원시인이라고 친구들이 비웃을지도 모르니, 겉으로는 안 믿는다고 큰소리 치고 속으로는 그냥 내버려둘 수밖에. 사주 보러 가지 않으면 되지, 등을 쳐먹든 사기를 쳐먹든 나만 안당하면 되지…….'

그러다가 또 한참이 지나면,

'이거 해도 해도 돈이 안 벌리니 도대체 무슨 조화 속인지 모르겠구만. 내가 백만 원을 벌어오면, 생활비가 오십만 원 드는 것은 불을 보듯 뻔한데…… 어째서 한 달에 오십만 원의 은행 잔고가 생기지 않느냐 말여. 노력을 십년이나 했으니 이제 상당한 돈이 모일 때도 되었는데 아직도 단칸셋방에서 아이들 셋과 아웅다웅하고 있으니…… 이거 정말 팔자소관이 있기는 있는가? 어디 한번 가서 물어봐? 말아? 에라 모르겠다 한번 가서 물어본다고 기둥뿌리 패일 것도 아니니 가서 알아보기나 하자.'

한 군데 두 군데 이리저리 시작이 반이라고 기왕에 버린 몸이라고(?) 너덧 군데 가서 알아보고 나니 이런 생각이 듭니다. '아, 이거 내가 너무 미련하게 생각을 했구나, 그 사람들이 헛밥을 먹는 것은 아닌가보다.'

대부분의 사람이 명리학에 눈을 뜨는 순서가 대강 이렇겠지요? 그러나 이렇게 본격적으로 명리학을 공부하려고 마음먹은 벗님은 이미 그 단계를 넘어 준전문가를 꿈꾸며 한바탕 천지 자연의 이치와 더불어 씨름을 할 준비를 하고 있는 투사들인 듯합니다. 음양오행의 이치를 궁구하는 데는 열정이 필요합니다. 그래야만 장차 비밀의 문을 활짝 열고서 신비의 체험을 하시는 데 장애가 없을 것입니다.

 이 강의는 서로서로 뜻이 통하는 벗들끼리 마주 앉아서 소주라도 한잔 나누면서 담소하듯이…… 그렇게 읽어주시면 좋겠습니다. 격식이니, 권위니 하는 겉치레는 훌훌 벗어서 옷걸이에 걸어두고 속내의 바람으로 오랜 친구와 이야기하듯이…… 그렇게 읽어주시면 고맙겠습니다. 사실 이 강의는 그런 기분으로 한줄한줄 적어내려간 것입니다. 물론 다소간 수정을 하기는 했습니다만 그 골격은 그냥 두었습니다.

 항간에는 20년, 30년 명리학을 연구했다고 권위를 내세우면서 내용은 이 책 저 책에서 가위질해서 자신의 이름으로 포장을 하여 출판하는 어르신도 없지는 않습니다만…… 그냥 먹고 살려고 그런다면 이해는 갑니다만, 학문을 가지고 희롱하는 듯해 기분이 영…… 아니더군요.
 그래서 저는 항상 책을 대하면서 그런 생각을 했습니다. 누구나 1년만 투자하면 명리의 세계에 눈을 뜰 수 있는 재밌는 책을 만들었으면 좋겠다고 말입니다.
 이 책을 크게 "왕초보" "초보" "입문"으로 나눴습니다. 왕초보에서는 음양과 오행의 개념을 배우시게 됩니다. 보통 책으로 공부하시는 벗님들이 소홀히 여기기 쉬운 부분입니다. 그러나 사실은 이 부분이 가장 중요하다고 생각합니다.
 다음으로 초보에서는 십간(十干)과 십이지(十二支)를 공부하게 됩니다. 명리학의 골격이 되는 것이지요. 각각의 특성과 구조를 비교적 자세히 공부하실 수 있습니다.

마지막으로 입문에서는 기본에서 변화하는 모습을 배우게 됩니다. 물론 왕초보의 연장이지요. 그리고 서로서로의 관계를 생각하게 됩니다. 이렇게 공부 하시면 이 책은 졸업하게 됩니다. 그러면 본격적으로 명리학을 파고 들 준비는 끝마친 셈입니다. 이 책의 목표는 여기까지입니다. 그리고 다음 책은 연구로 넘어갑니다. 사실 가장 중요한 것은 이곳에 모두 모았다고 생각됩니다. 뭐든 그렇지만, 명리학 공부에서도 역시 기초는 정말 중요하거든요. 특히 이 책 저 책 전전하면서 읽어봐도 도무지 가닥이 잡히지 않으신 분은 무슨 말인지 알아듣고 고개를 끄덕이실 겁니다.

이 책이 제가 뜻한 대로 된 것 같기는 합니다만 최종 판단은 읽으시는 벗님이 하실 것이므로 조용히 기다립니다. 적어도 남의 혀끝에 속지는 않게 될 것입니다. 목표를 크게 세우고 가시기 바랍니다. 아니, 자신이 속지 않을 뿐만 아니라 속이는 무리들에게 한바탕 호통을 치실 수도 있을 겁니다. 이것은 전적으로 스스로 얼마나 열심히 파고드느냐에 달렸습니다. 이 책은 그 길에 친절한 안내자가 될 것입니다. 겁 없이 시작한 이야기가 이렇게 한 권의 책이 되었군요. 차근차근 따라가시면 엉성한 면도 있겠지만, 알맹이를 건지실 거라고 감히 말씀드립니다.

나머지는 우리 벗님의 몫입니다. 자, 그럼 이제 이 만만치 않은 길에 동행을 축하드리면서 소박하고도 당당한 첫걸음을 힘껏 디뎌봅시다.

1장

두 갈래의 공존

음양론
(陰陽論)

음양(陰陽) 이야기

우선 음양(陰陽)이 무엇인지를 설명해드려야겠지요? 아마도 이 책을 읽는 벗님들이라면, 이미 그 정도는 알고 계시리라 생각합니다. 그래도 다시 정리하는 기분으로 한번 쭉 읽어보시기 바랍니다.

먼저 위의 그림을 보십시오.

어떤 느낌이 드세요? 뭔가 불안정한 느낌이 드는군요. 아니 뭔가 움직이는 느낌이 들기도 하고요. 이것이 음양의 상징입니다. 음양은 이런 모양으로 표현을 합니다.

다음 그림은 어떻습니까? 안정되어 있지요? 그리고 고정되어 있는 느낌도 드실 겁니다. 이것은 음양의 상징으로 사용하지 않습니다. 변화가 없기 때문입니다. 그래서 죽어 있는 것이라고 합니다. 비슷하기는 하지만, 뜻하는 바는 전혀 다릅니다. 이 그림을 보고 있으면 흑백논리가 생각납니다. 뭔가 고정되어 있는, 분명하고 명백하게 구분을 지어야 하는 흑백논리는 이 그림에 가깝지 않나 생각되는군요.

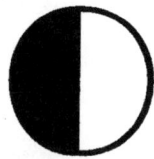

음양도 흑백논리라고 생각할 수 있습니다. 음과 양이니까요. 하지만 사실 음과 양 그 중간에 존재합니다. 맨 처음의 그림을 중심에서 바라다보시면 이해가 되실 겁니다. 단순한 관찰자가 되지 말고 한복판의 중심점에다 자신을 세워두고서 살펴보십시오. 어느 지점을 바라다봐도 똑같은 부분이 없습니다.

어느 부분은 양이 많고, 어느 부분은 음이 많고, 혹은 비슷한가 싶으면 이번에는 양이 한쪽에 있고 다른 곳에서는 음이 안쪽에 있고…… 즉 이렇게 음양을 관찰하는 것입니다.

혹시 궁금하시지요? 이 그림은 왜 다르냐고요……. 비슷하기는 한데 뭔가 다르지요? 오른쪽의 모양은 태극기 모양과 똑같군요. 안면이 많아서 반갑겠습니다. 하하.

두 갈래의 공존_음양론(陰陽論)

근데 왼쪽 것은 그 반대군요. 그리고 가운데에 점이 있군요. 이 점은 눈이라고 합니다. 없어도 상관없지만, 강조를 하기 위해 찍어둔 것입니다. 그러니까 점이 있으나 없으나 크게 신경 쓸 일은 아닙니다. 이 모양은 원래 하나입니다. 하나의 음양의 변화를 하고 있을 뿐이지요.

여기서 빙글빙글 돌아가는 회전의 흐름을 읽어내신다면 정말 대단한 안목입니다. 근데 두 개의 그림이 회전하는 방향이 반대로군요. 왼쪽의 것이 오른쪽으로 회전을 한다면 오른쪽의 것은 왼쪽으로 회전을 합니다. 이것은 음양의 순역(順逆)을 표시한 것입니다. 음양에도 순과 역이 있습니다. 모양은 다양해도 뜻하는 것은 하나입니다. 음양변화(陰陽變化)라고 할까요?

순으로 변하든 역으로 변하든 변하는 것은 분명합니다. 그 변화가 좋은 작용을 하기도 하고 나쁜 작용을 하기도 합니다. 그래서 인간의 팔자(八字)를 음양의 표에다 적용시켜 좋게 변화 하는지 나쁘게 변화 하는지 살펴봅니다. 좋게 변화하면, 계획을 적극적으로 추진하고, 나쁘게 변화하면 소극적으로 관망하게 됩니다. 이것을 지혜(智慧)라고 부르지요. 비겁(卑怯)이라고 할 수도 있다고요? 하하 글쎄요…….

그럼 그 변화를 어떻게 읽어내느냐? 이것이 문제입니다. 지금 벗님이 읽어가고 있는 이 책이 바로 그 길과 흉을 읽어내는 방법을 다루고 있습니다. 다만 그 길흉을 인간사(人間事)에 국한시켜서 읽어내는 것입니다. 그럼 다른 곳에서는 어떻게 읽어낼까요?

국운(國運)이니 풍수지리(風水地理)니 하는 것은 또 다른 영역입니다. 물론 그 모든 이치의 뿌리도 책에서 다룹니다. 그러나 초점은 인간의 타고난 운명입니다. 이 책을 배워서 할아버지 묘지를 잡아보겠다고 생각하신다면 아마도 책을 잘못 고르셨군요, 하하.

그럼 좀 더 음양의 모양에 대해서 구체적으로 음미해 보겠습니다. 하나 하나 잘 생각해보시면 살이 되고 피가 되실 겁니다.

음양의 구조

음양은 상대성입니다.
음양은 대립 속에 융화를 나타냅니다.
음양은 어느 한 쪽만으로는 존재할 수 없습니다.
음양은 이기고 지는 법이 없습니다.
음양은 서로서로 의지하고 도와줍니다.
음양은 항상 서로를 그리워하고 동경하지만 영원히 만나서 하나가 될 수 없습니다.
음양은 눈길이 머무르는 곳이면 어디나 있습니다.
음양은 눈길이 도달할 수 없는 곳에도 엄연히 있습니다.
음양은 작기로(小)는 한 티끌 속에도 모두 들어가고,
또 크기로(大)는 온 허공을 감싸고도 남음이 있습니다.
음양은……
음양은 불이법(不二法)입니다.

이것이 음양론(陰陽論)입니다. 무슨 시를 읽고 계신 것 같죠? 사실 따지고 보면 시가 아닐 것도 별로 없을 겁니다만. 아무튼 간단하게 그 음양의 속뜻을 표시해 보았습니다. 그런데 좀 막연하게 느껴지시지요? 그럼 이제부터 좀 더 구체적으로 말씀드리겠습니다. 잘 살펴보시기 바랍니다.

음양의 물질

여름은 양이고 겨울은 음입니다.
봄은 양이고 가을은 음입니다.
한낮은 양이고 밤중은 음입니다.
새벽은 양이고 저녁은 음입니다.
소년은 양이고 노인은 음입니다.
손등은 양이고 손바닥은 음입니다.
엄지손가락은 양이고, 새끼손가락은 음입니다.
등은 양이고 배는 음입니다.
문은 양이고 문틀은 음입니다.
초침은 양이고 시침은 음입니다.
프라이드는 양이고 고속버스는 음입니다.
……그리고
수컷은 양이고 암컷은 음입니다.

음양의 추상

시작은 양이고 끝은 음입니다.
시간은 양이고 공간은 음입니다.
기쁨은 양이고 슬픔은 음입니다.
웃음은 양이고 눈물은 음입니다.
교만은 양이고 겸양은 음입니다.
여유는 양이고 공포는 음입니다.
지혜는 양이고 우치는 음입니다.

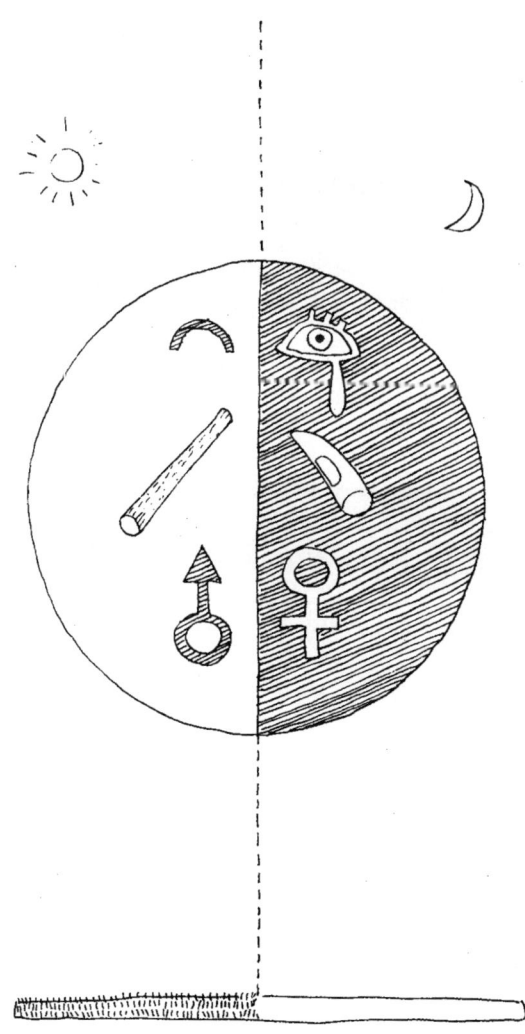

보리[道]는 양이고 번뇌는 음입니다.
희망은 양이고 절망은 음입니다.
부처는 양이고 중생은 음입니다.
그래서…… 웃고 나서는 눈물이 한 방울 흐르고,
어리석음을 의지하여 지혜를 기르며,
번뇌를 돌이키면 도를 깨닫는다고 했나 봅니다.

그리고……

음양이 아닌 것은 무엇일가요?

2장

다섯 갈래의 큰길

오행론
(五行論)

오행(五行) 이야기는 아무리 많이 해도 끝이 없답니다. 해도 해도 재미있고 해도 해도 복잡하거든요. 그래서 "들어가는 문은 넓은데 나오는 문이 없다"고 합니다. 그렇더라도 겁먹고 그냥 앉아 있을 수 없는 노릇입니다. 한번 용감하게 문을 열어젖혀 봅시다.

음양이 기본이라면 오행은 변화라고 말할 수 있습니다. 만약에 기본을 모르고 변화만 좋아한다면 그 사람은 평생을 공부해도 묘리(妙理)를 깨닫기 어려울 것입니다. 왜냐하면 모든 이치는 기본에서 출발하여 변화무쌍한 세계로 전개되기 때문입니다.

어떤 변화에도 기본은 항상 따라다닙니다. 기본이 안되어 있으면 변화도 힘이 없지요. 그런 의미에서 오행은 기본입니다. 즉, 오묘한 사주팔자의 변화를 모색하기 위해서는 필히 깊이 이해를 해야 합니다. 혹 성격이 급한 벗님은 설렁설렁 책장을 넘기실지도 모릅니다. 얼른 사주팔자 보는 방법을 알고 싶어서지요. 얼른 애인과의 궁합을 보고 싶은 마음이 앞섭니다.

그러나 결국 얼마 가지 않아서 공부 방법이 잘못되었다는 것을 알게 되고, 그래서 다시 오행을 되짚게 됩니다. 결국 느긋하게 차근차근 살펴가는 것만 못한 결과를 가져옵니다. 그래서 기초는 항상 중요합니다.

그럼 서둘지 마시길 당부드리겠습니다. 자, 다음을 살펴보겠습니다.

오행의 기본입니다.

참으로 간단하지요. 벗님도 명심하십시오. 사주팔자의 천변만화(千變萬化)가 모든 이 오행(五行)과 음양(陰陽), 즉 木의 음양, 火의 음양, 土의 음양, 金의 음양, 그리고 水의 음양의 손바닥에서 벌어지는 일장춘몽(一場春夢)이라는 것을 말입니다. 원래 우리 어르신들 말씀이 "인생은 한바탕 꿈과 같으니라……" 하셨잖아요? 그러니 이 대목만 제대로 정리할 수 있다면 이미 공부는 다 된 셈입니다. 오행이라고 하는 이 간단한 것 다섯 개가 무궁무진한 조화를 알려주는데도, 소홀히 하는 이유는 뭘까요?

아마도 조급한 마음 때문 아닐까요? 모든 일은 순서를 중시합니다. 서둘러야 될 일도 있지만, 사주학은 서두르다가 제풀에 지칠 수 있습니다. 차근차근 비밀을 읽어내는 혜안이 얼마나 좋으냐에 달려 있습니다. 사실 비밀은 없습니다. "모두가 있는 그대로 적나라하게 드러나 있건만 사람이 자기 눈 어두운 줄은 모르고 비밀이라고만 하더라." 그래서 부지런히 눈 운동을 하는 것이 상책입니다. 하하.

木 이야기

우선 木이라고 하는 물건을 도마 위에 올려놓고 한번 자세히 살펴봐야겠습니다.

나무 목, 그렇지요? 이렇게 간단한 글자를 이리저리 굴려보고 살펴봐도 달리 뾰족한 재주가 나올 성 싶지 않군요. 그래서 보통은 그냥 두어 이리저리 뒹굴려 보다가는 금방 싫증내고 다른 곳으로 가버립니다. 그리고는…… 아무 일도 없지요 뭐.

조금 끈기 있는 사람은 그래도 혹시나 하고 좀 더 지켜보자는 속셈입니다. 그러면 그 사람의 눈에는 잠시 하나의 영상이 스쳐갑니다.

하루의 새벽이 나타났다가 사라집니다.
일 년의 봄이 나타났다가 사라집니다.
어린 시절이 잠시 나타났다가 사라집니다.
몸속의 신경 조직이 잠시 보였다가는 사라집니다.
산천의 나무들이 나타났다가 사라집니다.
그 마음속에서 잠시 천진난만한 기분이 들었다가 사라집니다.

그리고는 아무 일도 없었다는 듯이 다시 고요해집니다.

그래서 좀 더 기다리다가 아무런 변화가 없자. 지루해져서 그만 자리를 떠나갑니다.

그런데 아주 지독한 찰거머리는 절대로 움직이지를 않습니다. 하루 이틀, 시간이 흘러가는 것을 아는지 모르는지 그냥 꿈쩍도 않은 채 묵묵히 지켜보고만 있습니다. 이윽고 삼일 째가 되는 날, 그의 눈은 휘황찬란한 광채를 바라다볼 수 있게 됩니다. 그 광채는 푸르스름한 청색(木의 색(色))의 직선으로 뻗어가는(木은 뻗어나가는 성질), 마치 올림픽의 폐막식처럼 청색의 폭죽이 빛을 발하며 하늘로 솟구치는 듯한 그런 광채였습니다. 그 빛은 얼마를 올라가다가는 회전을 하면서 두 갈래로(木의 음양(陰陽)) 갈라지는 것이었습니다. 하나는 허공을 가득 채우고(갑목(甲木)) 또 다른 하나는 지상으로 내리 뻗치더니 초록빛으로 변해서 온 땅덩어리를 감싸면서(을목(乙木)) 퍼져나갔습니다.

그 후로 이 찰거머리의 눈에는 하늘이 파랗게 보이고 땅은 초록색으로 보였습니다. 그런데 예전에 보던 것과 같기는 한데 분명히 같은 것은 아니었습니다.

木이란 이렇게 솟구치는 성질, 뻗어나가는 성질이 있습니다. 아시다시피 나무는 오행의 기운 중에서도 木기운을 많이 받고 생겨난 물질입니다. 혹시라도 나무 자체가 모두 木이라고 말하지는 마십시오. 그런 일은 있을 수도 없고 있어서도 안 됩니다. 그렇게 되면 두루두루 섞여서 살아가는 자연의 이치에 적합하지가 않습니다.

그러면 나무속에도 나머지 것들(火, 土, 金, 水)이 어떤 형태로 존재하는지 잠시 살펴보고 가는 것도 좋겠군요.

木의 火

나무 중에서 마구 자라는 성질은 분명히 목질(木質=을목(乙木))입니다. 그리고 木기운이 넘쳐흐르면 꽃이 핍니다. 피는 꽃이 어두침침한 경우를 본 적이 있으십니까? 벚꽃놀이를 다녀오신 분은 더욱 실감 나실 것입니다. 만발하는 꽃송이들을 말입니다.

이것이 바로 木의 火입니다. 봄바람이 살랑살랑 불면 큰 애기 마음이 싱숭생숭하다는 말이 있습니다. 왜 그럴까요? 바로 꽃을 피우고 싶은 마음 때문입니다. 꽃이란 무엇입니까? 수정을 위한 것입니다. 수정은 결국 큰 애기의 수정 의욕을 자극시키기도 하는가 보지요? 그래서 봄바람을 받은 나무나, 봄바람을 맞은 큰 애기는 모두 감정이 폭발하여 안방에 가만히 있지를 못하고 들로 산으로 쏘다니다가는 멋진 남성을 만나서 사랑을 속삭이게 되었더라는 이야기 인데…….

그래서인지 봄에는 유난히도 화장품이 많이 팔린다는군요. 자외선이 어쩌고 하지만 모두 핑계고 결국은 꽃 같은 마음이 자꾸 화려하게(火) 꾸미고 싶은 충동질을 하는 것입니다(그만해야지, 다음에 火를 이야기할 때 바닥이 나버리면 큰일이지……).

木의 土

다음, 木의 土는 무엇일까요? 바로 열매를 키우는 것입니다. 우리는 "땅은 정직하다"고 말합니다. 이는 무든 뜻일까요? 농사를 지으면 열매가 달린다는 말이 아닐까요? 동글동글한 열매(거의 98%)는 분명히 土(지구)를 닮은걸요. 간혹 네모난 과일도(인공수정으로 교배한 수박을 말함) 없는 것은 아니지만 그래도 자연에 가까운 것은 동글동글하게 마련입니다.

그리고 맛도 대개는 달지요. 단맛이 바로 土의 본성입니다. 혹시 이렇게 묻고 싶으신 분이 계신가요?

"장미는 열매가 없으니 木의 土가 없는 것이 아니겠소?"

그렇습니다. 장미는 木의 土가 희박합니다. 오직 火로서 끝입니다. 그래서 우리는 장미를 어디에 사용합니까? 火의 표현, 즉 사랑의 상징으로만 사용합니다. 오직 사랑만을 불태우는 장미, 그래서 오행을 고루 갖추지 못했기 때문에 독소가 많습니다. 그 예리한 가시를 보시면 무슨 소린지 감이 잡히실 것도 같은데…….

木의 金

다음은 木의 金이 무엇인지 설명을 해볼까요? 金은 결실을 말합니다. 木은 金기운을 가지고 있어서 결실을 합니다. 가을에 팔공산을 가노라면 산자락에 붉게 익은 사과알들이 주렁주렁 매달려 있는 풍경을 보게 됩니다. 참 볼 만하지요. 그런가 하면 천안의 명물 호도는 또 그렇게 단단하게 결실을 맺습니다. 이것이 바로 金의 공덕입니다. 그런가 하면 나무 자체도 단단해집니다. 여기서 나이테를 얼른 떠올리신 분은 센스가 좋은 겁니다. 단단한 것은 金의 성분이니까요. 가을이 되면 金의 성분이 많기 때문에 나무는 정지하고 더는 자라지 않을 것이라고 생각하시는 분은 없으신가요? 그렇다면 나이테를 다시 살펴보십시오. 봄이나 여름에 자란 것보다는 넓지 않지만 분명히 자로 잴 수 있을 정도의 두께는 있습니다. 이것은 가을에도 木

의 성질은 자라고 있다는 걸 증명해주는 것이겠죠?

木의 水

그리고 다시 木의 水는 무엇일까요? 木의 水는 수분이라고 보아도 크게 틀리지 않습니다. 제가 이렇게 말씀을 드리면 의아해하시겠지요?

"아니? 수분이 물이지 또 다른 게 있단 말이요?"

그렇겠군요. 그러나 또 하나의 水가 있습니다. 그 물건은 바로 씨앗입니다. 사과 속의 씨앗, 감 속의 씨앗 말입니다. 씨앗은 바로 木의 정(精)입니다. 정은 역시 水에 해당합니다. 한 알의 작은 잣 알에는 천년 묵은 잣나무의 꿈이 자라고 있거든요. 그래서 단단하지요. 水는 이렇게 응고하는 성분입니다.

이렇듯 木에도 오행이 있는데, 각각의 나무마다 그 비율의 정도가 각기 다릅니다. 장미는 火의 성분이 강하듯, 감초는 土의 성분이 강합니다. 마늘이나 파는 金의 성분이 강합니다. 이것을 잘 아시는 신농씨(神農氏)는 인간의 질병을 살펴서 온갖 나무를 먹어보시고는 성분 분석을 한 후에, 한의학이라는 위대한 의술을 펼치셨으니 이른바 木의 도사이십니다.

각설하고,

다시 木의 木으로 돌아오겠습니다. 물질적인 木은 이 정도로 해두어도 대강 감이 잡히실 것 같습니다. 다음은 정신적인 木에 대해서 한번 생각해보고 마무리할까 합니다.

하늘로 올라간 한 줄기의 청색 광명(갑목(甲木)=목기(木氣))은 우주의 기운이 되어서 공기 속에 녹아들었습니다. 그리고는 모든 생명체에게 공기 중으로 흡입이 되어 각자의 희망이 되었습니다. 그래서 공기를 마시면 항상 희망이 생깁니다. 공기를 마시지 못하면 절망이 생깁니다. 맑은 공기를 마시면 기분이 날아갈 것 같습니다. 바로 하늘로 솟구치던 청색의 그것과 너무나 흡사합니다.

공기를 마시지 못하면 그 순간부터 죽음만 떠오릅니다. 어디 한번 잠시 숨을 멈추고 공기를 마시지 말아보십시오. 희망이 생기나 절망이 생기나…… 시간이 흐를수록 공기를 마시고 싶어집니다. 木기운은 바로 생명 그 자체이기 때문입니다.

바로 이것이 사람의 정신을 지배하려고 합니다. 그래서 木의 지배를 받지 않겠다고 숨을 안 쉬는 수련을 한다지만 글쎄요…… 아무래도 실패할 확률이 높겠지요? 그런 이상한 수행을 할 적에는 잘 살펴보아야 합니다.

木의 정신은 희망과 지구력입니다. 木기운이 부족한 사주라면 아무래도 희망보다는 절망이 많을 겁니다. 반면 木기운을 많이 받은 사람은 쉽게 좌절하지 않습니다. 몸자세를 봐도 木기운을 충분히 받은 희망찬 사람은 천년의 소나무처럼 허리를 펴고 꼿꼿하게 서 있지만, 木기운을 충분히 받지 못한 사람은 허리도 구부정하고 얼굴에도 생기가 없습니다. 그러니 누가 보면 어디 아프시냐고 묻기 십상입니다.

木은 봄철에 가장 왕성한 기운을 갖습니다. 그런데 서양 사람들은 왜 봄을 "스프링(spring)"이라고 부르죠? 우리는 용수철이라고 번역을 하던가요? 스프링이라고 하면 무엇이 떠오르십니까? 꼬불꼬불한 모양? 그렇죠. 솟구치는 탄력이 떠오릅니다.

"木=솟구치는 힘 =봄=청춘"

이 모두가 木입니다. 사람이 얼마나 살 것인가를 점칠 때는 그 관상에서 木기운이 살았나 죽었나를 먼저 살피면 됩니다. 이렇게 여러 각도에서 木의 성질을 살펴보았습니다. 물론 木이란 물질이 혼자서는 아무 일도 할 수 없지요.

이 땅에서 사는 한, 함께 둥글둥글 살아가는 것이 좋은가 봅니다. 木의 일생은 겨울에 힘을 모았다가 봄에 강해져서 여름에 잉태를 한 뒤 가을에 결실을 맺습니다.

火 이야기

다음은 불에 대한 이야기를 나눠보겠습니다.

불 화(火), 이런 모양을 상형문자라 하던가요? 사실 눈 나쁜 제가 봐도 불이 장작 위에서 훨훨 타고 있는 것 같습니다. 그러면 불의 마음부터 살펴보도록 하지요.

火는 정열입니다. 그러나 인내심이 약합니다.
火는 열기입니다. 그러나 빨리 식기도 잘합니다.
火는 젊음입니다. 그래서 진득이 기다리지를 못합니다.
火는 의욕입니다. 그리고 배짱도 두둑합니다.
火는 쟁취하는 것입니다. 데모대의 선봉에서 붉은 깃발을 흔들면서 "이기자! 타도하자!" 외치는 사람은 영락없는 火입니다.
火는 분명합니다. 그래서 아리송한 것을 싫어합니다.
火는 좋으면 좋고 나쁘면 나쁘고 확실한 구분을 좋아합니다.
火는 추상성을 싫어합니다. 그래서 애매모호한 말을 들으면 머리가 복잡해집니다. 있는 그대로를 받아들입니다.

火는 간섭하기를 좋아합니다. 남의 집 제사상에 밤 놔라, 대추 놔라 하는 사람은 틀림없는 火입니다.

火는 위 아래를 분명히 구분하는 것을 좋아합니다.

복잡하거나 말거나 사돈의 팔촌까지 자세히 가려내는 것도 火의 역할입니다. 火란 그 형상이 "밝음"이기 때문입니다.

그래서 우리는 생긴 대로 논다고 말합니다.

火는…… 뜨겁습니다. 불이야! 불!

우리가 오행의 성분을 분석할 때는 우선 생긴 대로 놓고 관찰하고, 생각하다보면 어느 사이 그 본질을 파악할 수 있습니다. 모든 사물이 그렇게 생긴 데에는 그만한 사연이 있는 법이거든요. 어느 것 하나도 우연히 생긴 것은 없습니다. 사람이 태어나는 사주도 우연히 그 시간에 엄마가 낳았을 뿐이라고 생각할 수도 있지만, 필연적으로 그 시간에 태어나도록 각본이 이미 짜여져 있던 것입니다. 사주는 전생의 업장이거든요. 수년간 많은 사주를 보다가 느낀 것이 바로 이것입니다. "사주(四柱)=전생(前生)" 그러니 우리 왕초보님들이 이 학문에 관심을 갖고 계신 것도 아마 전생에 무슨 인연 때문일 겁니다.

그러니 모든 사물을 볼 때는 그것의 원형이 음양오행의 어느 부류에 속하는지 살피는 습관을 들이면 좋습니다. 그래야 명리학 공부의 기간을 훨씬 앞당길 수 있습니다. 어차피 생긴 대로 노는 것이니까요. 게는 옆으로 걸어가고, 지네는 바위 바닥에 붙어 있고(요즘 방에서 하루에 두세 마리의 지네를 잡아냅니다. 이그! 징그러운 중생). 잉어는 헤엄을 칠 수밖에 없습니다. 우리 벗님들 중에 서울 사는 분들은 한 번 생각해보십시오. 남대문의 현판이 어떻게 생겼는지요? 음양 공부를 하다보면 이렇게 평소에 우연히 지나

쳤던 것들도 다시 새롭게 다가옵니다. 그래도 火도 어제의 火가 아닌 거지요. 벗님의 마음도 어제의 마음이 아닙니다.

火는 공부하고서 남대문 현판의 뜻을 모른다면 말이 안되지요. 우선 눈에 들어오는 것이 세워진 나무 판입니다. "세워진 현판"이라는 것에서 무슨 영감(?)이 떠오르지 않습니까? 그렇지요. 바로 火가 타고 있는 모양입니다. 누워서 타는 火도 있습니까? 火는 그 본성이 위로만 타오릅니다. 옛 어른도 이런 火의 형상을 관찰하셨을 거고, 그래서 현판도 그렇게 세운 것일 겁니다. 비록 책에는 없지만 이렇게 음양오행관이 생기면 시공을 초월해서 옛 어른의 마음도 가끔씩 들여다볼 수가 있답니다.(하신 이것이 또 학문하는 재미기도 하지만) 어디 한번 주변에서 그런 힌트가 숨어 있는지 살펴보는 것도 재미있겠군요. 火란 그렇게 생겨서 그렇게 노는구나…… 하는 정도만 관찰하시면 성과는 100%입니다.

다시 火의 이야기로 돌아와서…… 아시다시피 火는 일상생활에 잠시도 없어서는 안 될 중요한 존재가 되었습니다. 갈수록 火의 지위가 높아질 것 같습니다. 지금이 火의 시대이기 때문입니다.
북극의 빙산이 점점 **빠른** 속도로 녹고 있습니다. 지구가 온난화되고 있습니다. 사람들의 마음이 자꾸만 급해지고 있다고 합니다. 아니 제 자신도 급해져가고 있습니다. 이것이 火의 영향입니다. 그래서 현대는 火의 시대입니다. 불을 잘 다루면 문명이라고 합니다. 그래서 정화(丁火)를 문명의 불이라고도 부릅니다.
한번 살펴봅시다. 우선 전기라는 火가 없다면 저 화려한 도시의 밤 경치도 없겠지요. 수많은 특수 금속도 오직 火의 힘으로 재탄생한 것입니다. 지금은 火를 잘 다루는 나라가 힘이 있습니다. 옛날에도 火를 잘 다루는 나라가 싸움을 잘했습니다.(삼국지의 화공전술) 지금도(아무리 최첨단이라고 하더라도 결국은……) 火를 잘 다루는 나라가 싸움을 잘합니다.(이라크 전쟁을 보니…… 컴퓨터 전쟁) 이것은 어쩔 수 없는 현실입니다.

어떤 수행자는 火의 지배를 받지 않겠다고 생식을 한답니다. 혼자 깊은 산속에 들어가서 컴컴한 동굴 속에서 촛불을 켜고 참선을 한답니다. 그러면서도 촛불도 불이라는 것은 모르고 있답니다.

일일이 열거하지 않더라도 火의 힘은 참으로 대단합니다. 결국 북극의 얼음까지 다 녹인다고 합니다. 그래서 지구가 바로 서는 날, 우리 역학도 전혀 새로운 국면을 맞이할 것입니다.(또 또 헛소리 나오는군)

그러면 火에도 음양이 있느냐? 하는 것을 생각해봅시다.
火기운은 양(丙)이요 火의 물질은 음(丁)입니다.
전깃불, 촛불, 용광로불, 형광등불 모두가 음의 불입니다.
열기라고 하는 것은 양의 불입니다. 태양열은 양의 불입니다.
火는 오뉴월이 제철입니다. 숨이 턱에 닿아서 헉헉대는 그곳,
마당가의 호박잎이 축축 늘어지는 그곳에
火의 왕성함이 숨 쉬고 있습니다.
火의 색은 붉은색입니다.

그래서 추운 곳에 사는 사람일수록 붉은색을 좋아합니다. 북한이 그렇고 러시아가 그렇습니다. 북한은 축제 중에도 붉은색이 물결칩니다. 그 색이 붉은 것도 어쩌면 추운 곳이기 때문인지도 모르겠습니다. 아마 그럴 겁

니다. 추우면 자꾸 웅크려드니까 활기를 내기 위해 붉은색이 필요했을 것입니다. 러시아는 더 춥지요. 그래서 더더욱 붉은색을 좋아하는 것일까요? 오죽하면 그 넓고 썰렁한 광장을 붉은 광장이라고 이름을 붙였겠습니까? 이것도 알고 보면 모두 음양오행의 소식입니다.

무더위에는 모두 인내심의 한계를 느낍니다. 폭발하기 일보직전입니다. 火기운을 너무 많이 받아서인가 봅니다. 앞으로 명리학을 공부하시는 벗님들께서 火의 본성을 느끼시면 좋겠습니다. 사실 배우고자 하는 자에게는 모든 것이 스승입니다. 더운 여름날에서 火의 힌트를 읽어낸다면 수확이 상당히 많을 겁니다. 이렇게만 공부한다면 언젠가 고수가 되어 유쾌한 니털웃음을 터뜨릴 것입니다.

土 이야기

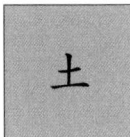

"나는야~~ 흙에 살리라~~" 하는 노래가 아니라도 어차피 인간은 土에서 살고 있습니다. 土에서 태어나서 土로 돌아간다던가요? 그러니 인간도 土나 마찬가지입니다. 만약에 로켓이 우주를 방황하다가 은하계 저쪽으로 흘러갔다면, 또 그 별에 사는 생명체가 음양관(陰陽觀)의 지혜가 있다면, "로켓을 타고 온 생명체는 土가 많은 별에서 살고 있구나" 하고 알아볼 것입니다. 왜냐면 선현 말씀에 "한 티끌 속에 우주가 있다"고 했으니, 우리 몸속에도 지구 전체의 형상이 들어 있을 거라는 말이 성립됩니다. 유전인자를 들먹거리면 더욱 선명하게 떠오르는 무엇이 있을 겁니다만……. 우스개 이야기 하나 해볼까요? 전원일기(田園日記) 가족들이 모였습니다.

아버지 : 이것이 무엇인고?
수남이 : 흙이라는 한자입니다. 읽기는 "토"라고 읽지요.
아버지 : 땡, 10점 낙제.
며느리 : 오행에서 토의 성질을 나타내고, 중이라고도 하지요.
아버지 : 쯧쯧 40점, 너는 어째 맨날 그 모양이냐…….

작은아들 : 플러스(+)와 마이너스(-)의 혼합체입니다.

아버지 : 너는 수학자구나, 그만하면 80점은 주겠다.

일용이 : …….

아버지 : 너는 왜 아무 말이 없냐? 0점이 좋으냐?

일용이 : 꼭 말을 해야 하나요?

아버지 : 그럼 어떻게 알아? 말을 해야지.

일용이 : 굳이 말을 하라시면, 그것은 전체라고나 하지요.

아버지 : 녀석 고생 좀 하더니 기어이…… 100점…….

일용엄니 : 아니 이 좋은 날에 여기서 뭣들 햐?

아버지 : 잘 오셨어요. 어디 이야기 해봐요. 土 ← 요세 뭐요?

일용엄니 : 아니 그걸 가지고 시끄럽게 야단들이슈?

일용이 : 엄니 뭘 안다고 그랴? 가만 계시지 않고…….

일용엄니 : 왜 몰라, 야가 나를 우습게 보네요.

아버지 : 그러니까 한번 이야기나 해봐요.

일용엄니 : 신랑각시가 사이좋게 서로 끌어안고 좋아하고 있는 거지 뭘, 아무것도 아닌 걸 가지고 하여튼 할 일들 없으시구먼.

아버지 : ???!!!

작은아들 : 몇 점이에요. 아버님?

아버지 : 나는 이제 그만할까 보다. 오늘에야 내가 바보라는 걸 알았다. 이제 그것을 알고 나니 더 말하기도 싫구나.

여보! 자리나 깔아요.

하도 이런 유사한 이야기들을 하기에 한번 생각해봤습니다.

정말 알다가도 모를 것이 土가 아닌가 싶을 때가 많습니다.

그래서 어느 고인도 木火金水와는 달리 특별대우를 했는지도 모릅니다.

그래서 저도 土에 대해서만큼은 특별대우를 하렵니다.

벗님들 각자가 힘대로 생각해보시기 바랍니다.

그렇습니다. 어차피 土는 흙입니다. 土는 정직하다고 말들 하지만 그렇지 않을 때도 있습니다. 土는 비밀이 많기 때문입니다. 벗님들은 水와 土 중에서 누가 더 솔직해 보입니까? 水는 있는 그대로를 보여주지만, 土는 그렇지가 않지요? 그래서 비밀이 많다는 것입니다. 그래서 우리는 비밀스런 것을 土 속에다 묻어버립니다. 그러면 土는 아무 말 없이 그 비밀을 간직합니다. 이것이 가장 土에 가까운 성질입니다.

쓰레기를 묻습니다.
핵 폐기물을 묻습니다.
시체를 묻습니다.

모든 지저분한 것은 土에다 묻어버립니다. 그래도 土는 아무 말이 없습니다. 土는 입이 무겁기 때문입니다. 그래서 사람들은 土가 중용을 지킨다고 말합니다. 자기주장을 내세우고 시끄럽게 떠들지 않으니 모두 좋아합니다. 조용 조용히 순응해주기 때문에 다들 좋아합니다.

나무는 土를 특별히 좋아합니다. 사실 土가 없으면 뿌리를 내리고 살수가 없으니까요. 물론 나무는 물만 있으면 산다고 생각할 수 있지만, 사실 土가 없으면 위로 올라가는 나무의 뿌리를 누가 잡아주나요? 눈에 보이는 나무가 위로 올라가는 것만큼 뿌리는 땅속으로 깊이 파고드는 것인데……土가 없다면…… 아무것도 되는 것이 없지요.

그런데 세상은 참 희한합니다. 土가 없이도 농사지을 수 있는 세상이 되었으니까요. 수경재배를 두고 하는 말입니다. 이 말을 듣고 생각에 잠겼습니다. 그렇다면 木이 土를 의지해야 한다는 것은 틀린 말일까? 그런데 후에 방송을 보니까, 역시 진리는 변하지 않는구나 하는 생각이 들었습니다. 이른바 土의 역할을 쇠 파이프가 대신해주고 있더라는 이야기입니다. 즉, 土의 역할은 그대로 유지되고 있었습니다. 재료가 잠시 바뀌었다고 해서 진리를 수정할 필요는 없다고 생각했습니다.

우리 왕초보 벗님들, 명상은 이런 식으로 하시면 됩니다. 무슨 이야기를 보고 들으면 그 말이 음양오행의 이치에 적합하냐 아니냐? 이것을 생각하다보면, 스스로 두루두루 통하는 자연의 법칙에 눈뜰 날이 가까이 다가옵니다. 저는 항상 이런 식입니다. 밀이 주식인 나라도 있고 쌀이 주식인 나라도 있는데…… 사람도 지역에 따라서 섭취하는 오행이 다르던 말인가?…… 하고 깊이 생각을 하다보면, "밀도 토요, 쌀도 토"라는 위대한(?) 진리를 발견하게 됩니다.

土는 개성이 없습니다. 그래서 변신을 합니다. 한번 해병은 영원한 해병이라고 하는 말을 들어보셨습니까? 아주 신념이 뚜렷합니다. 멋있기도 하고…… 그런데 명리학도는 그런 식으로 받아들이면 곤란합니다. 항상 어느 정도 거리를 두고 대상을 관찰해야 합니다. 그래야 속지 않습니다. 한번 해병이 된 후로 영원히 변치 않았다면 그것은 한 군데밖에 쓸 수가 없습니다. 이미 살아있는 것이 아닙니다. 아시다시피 생명력은 시시각각으로 살아서 숨 쉬는 것인데 말이지요.

그런데 육군 보병은 어떻습니까? 해병대만큼 강한 개성이 있습니까? 없지요 뭐…… 흔해 빠진 것이 육군 보병인데…… 그런데 육군 보병은 쓸 곳이 무지무지 많습니다. 어느 곳이든지 투입하면 변신을 합니다. 만능입니다. 土를 닮았습니다. 지구에는 土가 제일 많듯이 군대는 육군 보병이 가장 많습니다. 이것이 지구의 소식입니다. 해병대는 일반적인 보병부대와 구별됩니다. 특수한 상황에 필요하기 때문입니다. 그러나 보병은 밥입니다. 때와 장소의 구분 없이 있어야 됩니다. 이것이 오행의 소식입니다. 土는 아무 때라도 있어야 합니다.

옛이야기 한 토막

장자라는 백수와 혜자라는 선비가 이웃하고 살았습니다.

혜자는 언제나 하는 이야기가 분명하고 옳고 그름의 기준이 뚜렷해서 소리가 났습니다. 많은 사람들이 그를 뵙기 위해 먼 길을 찾아왔습니다. 그리고 여러 가지 도움을 받고 갔습니다.

그런데 장자라는 백수는 명예와 재물에 관심 없었습니다. 누가 뭐라고 하거나 말거나 마음만 편한, 정말 구제할 수 없는 타고난 백수였습니다.

하루는 혜자가 장자를 찾아갔습니다. 원래 찾아가지 않으면 찾아오는 것이 자연의 법칙입니다. 다른 수많은 사람들은 혜자 선비를 찾아왔는데 바로 이웃에 사는 백수 한 놈이 감히 선생을 존경할 줄 모르니 괘씸하기도 하고 도대체 어떤 놈인가…… 싶어서지요.

혜자 : 장 선생 계쇼?
장자 : 오시구랴 선비 어른.
혜자 : 놀러 왔소이다. 잠시 들어가도 되겠소?
장자 : 오고 싶어 온 것이 아니겠소? 허허 오시구랴!
혜자 : (요노옴 봐라 감히 나를 희롱하다니…… 어디 오늘 맛을……) 그대는 허구헌 날 일도 안하고 놀기만 하니 나라에 빚지는 줄을 알아야

다섯 갈래의 큰길_오행론(五行論)

할 것이외다.

장자 : 원래 열심히 일하는 사람이 있으면 노는 사람이 있는 것이 자연의 이치라오. 그 문제로 고민하실 일이 뭐 있겠소?

혜자 : 그대 말은 얼핏 들으면 말이 되는 것도 같지만 전혀 도움이 안 되니 어쩌겠소…… 마치 쓸모없는 땅처럼 말이요.

장자 : 이 세상에 쓸모없는 것은 아무것도 없는 법이라오. 지금 선비께서 쓸모없는 땅이라고 말했지만, 나가서 마당에 서 보시오.

혜자 : (이놈이 무슨 꼼수를 쓰려고……) 그럽시다.

장자 : 지금 당신이 서 있는 발밑에 흙은 쓸모가 있소이까?

혜자 : 그렇지, 나를 받치고 있으니 쓸모가 있지.

장자 : 그러면 그 발이 있는 한 자 앞의 흙은 쓸모가 있소?

혜자 : 아니 전혀 필요 없지. 바로 당신처럼.

장자 : 어디 그러면 두고 봅시다.

장자는 어디로 전화를 걸었다. 그러자 잠시 후 포크레인(우리말로는 굴삭기라나 뭐라나)이 나타났다.

장자 : 이보쇼 기사 양반, 저 사람이 서 있는 둘레를 한 자씩만 두고 뺑뺑 돌려서 200미터만 파버리시오.

포크레인 기사는 별일도 많다는 듯이 대답하고는 푹 푹 파들어갔다. 얼마쯤 지나자 이미 혜자의 주변은 낭떠러지가 되어버렸다. 혜자는 처음에는 백수가 헛지랄 하나보다 하고 보고만 있다가, 하는 일이 결코 장난이 아니란 것을 알고는 하얗게 질려 항의했다.

혜자 : 이보쇼 누구 떨어져 죽는 꼴이 보고 싶어 이러쇼?
장자 : 아니 공부를 많이 하신 선비가 한 입에 두 말 합니까?
혜자 : 아까는 내가 서 있었기에 주변의 흙은 필요 없다고 했지, 이제 내가 길을 가려면 다시 그 흙이 필요해지는 것이 아니겠소?
장자 : 아, 그렇습니까? 그러면 다시 메우지요.

장자는 다시 원래대로 땅을 다시 메우게 하고는 포크레인 기사에게 15만 원을 주어서 돌려보냈다.

장자 : 모든 이치는 이와 같소이다. 지금은 필요가 없더라도 언젠가는 다시 필요해지는 것이기 때문에 그렇게 막말을 하는 것이 아니라오. 내가 비록 백수지만, 취업 전선에서 고생하는 사람들을 도와주고 있다는 사실을 알아야 할 것외다.
혜자 : 이제 보니 쓸모없는 것은 아무것도 없다는 말이 몸으로 느껴집니다. 장 선생, 종종 놀러 와도 되겠습니까?
장자 : 오고 싶으면 오고 가고 싶으면 가는 것이 자연의 법이라······.
혜자 : ······ 알겠습니다.

그리고 절을 하고 떠나는 혜자를 장자는 모른 척했다.

土가 어디나 지천으로 널려 있기에 우리는 깊이 헤아려 보지 않고 사는지도 모르겠습니다. 이제 다시 土를 생각해봐야겠습니다.
　土는 변신의 귀재입니다. 영화 로보캅을 보면 상대 로봇이 포탄을 맞으면 다시 변신을 해서 원형으로 돌아오더군요. 이것을 보고 저는 '토를 닮았구나' 하는 생각을 했습니다. 무지한(?) 미국 사람들이 뭘 몰라서(토의 이치를) 주인공이 이겼다며 끝을 내지만 사실 제가 보기에는 그 상대가 더욱 강합니다. 변신 하는 것은 영원히 죽지 않습니다.

고령토가 무엇인지 아시죠? 바로 도자기를 만드는 土입니다. 이 土는 참으로 부드럽습니다. 물로 반죽하고 떡메로 치고 맨발로 밟고 하니 더욱 부드럽습니다. 어떤 한 가지로 고정된 것 없이 언제나 유동적입니다. 그래서 더욱 가치 있습니다. 이 土로는 무엇이든지 만들 수 있기 때문입니다. 그런데 이미 한번 가마에 들어갔다 나온 土는 土가 아닙니다. 아무것도 만들 수 없습니다. 죽어버린 것입니다. 영원히 도자기의 파편일 뿐입니다. 이것이 자연의 이치입니다.

땅은 어머니입니다.
대지는 우리 모두의 어머니입니다.
모든 것을 감싸주시고 포용하는 어머니.
학교 다닐 적에 헛돈이 필요하면 공책 산다고 해도
그냥 속고 30원을 주시는 어머니,
고무신이 찢어지면 바늘로 꼭꼭 꿰매 주시던 어머니.
너무나 소중하기에 차라리 소중한 줄을 모르는 어머니……
이제 생각해보니 어머니는 土를 닮았습니다.
그래서 석가모니도 여자는 경시했어도 어머니는 존중했습니다.
심지어는 『부모은중경』이라는 경까지 설할 정도로…….
土는 전체이고 음양혼합이고 오행의 결합체입니다. 그리고 개성이 없습니다. 木의 성장이나, 火의 폭발력에 비한다면 土는 뚜렷한 성질이 없습니다. 언제 봐도 항상 그 모양입니다. 우리는 말합니다. 십년이면 강산도 변한다고. 이 말은 강산은 잘 변하지 않는다는 뜻도 됩니다. 그렇게 土는 변함이 없어 보입니다.

그래서 억지로 개성을 붙여서 "土는 중용이다"라고 이름합니다. 중용은 개성이라고 보기에 어울리지 않습니다. 요즘이 개성시대라고 하면서 정작 중용이 없는 것을 보면.

벗님들, 이렇게 土를 이야기합니다.
그런데 무슨 말을 하는지 이해가 되십니까?
만약 이해가 되었다면 아직도 완전한 土를 설명하지 못했나 봅니다.

왜냐하면,
저도 아직 土가 무엇이지 잘 모르겠거든요…….

金 이야기

金은 누구나 좋아합니다. (金=돈=부자=벤틀리?)
 사주를 보다가 "팔자에 金이 많군요"라고 하면 굉장히 좋아합니다. 무엇 때문에 그런 말을 하는지도 모르고, 그저 金은 돈이라고 생각하기 때문입니다. 그래서 이제는 사주를 보다가 金이 많으면 "팔자에 돌이 많군요"라고 말합니다. 그러면 별로 좋아하는 기색이 없습니다. '별안간 웬 돌?' 하면서 경계를 합니다.
 이미 왕초보에 입문하신 벗님들이야 돌이라고 하든 金이라고 하든 다이아몬드라고 하든 모두가 金을 이야기하는 것으로 알아듣겠지만…… 기초지식이 없는 사람들은 자기 해석에 자기가 속아 넘어가고 마는 거죠.
 고려 말 최영 장군님은 "황금 보기를 돌같이 하라"고 했대서 대단한 이야기라고 하지만, 이 정도야 이미 우리 왕초보님들은 졸업을 했을 것입니다(물론 속뜻이 그게 아닌 줄은 압니다).

 어쨌거나 金은 돌입니다.
 그리고 갖가지 형상을 갖고 있습니다.

사실 金에 관계된 것만큼 형상이 많은 것도 흔치 않을 성싶군요.
돌, 암석, 모래, 자갈, 다이아몬드, 철, 비철…… 등.

그래서 金의 별명을 종혁(從革)이라고도 부릅니다.
"따라서 바꾼다" 하는 말인 듯한데, 무얼 따라서 바꾼단 말입니까?
우리 별명들은 바뀐다는 말을 아시는지요?
바로 솟을 녹여서 다른 형태로 이해하면 될까요?
그러니까 종혁이란 말은 주물의 틀에 따라서
도끼도 되고, 낫도 되고, 호미도 되고, 스프링도 되고,
숟가락도 되는 겁니다. 이것이 金의 성질입니다.

이제 다시 다른 각도에서 바라봅시다. 金은 살기를 갖고 있습니다. 너무나 단단한 고집불통입니다. 바늘도 들어가지를 않습니다. 미야모토 무사시(에도시대의 전설적인 검객)의 칼날은 바라보기만 해도 이미 절반은 질려버립니다. 그 칼날에서는 살기가 느껴집니다. 이것이 금기(金氣=검기(劍氣))입니다. 부드러운 머리카락이 검기에 질려서 두 동강 나버립니다. 갑자기 목이 서늘합니다. 등줄기에 식은땀이 흐릅니다.

무술 초보자는 싸움을 칼로만 할 수가 있는데 고수는 어떻습니까? 나무 막대기든 머리카락이든 크게 개의치 않습니다. 무엇이든지 손에만 들어가면 삽시간에 흉기로 변해버립니다. 이유는 간단합니다. 몸에서 金의 기를 만들어 주입시키기 때문에 쇠붙이가 아니라도 상관 없습니다. 고수는 허구헌날 기수련을 합니다. 살기를 어떻게 가장 빠른 시간 내에 상대방의 7대 급소에 도달하게 하느냐가 수련의 목적입니다. 맨날 밥 먹고 하는 일이 그

일뿐이니 그런 고수의 눈에서는 광채가 납니다. 보통의 염소 정도라면 한 눈으로 흘겨봐도 죽어버립니다.(원 허풍도…… 못 말리겠군)

그런데 24k 금에서도 이런 기운이 나온다면 믿을 수 있겠습니까? 돈이 사람을 죽이기도 하고 살리기도 한다는 말이 있듯이 전혀 낭설은 아닌 것 같습니다. 여러 벗님들 조심하십시오. 우리 주변에는 이런 물질로 인해서 목숨을 버리는 사람도 종종 있습니다. 물론 음양의 도를 모르는 사람들이겠지만…….

토기(土氣)는 온화한데, 그 자식인 금기(金氣)는 이렇게도 사납군요. 그런데 금기를 좋네 나쁘네라고 말할 수 있을까요? 그렇게 말할 수는 없겠지요…… 이것은 좋기도 하고 나쁘기도 합니다. 다만 이용하기 나름이지요. 모든 삼라만상이 다 그렇듯이 사람에게 달려있습니다. 처음부터 좋고 나쁜 것은 없습니다.

금기(金氣)가 없는 사람은 결단력이 부족합니다. 우유부단해서 물에 물 탄 듯 하는 사람은 바로 금기가 없는 사람입니다. 무엇하나 시작만 하고 끝을 못내는 사람이 있습니다. 낙지나 문어가 생각나십니까? 그렇죠. 바로 이놈들처럼 되는 겁니다. 금기가 부족한 사람은 마무리가 신통치 않습니다. 남과의 대인관계에서 도무지 신임 받지 못합니다. 무엇하나 신통하게 마무리를 하는 것이 없으니까요. 그래서 금기가 부족해도 안됩니다.

그런데 금기(金氣)가 넘치면 난폭합니다. 독불장군입니다. 고집불통입니다. 도무지 융화가 되지 않습니다. 이것 참 처치가 곤란이군요. 그러나 금기가 적당하다면 결단력도 있고 그렇게 난폭하지도 않습니다. 즉, 아주 훌륭한 군자입니다. 이렇게 군자는 중도(中道)를 아는 사람입니다.

金은 의리를 나타냅니다. 의리는 뒷골목에 모두 모여 있습니다. 내 목숨을 버려서 조직을 구원합니다. 이것이 금기입니다. 金은 두려움이 없습니다. 어떻게 보면 火의 성질하고 약간은 닮은 듯합니다. 구태여 차이를 말한다면 火는 뒤끝이 없고 金은 뒤끝이 있다고 말할 수 있겠습니다.

오래 전에 어려서 성폭행 당한 여인이 30여 년이 지난 후, 그 남자를 죽인 사건이 있었습니다. 이것이 바로 金입니다. 이렇게 金은 끝이 있습니다. 한 번 새겨두면 영원히 잊지 않고 갚아 줍니다. 섬뜩하십니까? 그러나 두려워할 필요 없습니다. 자연의 이치에 맞게 살면 아무 문제 없습니다. 사실 그러자고 이 어려운 공부를 하는 것 아닙니까!

이런 예는 어떨까요?

사마천의 사기열전(자객전)에서 읽었나…… 초한지던가? 어느 젊은이가 길 복판에서 싸우다가, 다 이긴 싸움인데 아내가 와서 어머니가 찾는다고 하자 금세 고분고분하게 집으로 돌아갔다는 사람 말입니다. 그 광경을 보고 있던 여불위가(?……아니라도 좋고-제 기억력이 나쁨) 가만히 따라가서 그 집을 알아두었습니다.

그리고는 나중에 근사한 선물을 바리바리 실어 보내자 그는 까닭 없는 물건이라고 받지 않았습니다. 그러자 여불위는 계책을 냈습니다. 그 사내가 없는 틈에 어머니가 좋아할 패물과 아이들이 좋아하는 과자들을 보냈습니다.

사내가 저녁에 돌아와 보니, 어머니는 싱글벙글하며 패물을 보시고, 아이들은 맛있는 과자를 먹으면서 그렇게 좋아하는 것이었습니다. 이 광경을 본 사내가 하늘을 보고서 조용히 중얼거렸습니다. "아, 너희들이 지금 아버지를 잡아먹고 있구나…….”

그 다음부터 사내는 여불위가 보내오는 선물을 다 받아두었습니다.(긴 이야기는 줄이고……) 결국 나중에 자객이 되어 임무를 완수하고 자신도 죽고 말았습니다. 이 이야기의 사내가 바로 금기(金氣)의 대표입니다. 어떻습니까? 우리 벗님들은…… 이런 벗이 한 사람만 있으면 좋겠지요?

이 땅에 있는 모든 것은 골고루 필요합니다. 무더운 여름도 좋지만, 풍성한 가을도 좋습니다. 가을은 서늘합니다. 봄과 가을의 평균기온은 비슷할지 몰라도 느낌이 다릅니다. 봄은 따스하고 가을은 서늘합니다. 이 맛을 느끼면 바로 안다고 해도 될 것 같습니다. 金기운은 서늘합니다. 그리고 결실을 가져다줍니다.

늦가을 잘 익은 감나무는 보기만 해도 포만감을 느낍니다. 밤나무의 벌어진 밤송이도 마찬가지입니다. 저절로 흥을 돋굽니다. 모두 金의 공덕입니다.

金도 물론 음양이 있지요. 金도 기와 물질로 나눕니다. 그래서 기는 양의 金(경금(庚金)이고 질은 음의 金(신금(辛金))이라고 합니다. 그러나 사실 따지고 보면 기가 뭉치고 쌓여서 물질이 되는 것이니, 구태여 구분할 필요는 없습니다.

서두에서도 말씀 드렸듯이 음양은 둘로 나눌 수 없습니다. 金도 마찬가지입니다. 그래서 가능하면 그 개념을 자세히 설명하려는 것입니다. 여러분도 이렇게 횡설수설 하다보면 왕초보라는 머리말을 거둘 때가 오리라고 믿습니다.

그때가 되면 우리 손잡고 한바탕 웃읍시다.

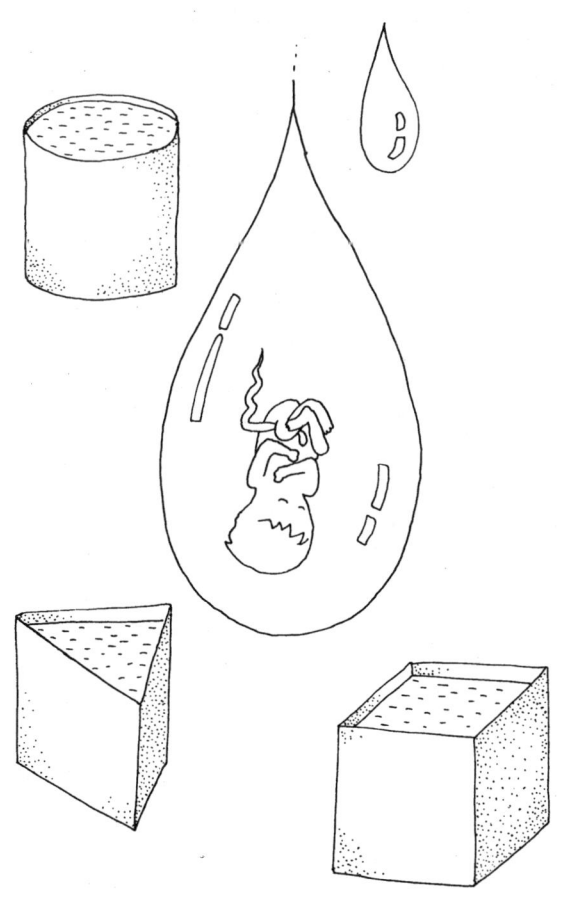

水는 아래로만 흘러갑니다.
가다가 웅덩이가 있으면 서로 모여 힘을 얻어서 갑니다.
水는 차갑습니다. 水는 응집되어 있습니다.
그러나 분산이 되기도 합니다. 허약해질 때는 그렇습니다.
火가 너무 못살게 굴면 나시 하늘로 올라갑니나.(수증기)
그랬다가는 火가 더 올라오지 못할 만큼 올라가서
다른 동료를 만나 다시 비가 되어 내려옵니다.
그때는 온 산천의 초목을 적셔주는 단비가 되어서 내려옵니다.
그리고는 다시 흘러갑니다. 흘러흘러 가다가
바위를 만나면 더욱 큰 소리를 외치면서 흘러갑니다.
가다가 목마른 나무를 만나면
담뿍 양식을 나눠주고 다시 흘러갑니다.
水는 육도(六途)를 만행(萬行)중인 수행자를 닮았습니다.
어디든지 흘러다니다가는 필요로 하는 곳에 자비를 베풀고
아무 일도 없었다는 듯이 다시 제 길을 떠납니다.
그래서 서로 닮았습니다.

어린 아기가 엄마의 뱃속에서 흔들흔들 춤을 출 때도,
水는 곁에서 아기가 놀라지 않도록 보살펴줍니다.
부지런한 아저씨가 연장을 갈 때도 水가 곁에서 적셔줍니다.
엄마가 착한 아기 갖게 해달라고 기도할 때도
水는 곁에서 정한수가 되어 함께 기도합니다.

이상 몇 가지의 水의 특성을 생각해봤습니다. 그리고 내면적으로 보면,

水는 음중의 음(음중지중(陰中之陰))입니다. 그래서 응고력이 매우 강합니다. 압축되고 응고된 물질이 水입니다. 이것이 더욱 심해지면 얼음이 됩니다. 그리고 씨앗이 됩니다. 한 알의 잣 속에는 천년 묵은 잣나무가 숨어 있습니다. 잣나무는 압축된 형태로 씨앗 속에 저장이 되어 있습니다. 아마도 압축률로 친다면 水보다 더한 것이 없을 겁니다. 水라기보다는 수기(水氣)라고 해야 더 정확합니다.

씨앗은 오행에서 水와 같습니다. 사람의 씨앗도 압축되어 씨앗주머니에 저장되어 있습니다. 그리고 압축률을 더 좋게 하려고 몸 밖에 매달아두었습니다. 더워지면 火기운을 받아서 水기운이 분산되어 약해지므로 압축 응고력이 떨어지거든요. 그래서 일부러 몸 밖에 서상을 한 것입니다.

그런데 철없는 어느 여성학자 분은 "남성은 내장이 몸밖에 나와 있는 불완전한 동물"이라는 이야기를 하더군요. 그러기 때문에 여성의 몸이 더 완전하다던가요…… 아마도 그 여성분은 水의 참 소식을 몰랐던 모양입니다.

물론 가장 압축이 잘된 것은 블랙홀이 아닌가 합니다. 얼마나 압축률이 강하면 빛조차도 모두 빨아들인다면서요?(물론 블랙홀에 대한 논의는 여전히 진행 중인 걸로 압니다만) 제가 아는 한도 내에서는 이것을 최고로 치고 싶습니다. 水의 색이 검정이란 것과 블랙홀의 블랙이라는 말은 같은 거겠지요? 우연이 없는 우주의 법칙에서 이것은 틀림없는 동격일겁니다. 그러니 갈수록 감탄이 절로 나오는 것이 우리 선배님들의 관찰력입니다. 얼마나 혼신의 힘을 기울여서 연구를 했으면 블랙홀의 색깔까지도 알 수가 있었겠습니까? (너무 띄워드렸나?)

앞에서 水가 마무리라고 했습니다. 이렇게 말씀을 드리면, 혹시 단절을 의미하는 것으로 생각 하실 수도 있겠군요. 그래서 부연 설명을 한다면 하나의 끝은 또 다른 하나의 시작을 의미합니다. 이른바 윤회(輪廻)라는 것입니다. 윤회의 수레바퀴가 굴러가는데, 시작은 처음에 출발을 할 때이고, 종말은 수레가 멈출 때입니다.

그래서 水는 중간에 하나의 매듭이라는 것입니다. 그 증표로 씨앗을 남겨 두는 것이죠. 이 씨앗은 다시 다가올 새봄을 맞이하여 나무의 운으로 돌아가는 것이니까, 계속 순환되는 것입니다.

이렇게 해서 水의 특성을 대강이나마 이해를 했으면 다행입니다. 그리고 水의 음양은 역시 기와 질로 나누면 큰 오류가 없을 겁니다. 水의 기는 양의 水(임수(壬水))고, 水의 질은 음의 물(계수(癸水))이라는 뜻입니다.

음양과 오행을 주마간산격으로 살펴보았습니다. 제 딴에는 가능하면 이해하기 쉽게 설명을 해드리려고 애는 썼습니다만, 어떠셨습니까? 그래도 아리송하지요?

그렇습니다. 무엇이든지 아리송한 채로 그렇게 미완성인 채로 살아가나 봅니다. 이제 이것을 종합해서 대강이나마 정리를 할 생각입니다. 그러니까 다소 미진한 부분은 정리를 통해서 설명하도록 해보겠습니다. 그리고 나서는 甲乙丙丁……을 공부해야 합니다. 본격적으로 명리학 공부가 시작되는 셈이지요. 재미도 이제부터입니다. 그럼 오행의 이야기를 마무리하는 뜻에서 상생 상극에 대한 도표를 하나 보여드립니다.

	상생과 상극의 흐름
오행(五行)의 상생(相生)	⇒ 木 ⇒ 火 ⇒ 土 ⇒ 金 ⇒ 水 ⇒ 木 ⇒
오행(五行)의 상극(相剋)	⇒ 木 ⇒ 土 ⇒ 水 ⇒ 火 ⇒ 金 ⇒ 木 ⇒

상생(相生) 상극(相剋)이라고 서로 상(相)자가 있어서 서로 生하고 극한 다고 보기 쉬우나, 여기서는 일방적인 生과 극이 있을 뿐입니다. 물론 깊은 차원에서는 서로 生이 되기도 합니다만, 일단은 일방적인 生이나 극이라고 기억해주시기 바랍니다.

다섯 손가락 이야기
— 오행 종합(五行 綜合)

지금까지 오행을 하나씩 떼어놓고 살펴보았습니다. 이제는 그것을 한 곳에 모아놓고서 비교를 해봐야 정리가 될 것 같습니다. 한 곳에 모아 놓아야 얼른 비교가 잘되잖아요? 서 말의 구슬도 꿰어야 보배라는데…… 꿴다는 것은 종합한다는 의미입니다.

각자 자기 손을 펴십시오.
이제부터 손 공부를 하겠습니다.
손이 미워서 못 내놓겠다구요? 미운 것하고는 상관없습니다.
혹시 손이 하나도 없으신 분은 옆 사람 손을 보셔도 상관없습니다.

손가락이 몇 개지요? 간혹 여섯 개가 있는 분도 있습니다. 그리고 세 개뿐인 사람도 있습니다(둘씩 둘씩 붙은 손도 있음). 그러나 그런 분은 어쩌다 있고 보통은 다섯 개입니다. 이것이 자연입니다. 여섯 개일 수도 있고, 세 개일 수도 있는 손, 비단 손뿐만이 아니지요. 모든 것에서 2% 정도의 불협화음이 있습니다. 계란 속에도 그만한 공간이 있어야 합니다. 그래야 알이 숨을 쉰다던가요……?
이 소식을 모르고 100%를 요구하시는 분은 정말 욕심쟁이일 뿐입니다. 자연은 100%라고 하는 것이 있을 수 없다고 생각합니다. 보통의 초목은 봄에 싹이 터서 가을에 결실을 하는 것이 정상이지만, 밀이나 보리는 어떤가요? 가을에 싹이 터서 여름에 결실을 맺습니다. 이것을 모순이라고 하시렵니까? 아니면 자연의 조화라고 하시렵니까? 2%는 예외로 인정하고 무시하겠습니다. 그렇게 하지 않고서는 공부를 할 수 없습니다. 아니 그렇게 하는 것이 진리일 것입니다.

다섯 개 손가락은 모두 생김새가 다릅니다. 이것이 오행의 소식입니다. 굵은 놈, 가는 놈, 긴 놈, 짧은 놈, 아무데나 불쑥불쑥 잘 나오는 놈, 수줍어서 내놓기도 부끄러운 놈……. 그리고 보면 다섯 개뿐인 손가락도 표정이 여러 가지란 걸 알 수 있지요?

자, 이제부터 공부에 들어갑니다.
다섯 손가락 중 木에 해당하는 손가락을 펴십시오.(저런저런 제멋대로 군…… 한바탕 혼란)
정답…… 없습니다. 다만 우리가 배운 오행의 개성을 생각해서 한 번 그럴싸하게 끌어다 붙여보자는 거지요 뭐.(이것을 사주 말로 통변이라고 합니다) 木은 무엇이라고 했습니까? 생명력이라고 했습니다. 생각나시죠? 바로 생명력을 나타내는 손가락이 木을 닮았습니다. 그래도 생각이 안 나세요? 그러면 木이 맨 처음에 나왔으니 어른이겠군요. 어른을 나타내는 손가락은 어느 것이죠? 이제 아시는군요. 그렇죠 엄지손가락.

"야, 임마, 니네 이거(엄지손가락을 세우며) 계시냐?" 하면 누구라도 압니다. 그 말이 아버님을 나타낸다는 것을. 엄지가 어째서 생명력이냐구요? 그렇게 따져야 공부가 됩니다.

우리 벗님들, 네로 황제를 아십니까? 그의 엄지손가락이 거꾸로 세워지면 무엇을 나타냅니까? 바로 '죽여버려!'의 뜻이지요. 우리도 흔히 그렇게 엄지를 사용합니다. 예전에야 그냥 무심히 써먹었지만, 이제는 무엇인가 생각하면서 이용해야겠습니다. 그래서 엄지는 생명력을 상징합니다.

그러면 이제 木은 알았으니 火의 손가락을 펴십시오. 하나도 어려울 것 없습니다. 火를 생각해보면 알지요. 火는 밝은 것을 나타냅니다. 그러면 손가락 중에서 가장 밝은 것을 펴면 되지요. 뭐.(아니, 색이 모두 똑같다 구요?) 밝음은 분명한 것을 나타냅니다. 분명한 손가락이라……

"야, 너 일어나서 책 읽어봐" 하고 선생님이 지적하면 섬뜩합니다. 그때 선생님은 어느 손가락을 펴고 계시던가요? 바로 그것이 밝고도 분명한 것입니다.

이것을 집게손가락이라고 부릅니다. 검지라고도 하던가요? 어쨌거나 엄지의 다음에 있는 것이 火의 손가락입니다. 그렇다고 엄지손가락으로 지시하지도 않습니다. 언제나 불쑥불쑥 나오는 손가락, 그래서 싸움도 잘 유발합니다. 火는 원래 싸움박질을 좋아하거든요.

"이거 어따 대고 삿대질이야, 정말 해보고 싶어?" 이때는 어느 손가락을 말합니까? 그렇죠, 바로 집게손가락입니다. 그래서 火를 닮았다는 겁니다. 말이 되기는 되지요?

다음은 土의 손가락을 펴실 차례입니다. 저런 눈치 하나는 빠르시군요.(뻔하다 이거 아닙니까?) 엄지가 木, 인지가 火라면 다음은 틀림없이 장지(長指)겠구만 하는 통밥을 굴린 거지요? 그렇습니다. 통밥이 제일입니다 (어디를 가셔도 굶지는 않습니다). 가운뎃손가락이 바로 土입니다.

그러면 증거를 대보십시오. 어째서 가운뎃손가락이 土인지. 쉽지요? 가운데니까 土지 무슨 말이 더 필요해…… 아닙니까? 이제 도사가 다 되셨습니다. 土는 중용이라고 했습니다. 즉, 치우치지 않았다는 의미입니다. 다섯 개 중에서 한가운데 있는 것이 土라는 것은 불 보듯 뻔합니다. 그리고 가장 긴 것은 어떻게 설명을 하면 좋겠습니까?

그것은 지구의 영향입니다. 지구에는 土의 성분이 가장 많습니다. 열두 개의 지지(地支)를 봐도 다른 오행은 둘씩인데 유난히 土는 네 개씩이나 되니까요.(장차 골치 좀 아프게 할 걸요. 土란 놈이)

다음은 金의 손가락을 폅니다. 손가락 이름이 뭐지요? 무명지라고 부르던가요? 이름 없는 손가락이 그 이름입니다. 얼마나 시시하면 이름도 못 갖고 붙어 다닐까요. 참 이상하지요? 불과 다섯 개의 손가락인데 이름이 없는 것도 있다는 것이 말입니다. 저도 많은 생각을 해봤습니다. 어째서 이름이 없을까? ……하고.

그렇게 궁리를 한 결과, 두어 가지 결론을 얻었습니다. 하나는 이름을 붙이라고 그냥 둔 것입니다. 여성이 결혼을 했는지 안했는지 무엇을 보고 알지요? 얼굴을 보아서는 도무지 알 수가 없습니다.

그러나 일단 손가락에 이것만 있으면 확실합니다. 다른 손가락에 있는 것은 아무 의미가 없습니다. 오직 이름 없는 손가락에 있을 때만 우리는 확신합니다. 바로 결혼반지입니다. 이 결혼반지가 이름 없는 손가락에 이름을 붙이는 것입니다. "결혼한 사람"이라고. 그래서 이름이 없는가 하고 생각했습니다.

또 한 가지는 …… 이건 좀 어려운 이야기입니다. 언젠가 기문둔갑이라는(뱀도 되고 용도 되고 하는 것이 아니고……) 음양서(陰陽書)를 보다가 문득 느낀 것인데, 기문둔갑술은 오직 갑목(甲木)만 으뜸으로 칩니다. 그래서 오직 갑목이 손상될까봐 전전긍긍입니다. 왕만 으뜸으로 치는 학문, 다른 것을 모두 왕을 위한 소모품 정도로 생각하는 학문, 이것이 기문둔갑입니다. 그래서 일명 제왕학(帝王學)이라고도 불립니다. 그래서 "모두를 소중히 여기는 저의 성미"에 맞지 않아 덮어버리고 말았습니다만(둔갑하시는 분께 혼나겠네……). 여기서 갑목, 즉 木을 극하는 金이라서 괘씸죄에 해당한다고 이름을 붙이지 않았을 거라는 생각을 했습니다. 저녁에 원숭이 이야기를 해서 어른들께 꾸중 들었던 적이 있습니까? 바로 그와 같습니다. 저녁(金의 시간)인 것도 불안한데 하물며 원숭이(申金) 이야기를 꺼내다니 이는 있을 수 없습니다.

그러나 지금은 별로 개의치 않지요. 아마도 시대가 변해서 火의 시대가 되다보니 그까짓 金이야 까불테면 까불어봐라 하는지도 모르겠습니다.(이거 손가락 하다말고……)

또 일명 약(藥)손가락이라고 부르기도 합니다. 언제 사용합니까? 부모님의 생명이 초를 다툴 때 깨물어서 피를 입안으로 흘려 드리면 기운을 차립니다.(실습이야 하건 말건……)

여기서 눈치 챌 수 있습니다. 바로 무명지는 쓰기 나름이라는 것입니다. 그래서 뚜렷한 이름이 없습니다. 아니, 이름 붙일 수 없어요. 엄지나 인지는 한 가지로 이름이 분명합니다만, 무명지는 이렇게 하는 일이 많아서…… 아시겠지요? 이만 줄입니다.

이제 마지막으로 남은 것을 봅시다. 새끼손가락…… 왠지 낭만적으로 보입니다. 새끼손가락은 어디에 사용합니까? 사용 해보기는 했습니까? 아이들이 이 손가락을 많이 사용합니다. 바로 약속을 할 때 말이죠.

약속이란 무엇입니까? "임시조치법"입니다. 법이란 말을 할 수 있는 손가락, 바로 水가 흘러가는 모양입니다. 새끼손가락에다 水의 상징을 그려봅니다. 보통 때는 있든지 없든지 관심도 없습니다. 법이란 게 그렇습니다. 한곳에 평생 살고 계신 벗님께 묻습니다. 주민등록을 이전하면 며칠 내로 전입신고를 해야 할까요?

그걸 어떻게 알겠냐고요? 그렇죠, 알 수 없습니다. 그리고 모르는 것이 정상입니다. 법이란 게 그렇듯이 나에게 필요가 없을 때에는 전혀 모르고 있다가 막상 필요해지면 그때 찾아보면 됩니다. 바로 새끼손가락이 그렇습니다. 혹시 서예를 익혀 보신 분 있으세요? 서예 할 때 굉장히 걸리적거리는 것이 새끼손가락입니다. 처치 곤란이라고 할까……. 정말로 도움이 안 되거든요. 그래서 오직 약속 할 때만 쓰이는 손가락입니다.

이렇게 해서 다섯 손가락 이야기를 해봤습니다. 그리고 다섯 개의 손가락은 각각 음양이 있습니다. 손바닥과 손등이 바로 음양입니다. 손바닥과 손등만 아니라, 손가락에도 음양이 있다는 것을 살펴보자는 이야기입니다. 지문은 음이고 손톱은 양입니다.

손톱은 잘 자라는데(양) 지문은 자라는지 마는지……(음) 음은 비밀스런 것이라고 했던가요? 지문은 어떻습니까? 모든 비밀이 바로 여기에 적나라하게 나타나 있지요? 벗님들은 이 글을 보면서 비밀스럽다고 생각하십니까? 전혀 비밀스러운 것이 없지요. 있는 그대로입니다. 다만 글을 제대로 이해 할 수 있느냐 없느냐 하는 안목이 중요할 뿐입니다.

제가 종종 드리는 말씀도 바로 이것입니다. 음양오행을 말하면서 천기누설이 어쩌고저쩌고 하기도 합니다만, 아무래도 이 천기누설이란 말은 적절치가 못한 것 같습니다. 원래 있는 그대로인데 달리 또 무슨 누설을 하고 말고 할 것이 있겠느냐는 것입니다(괜히 혼자서 깨친 것을 공개하기 싫으니……). 저는 그래서 누구든지 알고 싶어만 한다면 알려드리고 싶습니다. 알면 알수록 묘미가 있거든요. 도중에 힘이 들더라도 견디시면 한바탕 재미있는 광경을 볼 수 있게 될 겁니다.

지금까지 손을 보면서 오행을 이야기했습니다. 그러나 어찌 오행의 모양이 손에만 있겠습니까? 얼굴에도 있고 몸에도 있고 눈에도 있고 자동차에도 있습니다. 이것을 하나하나 설명하다보면 오행이 어떻게 생겨서 어떻게 노는지 한눈에 파악할 수 있습니다. 그리고 그것이 사실 남는 장사이기도 합니다.

제가 공부를 해보니 그렇습니다.

저도 처음에는 얼른 사주 적는 것을 배우고 또 남편과 자식 보는 법을 배우고 올해가 좋은 운인지 나쁜 운인지 보는 법을 배우고 도화살이 있는지 역마살이 있는지를 보는 것이 더 궁금했습니다. 그런데 이렇게 몇 년의 시간이 경과하고 난 지금은…… 그런 것은 시시하고 오로지 오행의 원리를 깊게 연구하는 것이 더욱 재미있습니다(공부가 거꾸로 가는 건가요?).

기초가 단단하면 단단할수록 시야가 넓어집니다.

그것을 느끼기에, 장황하게(때로는 너절하게) 오행의 구조를 설명해 보았던 것입니다.

아마도 왕초보라고 자처하시는 벗님은 조금은 갑갑하실 것 같군요. 얼른 사주보는 법은 말하지 않고 이렇게 엉뚱한 소리만 맨날 하고 있다가 어느 세월에 애인 사주라도 한번 봐주나 하고 말입니다. 그러나 급하면 돌아가라고 했습니다. 나중에 생각해보시면 돌아가는 것 같은 길이 결국 지름길이었다는 것을 아시게 될 겁니다. 장담하지요, 하하.

이제 다음부터는 甲이라고 하는 것부터 시작해볼까 합니다. 그러니 궁금하시더라도 조금만 기다리십시오. 곧 이어집니다.

그리고 다음의 도표 비슷한 것은 오행의 뜻을 함축하고 있습니다. 제가 틈나는 대로 연구한 것도 있고 고인께서 전해주신 힌트를 가지고 부연 설명한 것도 있습니다. 그러니 부지런하신 벗님일랑 한번 깊이 생각해 보신다면…… 얻을 것이 있을는지도…….

이렇게 여러 분야에서 오행으로 잘잘하게 나눠 봤습니다. 그리고 여기다가 벗님들이 추가로 많은 분류를 보태보시기 바랍니다. 그래서 언젠가는 완전한 오행 분류표가 되도록 말입니다. 그러면 아마도 책 한 권 분량이 될 걸요…… 그리고 이 표에 적합하지 못한 것이 있지만 그런 것을 가려내는 것도 공부니까, 그냥 둡니다. 한 번 찾아보시라고요.

오행의 갖가지 형상들					
	木	火	土	金	水
기본형	나무	불	흙	돌, 쇠	물
天干	甲乙	丙丁	戊己	庚申	壬癸
地支	寅卯	巳午	辰戌丑未	申酉	亥子
일 년	봄	여름	환절기	가을	겨울
하루	새벽	오전	오후	저녁	밤
인생	소년기	청년기	중년기	장년기	노년기
몸 속	신경계	순환계	근육질	뼈	혈액계
오장	肝臟	心臟	脾臟	肺臟	腎臟
육부	쓸개	소장삼초	위	대장	방광
얼굴	눈	시력	입	코	귀
입속	맛보기	혓바닥	입술	치아	침
혀위	신맛	쓴맛	단맛	매운맛	짠맛
색깔	靑	赤	黃	白	黑
五常	仁	禮	信	義	智
오대문	동대문	남대문	보신각	서대문	자하문
方向	동	남	중앙	서	북
마음	천진난만	분노, 격정	안정, 평화	살기, 의리	음모, 술수
직업	교직자	연예인	공무원	군인경찰	도둑사기
지역	강원도	경상도	충청도	전라도	함경도
태양계	목성	화성	토성지구	금성	수성
자동차	가속기	엔진	기아	브레이크	오일
그리고	비	워	둡	니	다

다음부터는 "왕" 자를 빼도 될 것 같아서 그냥 "초보 명리학"으로 하겠습니다. 사실 이 정도의 실력이면 이제 왕초보는 면했다고 해도 흉볼 사람이 없을 겁니다. 그렇게 가다가다 보면 나중에는 "전문 명리학"이 될 날도 오겠지요? 정말 고생하셨습니다. 여러 벗님들⋯⋯.

1장

열 개의 하늘

십간
(十干)

이제부터는 열 개의 천간(天干)에 대한 공부를 합니다. 여기는 정말 중요하다고 아무리 강조해도 부족합니다. 십간(十干)의 구조를 이해하는 것이 아마도 명리학 공부의 절반이라 해도 과언이 아닙니다.

이렇게 중요한 십간론(十干論)이기에 낭월이도 최대한 알기 쉽게 설명하려고 노력하겠습니다. 그러기 위해서는 다소 허풍이 있어야겠군요. 이제부터 나오는 각 천간의 설명은 과장이 매우 심합니다. 그래야 이해가 쉬울 것 같아서입니다. 그러니까 혹 자신의 일간을 좋게 설명했다고 좋아하실 것도 없고, 나쁘게 설명했다고 해서 억울해 할 것도 없다는 것을 미리 말씀드립니다. 다만 모든 것은 양면성이 있다는 것만 숙지하시고 공부에 임해주시기 바랍니다.

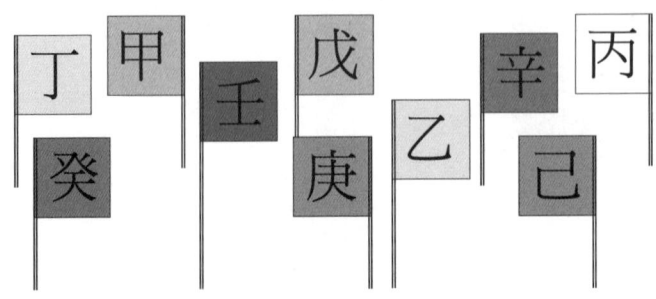

갑목(甲木)
― 천년 묵은 소나무

이제 드디어 木에서 甲으로 진입을 했습니다. 이렇게 접근해갑니다. 그러니까 오행에서의 木이라고 하는 것을 더욱 자세하게 분류를 하는 것입니다. 기본은 木에다가 두고서 甲이라는 성질의 변화를 살펴보는 것입니다. 원칙은 木이지만 작용은 전혀 다르다고 느낄 수도 있습니다. 그래시 고정관념을 지닌 벗님은 혼란스러울지도 모릅니다. 결국은 발전을 하겠지만…… 인내심을 갖고 출발하시면 좋습니다.

甲은 시작입니다.
항상 시작을 알립니다.
기상나팔입니다.
언제나 일등을 해야 합니다.
이등은 멸망이라고 생각합니다.
맨 처음에 있어서 그런가 봅니다.

갑일(甲日)에 태어난 사람도 이런 특성을 갖습니다. 그럴 수밖에 없습니다. 갑목(甲木)으로 태어난 이상 그는 평생을 갑목으로 살아가야 합니다. 너무나 숙명적인가요? 그래도 할 수 없습니다. 이미 그가 태어난 그 순간에 우주공간에 가득한 갑목의 기운을 흡입하고 첫 호흡을 했을 테니까요.

만약에 그렇지 않다면 어떻게 사주를 감정할 수 있겠습니까? (전생이야 있건 말건 일단 사주는 여기서 출발)

그래서 항상 강박관념에 사로잡혀 있습니다. 일등을 하지 않으면 인생은 실패다, 무슨 수를 쓰더라도 일등을 해야 한다. 일등 일등…… 木의 기가 강한 우리나라는 최고에 대한 강박이 무척 심합니다.
이런 현상이 木중에서도 甲의 영향이라고 보는 것입니다. 甲은 그래서 눈에 잘 뜨입니다. 마라톤에서도 甲은 일등을 합니다. 마지막에 들어와서 쓰러질망정 혼신의 힘을 다해 달립니다. 이것이 甲의 근성, 즉 선천성입니다.

갑목(甲木)은 기토(己土)를 좋아하고 무토(戊土)를 싫어합니다. 기토는 습토이니까, 뿌리를 뻗기가 좋은데 무토는 딱딱하고 메마른 산의 土라서 뿌리 내리기가 나빠서 그렇다는군요. 그래서 산의 8부 능선 이상의 갑목을 살펴보십시오. 갑목이라고는 해도 모두가 구불구불하고 나이만 먹었지 도무지 성장이 안됩니다. 그래서 갑목은 환경을 매우 중요시합니다. 아마도 생각건대…… 맹자 어머님도 갑목이었을 겁니다. 환경을 중요시했기에 세 번이나 이사를 했습니다.
일류를 꿈꾸는 사람들은 모두 서울로 서울로 모입니다. 일류도 갑목이고, 환경을 중시하는 것도 갑목입니다. 서로의 공통분모입니다. 거기다 한 술 더 떠 무슨 7학군 8학군 하면서 설쳐댑니다. 물론 기본이 그렇다는 이야기입니다. 이렇게 이야기하면, 갑목으로 태어난 벗님들은 기분이 썩 좋지 않습니다. '이거 낭월이가 사람을 마구 무시하는 거여 뭐여? 기분 나쁘게 말이여…….'
전혀 그렇지 않습니다. 하하. 어찌 그럴 리가 있습니까? 초보님들이 이

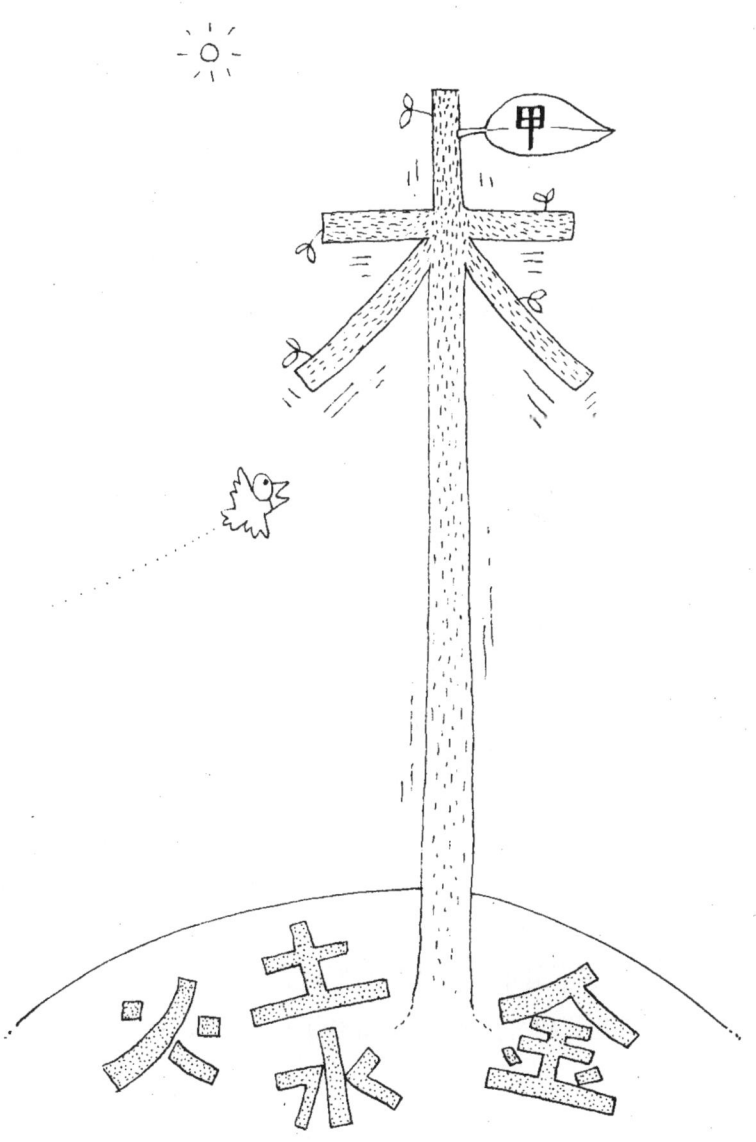

해하기 쉽게 설명 하다 보니 특징을 강조 했을 뿐, 갑목이 나빠야 할 이유는 전혀 없습니다. 그리고 甲에서 계(癸)까지 있는 것 중에 절대적으로 좋은 것도 없고 절대적으로 나쁜 것도 없습니다.

그럴 수밖에 없는 것이 갑목입니다. 이것이 오행 중에서도 木이 다른 4행과 다른 특이한 점이라고 말씀 드리겠습니다. 생명체라는 말입니다. 火 土 金 水는 木과 다릅니다. 오직 木만 생명체의 형상을 갖고 있습니다. 그래서 항상 자연에서 정답을 구하면 크게 빗나가지 않습니다. 木은 그렇게 자라나는 것이고 그래서 항상 활기와 생기가 있습니다. 사실 土나 金에서 생기를 느끼기에는 상당히 힘듭니다(하긴 자라나기는 한다는데…… 예를 들면, 울진 성류굴의 종류석들 말입니다.)

생각해보십시오. 산꼭대기에 있는 소나무와 들판에 있는 소나무, 둘 중에서 어느 것이 편안해 보이는지……. 그래서 갑목은 할 수 없이 환경을 중시하는 것일 뿐입니다. 저는 그렇게 이해하고 있습니다. 갑부터 계까지 하면 우리 벗님들 모두가 한번 씩은 도마에 오르는 셈입니다. 그러니까 반짝 긴장들 하십시오. 남의 이야기가 아닙니다. 바로 자신들의 이야기입니다.(사주 적는 방법을 몰라서 아직 자신의 일간이 무엇인지 모른다구요? 그런 분은 마음이 편하시겠군요. 그 대신 스릴도 없겠고……)

갑목은 사회에서 성공할 확률이 높습니다. 노력으로 말한다면 갑목을 당할 사람이 없기 때문입니다. 오직 앞만 보고 달립니다. "걸으면 이미 늦다, 뛰어라." 이런 말을 하시는 분들…… 당연히 다른 사람보다 성공할 확률이 높을 겁니다.

그런데 이것을 양면성이라고 해야 할까요? 한 번 좌절하면 쉽게 일어나지 못합니다. 꺾어진 나무를 보셨습니까? 이와 비슷합니다. 좌절이 자살로 이어지기도 합니다. 누구나 우러러 보는 일본 기업체의 젊은 인재들이 자살을 많이 한다고 합니다. 이것을 보면서 저는 갑목을 느낍니다.

사실 천년 묵은 소나무는 한 번 꺾이면 그것으로 끝장입니다. 너무 위로 앞으로 자라는 데만 온힘을 쏟다보니까, 재기할 힘이 없습니다. 최고의 실력을 갖춘 육상선수가 갑자기 은퇴를 선언했을 때, 저는 갑목을 느낍니다.

브레이크를 밟고 서행을 하면서 사태를 살피는 차분함이 없습니다(브레이크는 오행의 金). 항상 서두릅니다. 우리나라가 교통사고 왕국인 것도 어쩌면 이 갑목의 영향 때문일 겁니다. 이것이 갑목의 구조입니다.

등산을 해도 갑목은 맨 선두를 갑니다. 그래서 얼른 정상에 올라서 "야—호!"를 맨 처음 해야 직성이 풀립니다. 이런 실험을 해봤으면 좋겠습니다. 등산을 가다가 두어 시간 걸어갔을 때, 그 대열을 5등분으로 나누는 겁니다. 그런 뒤 선두에는 木이 많은가? 끝에는 水가 많은가?(아마도 수십 명이 되어야겠지만) 한 번 통계를 내보는 겁니다. 이것도 나름 재미있을 것 같군요.

나중에 성공하셔서 운전기사를 둘 때는 금일(金日)날 태어난 사람으로 구하십시오. 갑목은 아무래도 사고율이 높을 테니까요. 그럴 수밖에 없습니다. 이것이 운명이라면 운명이지요. 그래서 장점은 살리고 단점은 보완하는 것이 인생공부입니다.

죽을 때까지 자라는 것이 갑목입니다. 예를 들어 은행나무, 잣나무, 소나무, 밤나무, 느티나무 등이 여기에 해당합니다. 이런 것들은 죽을 때까지 자랍니다. 그리고 죽어도 갑목입니다. 갑목은 죽어도 자존심이 있어서 절대로 아래에 있지를 못합니다. 그래서 항상 높은 곳에 있습니다. 어디에 갑목이 있던가요? 바로 대들보나 서까래가 되어서 맨 꼭대기에 있습니다. 이렇게 자연의 사물 중에서 그 특성을 가장 많이 담고 있는 것을 연상하면, 이해가 빠릅니다.

한국인들은 갑목을 신주처럼 받듭니다. 시골에 가보면 마을의 역사가 있는 대부분의 동네에는 어김없이 신목(神木)이 있기 마련입니다. 하늘을 찌를 듯이 온 동네를 다 덮을 듯이 웅장한 갑목을 보면서 우리 조상님들은 자신과 동일시했는지도 모릅니다. 이것들은 당산, 당신, 서낭당, 당나무 등등 불렸지만, 결국 뜻은 한 가지로 통합니다.

당나무를 이야기 하다보니 생각나는 옛이야기가 있군요. 『장자』에서 읽었던 기억이 납니다. 잠시 머리도 식힐 겸해서⋯⋯ 선생이 제자들과 천하를 주유하고 있었답니다. 그렇게 돌아다니던 중, 더위가 한창인 어느 여름날 이었습니다. 어디에 쉬어갈 만한 자리가 있을까⋯⋯ 하고 두리번거리다가 멀지 않은 곳에 서 있는 커다란 나무 한 그루를 발견했습니다.

선생과 제자들은 모두 그 나무로 향했습니다. 나무에는 이미 많은 행인들이 쉬고 있었습니다. 사람들이 웅성웅성하면서 나무의 공덕을 이야기하기도 하고, 당나무와 신이 있을 거라는 이야기도 하며 떠들썩했습니다.

그런데 선생은 아무 말 없이 쉬다가 다시 길을 떠났습니다. 성질 급한 제자가 물었습니다.

"선생님께서는 아까 큰 나무에서 쉴 적에 다들 한마디씩 하는데 잠자코 계셨습니다. 이유가 궁금합니다."

"그래, 난 아까 가만히 있었다. 나무에서 얻어먹고 사는 목신이 불안해할까봐서였다. 사람들은 그가 대단한 신이라도 되는 줄 알고 떠받들고 있는데, 내가 만약에 그 목신이 별것이 아니라고 이야기한다면 얼마나 나를

원망하겠느냐? 그리고 별것 아니지만 조그만 동네를 지키는 데는 없는 것
보다 나을 것이다. 그렇게 세상의 모든 것은 자기 자리에서 자기 역할을 할
만큼 하고 있는 것이다. 그것을 알고 있는 내가 쓸데없이 목신을 나무랄 필
요가 없어서였느니라."

선생과 제자들은 저물어가는 석양을 길게 받으며 길을 재촉했습니다.

갑목은 土가 없으면 자랄 수 없습니다. 그래서 土를 굉장히 중요하게 여
깁니다. 갑일날 태어난 사람도 마찬가지입니다. 갑목의 土를 사주로 말하
면 재물이라고 합니다. 그래서 갑목으로 태어난 사람은 항상 주머니에 엽
전 석 냥을 지니고 있습니다 심지어는 화장실에 간 적에도 동전 세 닢은
가지고 갑니다(우리 속담). 이것이 갑목을 잘 설명해 주고 있습니다. 우리의
구석구석에는 갑목의 흔적이 수두룩합니다. 이제 우리 벗님들도 갑목이 사
유하는 방법을 아셨겠지요?

항상 주변에서 자료를 구하시고 궁리하시다보면 머지않아 자신의 운명
은 물론이고, 가족, 애인, 나아가서는 국가의 운명도 감정할 수 있게 됩니
다. 이것이 명리학입니다. 명리학은 밥도 안 먹고 구름 타고 다니며 남의
일을 척척 예언하는 요술 따위가 아닙니다.

이렇게 해서 갑목을 마무리합니다. 그러나 갑목을 모두 이야기한 것은
아닙니다.

두고두고 갑목에 대한 이야기는 등장하게 됩니다. 물론 갑목뿐 아니라
다른 천간도 마찬가지입니다만…….

이 장에서는 갑목의 특성만 이해하셔도 성공입니다. 물론 다른 9간의 특
성까지 이해하면 더욱 좋습니다만 처음부터 너무 욕심내지 않으셔도 됩

니다. 이거 성질 급한 갑목 벗님들 기다리다가 숨이 넘어가는 것이나 아닌지…… 하하.

을목(乙木)
— 골프장의 잔디밭

갑목(甲木)을 이해하고 나면, 을목(乙木)은 비교적 쉽습니다. 음의 나무니까, 어떤 것을 음의 나무라고 이름하는지 살펴보고 갑목과 비교 해보시기 바랍니다. 우선 형상을 설명 드립니다.

을목은 곡식이고, 약초이며, 넝쿨식물입니다.

수수, 조, 벼, 보리, 콩, 고구마, 칡, 등, 머루, 다래, 금잔디…… 대체로 이런 종류를 을목으로 취급합니다. 나무는 나문데 죽을 때까지 자라지 않는 나무? 이렇게 정의해도 되는지 모르겠습니다. 예외적으로 넝쿨나무는 죽을 때까지 자라기에 한 마디로 잘라 말할 수 없군요…… 그러나 대체로 그렇다고 봐도 무리는 없을 겁니다.

을목으로 태어난 사람은 어떤 특성을 갖고 있을까요? 설명을 읽어보시기 전에 한번 깊이 생각해보시는 것이 좋습니다. 위에서 언급한 곡식 종류를 근거로 유추해보는 겁니다.
어렵긴 어렵죠? 꼭 정답을 내서 만점을 맞으려니까 어렵지 그냥 재미로 생각하면 어려울 것도 없다고 봅니다. 여기는 채점이 없습니다. 그냥 많은 생각을 한 학생이 만점입니다. 이치에 합당하면 더욱 좋을 뿐이라고 할 수는 있겠군요.

　을목은 이해타산이 빠릅니다. 계산해서 손해가 날 것 같으면 거절합니다. 장사하는 놈이 손해 보는 일을 무엇하러 하겠습니까? 을목을 생각하면 일본인들이 생각납니다.
　그들의 기가 막힌 상술은 정말 대단합니다. 우리의 고추장이며 된장, 김치를 전세계에 팔고 있습니다. 우리는 한국전쟁을 겪느라고 생사의 기로에 서 있을 때도 일본은 경제발전에 온힘을 쏟았습니다. 저 혼자만의 생각인지도 모르지만…….

　너무 물질을 중시하다보니, 항상 돈이 전부입니다. 자린고비가 을목입니다. 수전노(프랑스의 극작가 몰리에르의 희곡에 나오는 인물), 샤일록(Shylock, 셰익스피어의 희곡 〈베니스의 상인〉에 나오는 인물)이 을목입니다. 우선 돈이 있어야 어디를 가도 대접받는다고 생각합니다. 그래서 과시를 합니다. 이것이 극단적인 을목의 성향입니다. 그러나 극단적이란 말은 사주의 구조에 따라서 얼마든지 다를 수 있다는 것을 다시 강조합니다.

　을목은 환경에 대한 적응력이 굉장히 뛰어납니다. 어디를 가든지 자신이 맨 마지막까지 살아남습니다. 잔디를 보십시오. 높은 데나 낮은 데나 메마른 데나…… 물이 있거나 없거나…… 가리지를 않습니다. 농사를 지어 보신 분이 실감이 나실 겁니다. 뽑아도 뽑아도 끝없이 돋아나는 잡초들…… 징글징글한 잡초들…….
　그리고 이용할 수 있는 것은 모두 이용합니다. "피라미드 상술"이라던가요? 이것도 을목이 연구해낸 방법입니다. 갑목은 그런 발상은 하지 않습니다. 칡넝쿨을 보십시오. 주변에 갑목이 있으면 얼씨구나 합니다. 갑목이 죽거나 말거나(결국 갑목은 죽습니다) 그냥 사정없이 감고 올라갑니다. 이것이 을목의 특성입니다. 깊은 히말라야 산속에 비행기가 추락해서 먹을 것이 다 떨어지면 맨 처음 을목이 시체를 먹으려 합니다. 그토록 생존본능이 강하기 때문이지요. 그러니 스파이로는 적합지가 못합니다. 스파이가 적국에서 들통이 나면 고문은 기본인데…… 그 고문을 견디면서 목숨과 흥정을 하려고 할 것 같지가 않습니다. 그래서 스파이를 고르려면 신금(辛金)을 택합니다. 신금은 무엇보다도 피를 두려워하지 않습니다. 피를 두려워 않기 때문에 을목이 천적입니다. 그놈에게 걸리면 뼈도 못 추릴지 몰라…… 하고 몸을 사립니다.

그러니까 강도짓을 하려면 을목의 집을 노리십시오. 그러면 두 가지 이익이 있습니다. 하나는 을목은 항상 재물을 집에다 쌓아둔다는 점입니다. 그러니까 금고에 항상 많은 현금이 있기 마련입니다. 또 다른 하나는 을목은 협박에 약하다는 겁니다. 그러니까 증거만 남기지 않는다면 말도 필요 없습니다. 그냥 가서 칼을 방바닥에 "꽉" 꽂는 것만으로 충분합니다. 그러면 살아남고 싶은 욕망이 발동해서 금고는 자연스럽게 열리게 됩니다.(이런 강의를 해도 안 잡아가나?)

을목은 생활력도 강합니다. 지금 시대에 가장 필요로 하는 사람인지도 모르겠습니다. 요즘 청년들이 인내심이 없다고 합니다. 그런데 을목은 전혀 그런 염려를 하지 않아도 됩니다. 이렇게 치열한 경쟁시대에 살아남을 사람은 을목입니다. 혼자 힘으로 부족하다고 느끼면 어제의 적과도 타협을 합니다.

정치판을 보면 누가 살아남는지 알 수 있습니다. 저 혼자 잘나서는 아무 영양가가 없습니다. 오직 누구와 손을 잡느냐에 성패가 달렸습니다. 그리고 최후의 승자가 항상 미소를 머금게 됩니다. 의리니 혈맹이니 하는 것은 모두 말라비틀어진 개뼈다귀일 뿐입니다. 이것이 을목의 인생관입니다.

누구든지 이 세상을 살아가려면 이런 융통성이 어느 정도는 있어야 합니다. 그래야 처자식을 굶기지 않습니다. 궁핍은 결코 자랑할 것이 못되는 것이 지금의 현실입니다. 혼자서 선비입네 하고 "공자왈 맹자왈" 해봐야 아무 소용없습니다. 무능하다고 무시당하기 십상입니다. 우리는 을목의 기운을 10%만 나눠 받았으면 좋겠습니다. 그리고 갑목의 기운도 필요하겠지요? 그러면 갑목의 기운도 10%만 받읍시다. 그리고 무엇이든지 마찬가지입니다만, 지나치지만 않으면 됩니다. 무엇이든 지나친 것이 병입니다. 경쟁심도 적당히 있어야 하고, 재물을 소중히 하는 마음도 적당히 있어야 합니다. 이 "적당히"란 것이 애매하기 하지만 그래도 스스로 생각해보십시오. 여기에 조화의 묘리가 있답니다.

병화(丙火)
— 장팔사모창을 휘날리는 장비

병화(丙火)는 맹렬함입니다. 원래 火는 水를 두려워하는 법이지만 병화는 두려움을 모르고, 알려고 하지도 않습니다. 오직 맹렬함 그 자체입니다.
장비가 바로 병화를 닮았습니다. 저돌적인 공격성은 영락없는 장비 익덕입니다. 비슷한 장수로 화웅이 있습니다. 둘은 막상막하입니다. 한 치도 양보도 없습니다. 이들이 병화의 화신(化身)이라고 하더라도 크게 잘못될 것이 없다고 봅니다. 제멋대로 자란 장비의 수염은 火와 맹렬한 병화를 보는 듯합니다.

데모대의 선봉은 으레 병화가 전담합니다. 그래야 일이 됩니다. 갑목(甲木)은 지기를 싫어하지만, 맹렬함이 없어 병화에게 밀립니다. 오죽하면 火가 타는 듯하다고 합니까? 언제나 혁신, 혁명, 개혁을 부르짖습니다. 이것이 병화입니다. 병화의 사전에는 모방이 없습니다. 오직 개성 하나만으로 죽고 사는 인생입니다. 상황에 따라서는 반대를 위한 반대도 서슴지 않습니다.

손가락을 깨물어 글을 씁니다. "타도하자 ○○○" 그리고는 머리에 띠를 두르고 북을 치면서 나갑니다. 병화는 뒤만 돌아봐도 이미 배신자라고 생각합니다. 저의 도반(道伴) 중에 ○○이라는 스님이 있었습니다. 이 친구가 한번은 창비사의 책을 들고 와 파쇼집단을 타도해야 한다고 열변을 토하더군요. 저야 원체 시대감각이 둔하다보니…… 이 친구가 아무래도 북조선의 물이 들었나보다…… 하고 생각했습니다. 저는 관심이 없는 분야인지라…… 못 들은 척했습니다. 그렇게 한참을 열변을 토하던 이 친구가 갑자기 "요즘 사주 공부 한다면서?" 하고는 자기에게 감옥살이 있는지 한 번 봐달라는 겁니다. 그래서 사주를 봐주려고 적어보았더니, 글쎄 이 친구가 바로 병화였습니다. 저는 그때 병화의 이미지가 아주 선명하게 박히게 되었습니다.

위의 글에서 병화의 특징이 나타납니다. 병화는 그래서 실수가 많습니다. 물불을 가리지 않고 천방지축이라, 항상 삶이 과실로 얼룩져 있습니다. 그래서 항상 후회를 잘합니다. 그러나 아무리 빨라도 늦은 것이 후회라지 않습니까? 그것도 잠시뿐이고 또 일을 저지르고 다닙니다. 정말 못 말리는 성질입니다.

장점은 용기입니다. 이 용기야말로 자신을 발전시키는 데 없어서는 안 될 중요한 자산입니다. 용기가 없는 사람은 15년 사주 공부를 해도 친구의 신수 하나도 봐줄 수 없습니다. 두렵습니다. 혹시 틀리면 어쩌나…… 비웃으면 어쩌나…… 그래서 책만 보고 또 봅니다. 그래도 문제입니다. 책마다 주장이 다르니 이제는 어느 장단에 춤을 춰야 할지를 몰라 해맵니다. 그러니 사주를 적어놓고 보면 모두 자기가 용신이라고 주장합니다. 그리고 그 주장은 각각 일리가 있습니다. 그래서 모두 다 용신을 삼고 봅니다. 반면 용기 없는 사람이 보는 사주는 이렇습니다.
"이 사주는 좀 특이합니다"로 시작합니다. 그래야 만약에 틀리더라도 도망을 갈 수가 있거든요.

"火를 용했을 것도 같고, 水를 용했을 것도 같습니다. 이 책에는 火를 써야 한다고 했고, 저 책에서는 水를 써야 한다고 했으니까요…… 책에 그렇게 나와 있습니다……."

주로 이런 식입니다. 그래서 갑갑합니다. 뭐라고 하는 것 같기는 한데, 도무지 뭐가 뭔지 알 수 없습니다. 이런 사람이 바로 사주에 병화가 없는 사람입니다. 도무지 명확한 것이 하나도 없습니다. 참으로 답답합니다.

그런데 병화는 이렇게 명확합니다.
"이 사주는 가물어서 물이 필요하구먼."
감추고 숨길 것이 없습니다. 있는 그대로입니다. 그래서 시원시원합니다. 맞고 틀리고는 나중 문제입니다. 이렇게 이야기를 하면 듣는 사람이 편합니다. 가령 잘못 보았더라도 크게 문제될 것이 없습니다.
"어? 그러면 水가 용신이 아닌디…… 木이었구먼."
이 한마디로 그만입니다. 이미 그가 잘못 보았던 일은 잊어버렸나 봅니다. 건망증이 심하거든요. 그래도 밉지가 않습니다. 또 직설적이기 때문에, 항상 손해를 많이 봅니다. 혹시 벗님들 중에도 용기가 필요하다고 느끼신 분이 계시다면 지금부터 병화의 기운을 흡수해보십시오. 그리고 당당하게 이야기해 보십시오.

'사주를 조금 배워보니까 무엇인가 이치가 있는 것은 같은데…… 꼭 꼬집어서 말을 하려니까 하나도 모르겠구먼……. 친구가 사주가 뭐냐고 물으면 좋은 것이라고 말은 해주고 싶은데…… 막상 무엇이 좋으냐고 한다면…… 글쎄…… 뭐라고 한다지……?'
이런 고민을 한두 번 정도는 해보셨을 것입니다. 그렇지 않고, 전문가 수준이 되겠다면…… 너무나 달콤한 유혹이군요. 그러나 있을 수 없습니다. 그렇다면 누가 사주 공부를 하다가 말고 중단하겠습니까?

우리 주변에서 성질이 불같은 사람을 종종 봅니다. 아마도 벗님들 주변에도 틀림없이 있을 겁니다. 한번 살펴보십시오. 한번 성질이 나면 정말 무섭습니다. 물불을 안 가리고 설쳐대는 것이 흡사 선불 맞은 산돼지 같습니다. 남편 성격이 이 지경이라면 아내는 상당한 지혜를 가져야 합니다.

우선 눈치를 싸~악 봐서 성질이 날 때는……, '아이고, 난 죽었습니다~' 하고 이불을 뒤집어쓰고 있는 것이 상책입니다(괜히 저 잘났다고 따콩따콩 말대답이라도 하는 날에는 머리카락이 뽑히던지, 하다못해 냄비 뚜껑이라도 날아갑니다). 그렇게 얼마를 지나면 스스로 火가 꺼집니다. 그리고 나면 그때서야 서서히 머리를 내밀고 '오냐~ 인제 다했나?' 하고 역습을 하십시오. 이렇게 김빠진 다음의 역습은 거의 성공합니다. 손자병법에도 "적을 알고 나를 알면 백전백승"이라고 하지 않았습니까? 때로는 남편도 적으로 보일 때가 있거든요.

어쨌든 여기서는 병화의 특성을 이해하는 것이 중요합니다.
그리고 병화는 비교적 알기가 쉽습니다. 우선 눈에 확 띄니까요.
우선 병화에 대한 이야기는 이 정도로 하고 마무리를 할까 합니다. 또 다음에 나오겠지요. 두고두고 구워삶아 봅시다.

정화(丁火)
— 이 한 몸 다바쳐서 오직

정화는 참으로 아름답습니다.

조용하게 미소를 지으며 반짝 반짝.
어두운 밤하늘의 별이 되어서
오늘도 님 기다리는 큰 애기를 위로합니다.

조용한 방안에서 소리도 없이
해맑고 조용하면서도 발그레한 미소로
촛불이 되어서 비춰줍니다.

깜박 깜박 외로운 등댓불 되어
어둠을 헤매는 뱃길 나그네에게
오늘도 변함없이 희망을 줍니다.

정화(丁火)는 헌신이고 봉사이며 사랑입니다. 우리는 정화의 발견 이래 이렇게도 편하고 즐거운 인생을 살고 있습니다. 우리는 문명인이라고 자처합니다. 그러면서도 그 공덕이 누구 때문인지 잘 모릅니다. 그래도 정화는 전혀 화를 내지 않습니다. 그냥 모두가 편안한 것이 좋을 뿐입니다.

모닥불 피워놓고 연인들이 정담을 나누며 즐거워합니다. 촛불을 켜놓고 지극정석으로 기도하며 소원을 빕니다. 조용히 커피를 마시며, 강의를 준비하는 낭월의 얼굴을 비춰줍니다. 정화는 우리 모두의 연인입니다.

또 정화는 밤하늘의 별처럼 어둠을 밝히는 불입니다. 그리고 심장도 정화입니다. 그래서 정화는 따뜻합니다. 정화만큼 다른 사람의 심정을 잘 헤아려주는 것도 드뭅니다. 커피 광고를 보면 "가슴이 따뜻한 사람이 그립다"던가……? 그래서 따뜻한 커피 한 잔을 사먹으라는 말인가 본데…… 바로 그 커피 한 잔의 역할을 할 수 있는 사람이 정화입니다. 이처럼 정화는 타인의 아픔을 잘 헤아려줍니다. 그래서 간호사를 닮았습니다. 아픈 환자는 항상 포근한 손길이 그립기만 하거든요.

정화를 충신이라고도 했습니다. 계백 장군은 정화의 화신입니다. 반역이 무엇인지도 모르고 생각해 본 적도 없는 그야말로 충신입니다. 백지 한 장 차이가 천지의 차이라고 할까요?
병화(丙火)와 정화는 이렇게 분위기가 다릅니다. 같은 오행의 火로써 음과 양의 차이일 뿐인데도 그 작용은 이렇게 차이가 벌어집니다. 그래서 병화는 얼른 알아보기 쉬운데, 정화는 얼른 알아보기 어렵습니다.

"아니. 낭월아, 난 정화인데도 성질이 불같은데……?" 그럴 수도 있겠군요. 아마도 화기가 강한 정화인가 봅니다. 반대로 화기가 약하면 정화라도 우울증에 걸리겠군요. 각자 알아서 생각하십시오. 상황에 따라서 차이가 날 수는 있습니다. 국민 오천 만명 중에 정화는 어림잡아 오백 만쯤 된다고 보는데, 이것의 성향이 한가지라고만 말할 수 없겠지요. 다만 정화는 이런 비슷한 특성을 기본적으로 갖고 태어난다는 것을 이해하시면 됩니다. 제가 본 수십 명의 정화 중에 한 가지 공통점이 있었습니다.

"가만 두면 선비지만 건드리면 병화더라" 하는 것입니다. 건드리면 화기가 동하더군요. 그래서 정화는 건드리는 것을 싫어합니다. 누군들 건드리는 것을 좋아하겠냐구요? 그렇긴 합니다. 그런데 병화는 건드리는 것을 굉장히 좋아합니다. 사실 병화는 누가 건드리지 않으면 스스로 시비거리를 찾아다니니까요.

저녁 드라마 "밥을 태우는 여자"를 보신 적 있나요? (이 화상은 공부는 않고 맨날……) 거기에 나오는 두 형제들 말입니다. 형이 항상 못살게 굴지요? 현재는 실업자 신세인…… 이 형이 바로 병화를 닮은 구석이 있지요. 그리고 동생은 정화를 닮은 구석이 있구요. 건드리면 성질이야 내지만 그래도 착한 동생이지 않습니까?

저는 등장인물을 보면서 일간(日干) 알아내기가 취미랍니다. 드라마 공부를 하다가 보니까, 사람을 상대했을 때도 '그 사람의 일간이 무엇일까?' 하고 생각하는 버릇이 있습니다. 이렇게 고민하다보면 적중률도 높아집니다. 이 공부는 영양가가 있는 것 같습니다. 우리 벗님들도 십간(十干)에 관한 강의가 마무리되거든 어디 한번 친구들의 성격으로 일간을 알아 맞추는 게임을 해보십시오. 맞으면 스스로 십간의 소식에 놀랄 것이고 틀려도 아직 공부가 부족한갑다 하면 되니까 손해 볼 일은 없을 테니까요. 우선 자기 자신을 대상으로 실험 해보시기 바랍니다.

물질에서 한번 정화를 찾아봅시다. 인간이 만든 火는 모두 정화라고 봐도 무방합니다. 문명은 모두 정화라고 봅니다. 선비는 정화입니다.(왜 갑자기 선비가 정화인지?) 전기, 전파, 학문, 이론, 공식, 구구단 등은 정화라고 봅니다. LNG, LED도 모두 정화입니다. 너무 광범위해졌나요?

그러면 쉽게 가지요. 촛불이 정화입니다. 촛불에서 희생정신을 배운다던가요? 자기 몸을 태워서 어둠을 밝힌다던가……? 이것이 정화의 마음입니다. 오늘 밤에는 촛불을 켜두고 조용히 "정화명상(丁火瞑想)"을 해보시길 권해봅니다.

무토(戊土)
— 묵묵히 앉아 있는 지리산

산!
태고적부터
영겁이 다하도록
그렇게,
묵묵히
앉아 있다……

이것이 다 입니다. 산은 이렇게 말없이 앉아서 묵묵히 오고 가는 것들을 관망하고 있습니다. 그래서 산은 믿음직합니다. 묵묵하니까요…… 믿음직한 사람을 보면 "태산 같다"고 말합니다. 그 태산은 무토(戊土)를 말합니다. 한국에는 지리산이 무토다운 산입니다. 그리고 각각의 산은 표정을 갖고 있습니다.

금강산은 **빼어나기**만 했지 묵직한 맛이 없습니다. 그래서 뽐내는 기질(火氣)이 섞인 화산(火山)입니다. 백두산은 우뚝합니다. 그래서 목산(木山)이라고 말을 합니다. 북한산은 돌산입니다. 너무 강합니다. 그래서 진정한 의미의 순수한 토산(土山)은 지리산을 우선으로 생각합니다. 자랑할 것도 없고, 숨길 것도 없는…… 있는 그대로의 산…… 어디서 바라다봐도 표정이 항상 그 모양입니다. 그래서 진정한 무토라고 말합니다.

이 지리산의 영향을 받아서인지…… 무토로 태어난 사람은 고독합니다. 스스로 고독을 즐깁니다. 고민이 있어도 가족과 의논하기보다는 혼자 짊어지고 끙끙댑니다.

로댕은 무토였을 것입니다. 그렇지 않고서는 〈생각하는 사람〉을 만들지 않았을 것입니다. 그렇게 조각가는 때로 자신의 모습을 만들기도 합니다. 절에 한번 가보십시오…… 온갖 모양의 불상들을 보십시오. 모두 다릅니다. 결코 같을 수 없습니다. 만든 사람의 기질이 제각각이기 때문입니다.

언젠가 불상 제작하는 일을 볼 기회가 있었습니다. 그냥 보기에는 원만하게 잘 만들어진 것 같았지만, 제작자는 수정하고 또 수정 했습니다.

며칠 후, 이제 됐으니 한번 봐달라고 말하기에 정말 명품이 나왔나보다…… 하고서 작업실로 가봤더니…… 꼭 작가 자신을 닮아 있더군요. 이것을 보고 느꼈습니다.

'때로 예술가가 작품을 통해 자신을 솔직히 드러낼 때, 그것은 큰 감동을 불러일으킬 수 있구나……' 그래서 로댕의 마음을 헤아리게 된 것입니다.

다시 돌아와 무토는 고독입니다. 표정이 없습니다. 까불락거리고, 촐랑대는 것도 없습니다. 울고불고 대성통곡하지 않습니다. 그래서 알 수 없습니다.

"넌 어째 일일이 시켜야 하니? 이그 답답해……."

무토는 센스도 없고 눈치도 없습니다. 고지식합니다. 있는 그대로밖에 모릅니다. 그래서 답답합니다. 그러니 직장에서 누가 좋아하겠습니까? "전혀 아니올시다" 입니다.

그래서 적성검사가 중요합니다. 사람마다 타고난 기질이 다르기 때문입니다. 아무튼 무토는 직장생활에 적합하지 않고, 그래서 또 고독해집니다.

열 사람이 모이면 그중에 한 둘은 꼭 뒷자리나 지키고 있습니다. 이것이 바로 무토의 적성입니다. 일행 중 무토가 있으면, 그 사람에게 귀중품을 맡기고 신나게 마시고 놀면 됩니다.

그런 무토도 무서울 때가 있습니다. 한번 잘못 건드렸다가는 엄청 난리를 칩니다. 쌓인것이 어느 날 한꺼번에 폭발합니다. 전혀 다른 사람으로 변합니다. 정말 무섭습니다. 기억력도 좋습니다. 까맣게 잊고 있던 17년 전에 쌀 한 되 꾸어다 먹고 갚지 못했던 것까지 끄집어 냅니다. '이거 잘못 건드렸네…….' 그러나 이미 늦었습니다. 무토는 건들지 않는 편이 상책입니다.

산을 깎아 골프장을 만들어 돈 좀 벌어 보려다 예상치 못한 산사태 때문에 재산을 모두 날린 사장님도 많습니다. 산은 있는 그대로 두고서, 건드리지 않아야 좋습니다. 그저 답답할 적에 혼자서 찾아가면 좋습니다. 그러면 무토는 고민을 어루만져줍니다. '그런 것에 집착을 갖지마쇼…… 그게 모두 환상이라오……' 이 한마디에 큰 위안을 받습니다. 그래서 편안한 마음으로 집으로 돌아갑니다. 그리고는 다시 무토를 잊어버립니다.

무토는 교만해 보이기도 합니다. 어떻게 보면 오해를 받기도 합니다. 사실은 그게 아니건만 사람들은 제멋대로 해석해서 말없이 앉아 있으면 교만하다고 단정 짓습니다. 그렇게 자신의 자로만 남을 재려고 덤비니 갈등이 심해집니다. 그리고 자기가 표준이라고 저마다 목소리를 높입니다. 그래서 인간사에는 싸움이 그칠 날이 없습니다.

기토(己土)
— 넓고 넓은 나주평야

무토(戊土)가 산이라면, 기토(己土)는 들판입니다. 같은 土인데, 생긴 형상이 다르군요……. 그래서 일명 옥토(沃土)라고도 부릅니다. 즉, 사람이 가꾸고 먹거리를 심는 논이나 밭이라고 짐작합니다. 그리고 이 비유는 크게 틀리지 않습니다. 그러고 보면 정화(丁火)가 인간이 만든 火라고 했듯이, 기토는 인간이 가꾸는 대지로군요…… 을목(乙木)도 인간이 가꾸는 곡식이고…….

여기서 공통점을 찾을 수 있습니다. "음은 인간과 관계가 많다"는 것을 알 수 있습니다. 장차 나올 신금(辛金)이나, 계수(癸水)도 아마 이런 뜻이 들어 있을지 모르겠군요. 아마도 이야기가 나오는 걸로 봐서 그럴 성 싶습니다. 일단, 이렇게 알아둡시다.

기토는 누가 좋아할까요? 물론 나무들이 좋아하지요. 특히 뿌리 뻗음에 굉장히 신경 쓰는 갑목(甲木)은 기토를 무지 좋아합니다. 사실 갑목이 앞으로(위로) 나아갈 수 있는 것도 기토가 두둑하게 뿌리를 잡아주어야 가능하거든요. 그렇지 않으면 갑목이 쓰러지고 말 수밖에 없으니, 싫어할래야 싫어할 수가 없습니다. 산의 단단한 흙보다야 기름지고 영양가 많은 옥토를 좋아하는 것은 갑목의 입장에서는 당연한 이치입니다.

을목은 기토를 좋아합니다. 어느 식물이든 메마른 흙보다는 기름진 흙을 좋아할 수밖에 없습니다. 그러고 보면 기토는 인기가 좋은 셈입니다. 그럼 싫어하는 자는 없겠느냐구요? 물론 있지요. 바로 계수(癸水)는 싫어합니다. 계수가 기토를 보면 흙탕물이 되거든요. 계수는 맑고도 맑은 석간수(石間水)인데, 기토의 부드러운 흙이 섞이면 좋을 리 없겠지요. 사실 기토는 선명하게 맑은 맛이 없습니다. 이래도 흥~ 저래도 흥~ 물론 속으로 무슨 생각이야 있겠지만, 남의 심정을 이해하는 마음이 앞서다 보니 정말 물에 물 탄 듯, 술에 술탄 듯, 그런 기분이 들 때도 있습니다.

갑목이 기토를 의지할 곳으로 본다면, 을목은 기토를 호구로 보겠지요. 그래서 을목은 장사를 해도 기토같이 한가한 친구들이 좋아할 그런 물건을 만듭니다. 을목이 생각해보기에는 만수무강에 아무 도움도 되지 않을 듯싶은 것도 기토는 좋다고 사주니까요…….

시장을 한번 가보면 정말 쓸데없는 상품이 너무 많습니다. 돈을 벌자니 만들기는 해도 속으로는 '멍청한 녀석들……'이라고 합니다. 그래가면서도 입에 침이 마르게 유혹을 하고, 또 합니다. 사실 기토는 충동구매에 약하거든요.

병화(丙火)의 고집도 기토에게는 약합니다. 혼자 열이 나서 펄펄 뛰어도 기토는 가만히 있습니다. 열이 떨어질 때까지 기다립니다. 기토는 알고 있거든요. 얼마 가지 않아 식어버릴 병화의 열기를…….

그래서 자기주장이 강한 사람일수록 기토를 좋아합니다. 사실 자기 잘났다고 떠드는 사람일수록 자기 잘났다고 떠드는 사람을 싫어합니다. 그런 사람은 얌전히 앉아서 이야기에 귀를 기울이는 사람이 좋을 수밖에요. 말끝마다 土를 다는 사람보다야 그냥 고개를 끄덕거리면서 듣는 척이라도 하는 사람이 좋게 마련입니다.

그러고 보면 기토는 자기주장이 없는 것 같습니다. 도자기를 만드는 흙은 기토입니다. 무토로는 부스러져서 그릇을 만들 수가 없습니다. 그러나 기토는 찰기가 있습니다. 서해바다에 가보셨습니까? 서산의 갯벌을 가보십시오. 회색의 갯벌, 무릎까지 빠지는 갯벌, 정말로 개성 없는 색깔입니다. 이 갯벌이 기토를 닮았습니다. 아이들이 인형을 만드는 찰흙이 기토를 닮았습니다.

고전에서는 기토를 특별하게 취급을 하고 있는 것도 눈에 뜨입니다. 수리학을 취급하는 학문 중에 대정수(大定數)의 후천수에서는 기토를 홀로 100으로 계산합니다.

甲 = 3, 乙 = 8, 丙 = 7, 丁 = 2, 戊 = 5,
己 = 100, (丑未 = 10)
庚 = 9, 辛 = 4, 壬 = 1, 癸 = 6……

이렇게 기토는 특별한 취급을 받았습니다. 아마도 이렇게 보게 된 데는 나름의 사정이 있었을 거라고 짐작합니다. 그러나 저는 머리가 나빠서 수리학은 공부할 엄두를 내지 못했습니다. 수학적이고 분석적인 벗님은 한번 도전해보실 만할 겁니다. 잘하시면 유성이 언제 지구와 충돌할 건지도 알아낼 수 있습니다. 음양오행학 중에서도 수리학은 이렇게 심오하고 독보적인 존재입니다. 참고로 수리학의 정상은 태을수(太乙數)로서 천기를 본다는 학문이 자리하고 있습니다. 음양오행학이 분리되어 있는 것을 크게 본다면,

천학(天學) = 수리학에서 발전함, 보통 천기를 본다고 함.
   옛날에 관상감―지금의 기상대에 해당―에 종사하던 도사

들이 전공한 과목.

지학(地學)= 지리학이 대표적임. 집터, 묘터, 전쟁터 등, 땅에 관한 모든 것을 논함. 기문둔갑, 기학(氣學) 등등 수없이 많은 종류의 땅에 관한 학문이 있음.

인학(人學)= 명리학 혹은 사주학이 대표적임. 사람의 길흉화복과 모든 행복을 위해서 발전한 학문.

우리의 보물 천부경에 보면 일즉삼(一卽三)이라는 말이 있는데, 하나에서 셋이 나온다는 의미 같습니다. 이 말은 날이 갈수록 묘미가 있더군요. 모든 의문이 일즉삼에서 해결이 날 것만 같습니다. 대한민국 국기를 보며 음양을 생각하셨겠지만……. (태극기의 오류는 언제나 고쳐지려나?)

우리 태극은 삼택극입니다. 태극선을 보시면 알 수 있지요. 하나에서 둘이 나온다는 것은 중국인들의 견해인지도 모릅니다. 그것이 역수입되어서 지금은 하나에서 둘이 나오는 것이 당연한 걸로 생각합니다. 하나에서 둘이 나온다면 둘에선 넷이 나올 수밖에 없습니다. 그래서 사상이라는 것이 생겼습니다만…….

항상 이것이 말썽을 일으킵니다. 어설픈 학설로 멋진 의학을 만든 동무(東武) 선생님도 모든 것을 넷으로만 나누면서 스스로 모순을 발견했을 거라는 짐작입니다. 넷은 완전하지가 않거든요.

그런데 노자(老子)만 해도 오염이 덜 되었는지…… 일과 셋이라는 말을 하긴 했습니다. "하나에서 둘이 나오고 둘에서 셋이 나오고, 셋에서 만물이 생겼다." 이런 말을 했으니 나중에라도 큰 욕은 먹지 않을 듯합니다(만약 둘에서 만물이 생겼다고 했다면 욕먹지).

저는 노자의 이 말을 읽고 무슨 뜻인지 몰라서 한참을 헤맸습니다마는,

천부경을 읽고는 고개를 끄덕였습니다. 노자도 어디서 천부경을 훔쳐보고 계셨군…… 하고서요. 일즉삼은 우리 벗님들도 잘 음미해두십시오. 흑백의 이론이 판을 치는 요즘에 일즉삼만 알아도 함께 죽는 일은 없습니다. 흑과 백으로 가르기보다는 "흑, 백 그리고 중간"이 우리와 맞습니다.

이 "중간"이라는 개념은 참으로 복잡합니다. 그래서 사람들의 지능이 퇴화(?)해가니까, 이것을 이해하지 못하고 없애버린 것입니다. 그러나 없앤다고 없어집니까?…… 하긴 요즘엔 겨우 지능이 조금 상승해서 이제는 중간을 이해하기 시작했다고 하더군요(퍼지이론이란 것 말입니다. 적당히 알아서 하는 말을 기계에서 실험한다는……). 음전자 양전자 그리고 무엇입니까? 그렇죠 중성자. 우리 선조님들이 이 정도는 이미 5000년 전에 해결 본 것입니다.(이 당당한 자부심……) 일즉삼을 기록했으니까요. 이렇게 장황한 이야기를 하는 것은 바로 기토가 그 중성자의 역할을 하는데 가장 적당하다고 생각했기 때문입니다.

기토는 어머니를 닮았습니다. 알고도 속고 모르고도 속는 것이 기토입니다. 고지식 + 어루만짐(?)이 기토입니다. 순박하고 모진 말을 잘 하지 못합니다. 또한 남의 심정을 잘 헤아려줍니다. 카운슬러가 적성에 맞습니다. 가만히 이야기를 들어주고 답을 찾아서 마음을 편하게 해주는 능력이 있습니다. 종교인도 적성에 맞습니다.

그러나 눈빛을 번득이면서 순발력을 요구하는 일은 적성에 맞지 않습니다. 그래서 맨날 을목에게 골탕 먹지만, 그래도 어쩔 수 없습니다. 사기를 치려면 기토를 노리십시오. 웬만한 엉터리가 아니라면 속일 수 있습니다. 그렇게 잘 넘어갑니다.

기토는 어리숙하지만, 속은 알 수 없습니다. 땅 속을 파보지 않고 알 수 없지요? 기토가 그렇습니다. 파보지 않고 알 수 없습니다. 우리의 어머니를 보십시오. 어리숙한 듯한 어머니들……(요즘 젊은 어머니들은 그렇지도 않지만). 인간의 대지는 어머니입니다. 어머니는 특별한 존재입니다.

그래서 어떤 명리학자는 기토를 귀신(鬼神)이라고도 합니다. 알 수가 없다는 뜻으로 쓰입니다. 그만큼 사람을 어렵게 합니다. 제가 열심히 애독하는 책 중에는『우주 변화의 원리』가 있습니다.

이 책도 土에 대해서 특별히 자세히 설명했습니다. 특히 未土(음토(陰土))에 대해서 자세한 설명을 했습니다. 물론 지지(地支)를 공부할 적에 다시 거론하겠습니다만……. 그만큼 기토는 어렵다고 합니다. 그러니까 우리 초보 벗님들은 한꺼번에 기토를 알 수는 없습니다. 천천히 두고두고 공부할 요량으로 하십시오. 공부를 좀 하신 분은 한결같이 이 말씀을 하시더군요. 아마도 아직 무슨 비밀이 남아 있는가 봅니다.

무토는 양적인 중용(中庸)이라면 기토는 음적인 중용입니다. 土는 중앙이니까 치우치지 않았다는 뜻이 있습니다. 기토를 응용해서 만든 저울이 천칭(天秤)입니다. 일명 천평칭(天平秤)이라고도 합니다.

양쪽에 똑같은 접시를 두고서 좌우의 무게를 다는 것이죠. 이놈의 생긴 모양이 꼭 기토와 닮았다는 생각이 듭니다. 전혀 자기주장이 없습니다. "얼마까지만 달 수 있음"이라는 한계가 없습니다. 저울막대가 부서지지 않는 한 큰놈도 얼마든지 가능합니다. 일반 접시저울이나 막대 저울이나 말이나 됫박이나…… 모든 것은 한계가 있습니다만 이 천칭만큼은 전혀 기준이 없습니다. 오직 중심점만 있습니다.

철저하게 중심점만 고집합니다. 그래서 기토를 닮았습니다. 저도 명상실에다가 이 천칭을 한 개 사다 두고서 마음이 치우칠 때마다 응시하면서 다시 중심점을 찾는데 활용할까 생각중입니다.

경금(庚金)
— 설악산의 울산바위

바위는 단단합니다. 경금(庚金)이 바로 바위입니다. 열 개의 천간(天干)중에서도 가장 단단합니다. 그래서 고집불통입니다. 한번 마음먹은 일은 끝장을 내야 시원합니다. 오류가 있더라도 그냥 밀고 갑니다.

木은 뿌리를 내리다가 돌멩이가 있으면 방향을 바꿉니다. 그러니 경금은 그냥 구멍을 내고 통과하려고 합니다. 그래서 항상 무모해 보입니다. 갑목(甲木)은 경금을 가장 싫어합니다. 아니 두려워합니다. 묵직하게 앉아서 미동도 않은 채 노려보고 있는 경금은 갑목을 질리게 만들기에 충분합니다. 경금 쯤 오니까 다른 천간과 비교를 할 수 있어서 좋군요.

경금은 병화(丙火)도 두려워하지 않습니다. 보통은 병화를 두려워한다고 합니다만 사실은 그렇지 않습니다. 병화의 폭발성도 경금에게는 먹혀들지가 않습니다. 그저 꼬장꼬장한 강골일 뿐입니다. 그래서 믿음직하기도 합니다. 칼날 앞에서도 자기주장을 굽히지 않습니다. 사간원의 선비 체질입니다. 사헌부의 관리 체질입니다. 그들은 강골 중에 왕강골이거든요. 왕도 두려워 않는 것을 보십시오.

"난 목에 칼이 들어와도 할 말은 해야 하는 사람이야."

이것은 경금의 말입니다. 소신이 있습니다. 그리고 그 소신은 스스로 옳다고 판단을 한 후에 내린 결정입니다. 그래서 방향 수정이 별로 없습니다.

그냥 밀고 갑니다. 박정희 전 대통령을 보십시오. 그는 강인한 결단력으로 가난에 시달렸던 대한민국을 살 만하게 만들었습니다. 아마도 경제발전에 관한 것만큼은 영원한 신화가 되지 않을까 싶군요……. 거기에 바로 경금이 숨어 있었습니다. 그분은 경금입니다. 한번 옳다고 판단한 일은 절대 번복하지 않습니다. 그래서 적도 많습니다. 결합하고 제휴하는 것은 체질에 맞지 않습니다. 카터가 주한미군을 철수시키네 마네 해도 쫄지 않고 '그래 가뿌라 자주국방 할란다. 지놈들 아니마 이 나라 쓰러질 줄 알으냐?' 하는 것이 바로 경금입니다. 정말 그릇이 큽니다.

경금에게는 어린아이 같은 천진함이 숨어 있습니다. 선물이라도 사주면 그렇게 좋아합니다. 있는 그대로 사심 없이 받아들입니다. 그래서 속기도 잘합니다. 한번 경금을 심복으로 잡아두기만 한다면 그 사람은 평생을 충성합니다. 배반이란 말은 애초에 무슨 뜻인지조차도 모릅니다. 이런 부하가 한 사람 있으면 얼마나 좋겠습니까? 불이나 물이나 가리지 않고 명령에 따르는 용감한 부하…….

경금은 군인을 닮았습니다. 뜨뜨미지근한 것은 애초에 성미에 맞지를 않으니까요. 그래서 동료의식도 강합니다. 동료가 내 몸이라고 생각합니다. 목숨을 건 전쟁터에서도 전우의 안전을 살핍니다.

경금은 의리를 가장 중히 여깁니다. 왕가위 감독의 〈열혈남아〉를 보면 주인공 유덕화에게 의리는 목숨과 같습니다. 이처럼 경금은 다소 투박한 천연의 암석을 닮았습니다. 때묻지 않았습니다. 그래서 순수합니다. 저의 사부님이 경금 일주였습니다. 그래서 영업술(?)을 못하시고 고지식하게 학문만 토론하니…… 누가 상담하러 오겠습니까.

철학원 월세 내는 날은 항상 도망을 가야 했습니다. 물론 지금은 다릅니다. 그 꼬장꼬장한 고지식함이 세월이 흐르니 진가를 드러내기 시작했습니다. 어느덧 인기가 치솟고 있습니다. 지금은 모두 그분 말씀을 중요한 법칙으로 믿게 된 것입니다. 경금은 얄팍한 몇 푼의 돈에 끌려서 자기의 주장을 굽히는 짓을 정말 치욕스럽게 생각합니다.

그래서 기회주의자들이 판치는 세상에서 경금은 무시 당하기가 쉽습니다. 항상 뒷전으로 밀려나는 것은 세상물정에 어두운 경금이니까요(물론 경금에도 예외는 있습니다).

산 위에 우뚝하니 솟은 바위에서 경금을 느끼시면 됩니다. 땅속의 깊은 곳에 뿌리를 둔 암반에서 경금을 느끼시면 됩니다. 대쪽 같은 성품에서 경금을 느끼시면 됩니다. 물소 같은 고집에서 경금을 느끼시면 됩니다.

신금(辛金)
— 빛나는 다이아몬드

경금(庚金)이 자연석이라고 한다면, 신금(辛金)은 가공석입니다. 경금이 바위라고 했으니, 신금은 보석이라고 합시다. 그리고 가공된 금속은 대개 신금에 가깝다고 봅니다. 그런데 신이라고 하는 간지(干支)는 둘입니다. 처음엔 이것조차도 혼동될 수 있겠군요. 신금(辛金)과 신금(申金)입니다. 신금(辛金)은 천간(天干)의 음금(陰金)이고, 신금(申金)은 지지(地支)의 양금(陽金)입니다. 발음은 같더라도 위치가 다르니까 혼동 없기 바랍니다.

경금이 텁텁한 시골의 막걸리라고 한다면, 신금(辛金)은 깔끔한 양주라고 할 수 있겠습니다. 같기는 한데 좀 다릅니다. 이것이 음양의 차이점이겠지요.

그러면 신금의 특성을 살펴보겠습니다.

신금은 "멋쟁이"입니다. 그래서 잡초 속에 섞여 있는 것을 가장 싫어합니다. 어디든지 높은 곳 눈에, 잘 띄는 곳에 있기를 원합니다. 그렇다고 노골적으로 티내지는 않습니다. 음금이기 때문입니다. 그래서 경금과는 다른 점이 있습니다.

내면의 욕구를 표현하는 것은 양이요, 숨기는 것은 음이라 할 수 있듯이, 신금은 욕구를 두꺼운 종이로 감싸서 장롱 깊숙이 감추어둡니다. 그래서 남이 보기에는 별로 그러한 점을 모릅니다. 어쩌면 자신도 미처 모르고 있을지 모릅니다.

　이렇게 음성적인 성격이 무섭습니다. 아예 툭 까놓고 이건 이렇고 저건 저렇고 콩이고 팥이고 하면 모두 편합니다. 그런데 그냥 속에다 쌓아두고 기회만 보고 있다면 질려버릴 일입니다. 金은 결실이라고 말씀드린 적이 있습니다. 그렇게 단단한 결정체가 신금입니다. 그래서 다이아몬드라고 하는 것입니다.

　속에다 쌓아두지 않고서는 결정체가 될 수가 없습니다. 항상 훨훨 태워버리기만 일삼는 병화(丙火)가 가장 두려워하는 것이 바로 이 신금입니다. 마치 코끼리가 생쥐를 무서워하는 것처럼 말입니다. 천하에 물도 두려워하지 않는 병화가 일개의 조그만 신금을 두려워한다는 사실이 참으로 재밌습니다.

　벗님은 공처가(恐妻家)라는 말을 들어보셨겠지요? 각시를 무서워한다는 말인가 본데…… 그 이유가 뭔지 생각해보셨습니까? 각시를 두려워하는 사내…… 보통은 말이 되지를 않습니다만, 특수한 경우에는 말이 됩니다.

　병화는 각시를 신금으로 삼습니다. 이렇게 전제를 해놓고 이야기해봅시다. 병화가 남자라면 성격이 어떨는지는 병화를 읽어보셨으니 아실 겁니다. 병화는 밖에 나가면 강력한 리더입니다. 물론 화기가 강해야 한다는 것도 전제로 합니다(약한 火는 힘이……). 그는 항상 자신감에 가득 차서 호언장담을 합니다. 그리고 거칠 것이 없이 진두지휘를 해서 영웅이 됩니다.

　그리고 집으로 들어옵니다(여기서 부터가 문제입니다). 우리는 여기서 분석을 해볼 필요가 있습니다. 이렇게 활발한 사람이 어째서 공처가가 될 수 있을까? 남에게 또는 밖에서 하는 모습으로 봐서는 그의 아내는 숨도 못 쉬고 주눅 들어서 살 것만 같습니다.

그런데 음양의 절묘한 조화는 이런 것을 허용하지 않습니다. 이런 말을 들어보셨을 겁니다. "운동선수는 각시에게 고분고분하다" 특히 격투기를 업으로 삼는 사람일수록 심합니다. 어째서 그럴까요……. 저는 이렇게 생각합니다.

그에게도 50의 공격성과 50의 수비성이 있습니다. 그런데 시합을 하면서 이미 50의 공격성을 모두 소모해버렸습니다. 그래서 남은 것은 50의 수비성 밖에 없습니다. 그래서 집에 와서는 고분고분해지는 것입니다. 다른 말로 한다면 전쟁에서 에너지를 다 소모했기 때문에 평온함을 원한다고도 말할 수 있습니다. 병화는 이미 밖에서 폭발의 성분을 모두 사용해 버렸습니다. 그래서 "남자는 천하를 지배하고 그 남자는 여자가 지배한다"는 말이 이렇게 설득력을 갖을 수 있겠군요.

블랙홀 뒤에는 화이트홀이 있다던 가요? 그럴 수밖에 없습니다. 이것이 음양의 조화이니까요. 빛이 밝으면 밝을수록 그림자는 더욱 짙습니다. 이것 참 묘합니다. 당연하다고 생각하면 수익이 적고 묘하다고 생각하면 얻을 것이 많습니다. 의문(?)과 묘함(!)은 사람을 진화시킵니다. 그저 그림(─)은 별로 이익이 없습니다. 우리 벗님은 계속해서 ?! ?! ?! 으로만 갑시다.

또 도가 높아지면 마가 더 날뛴다(도고마성道高魔盛)고 하던가요? 이 말도 그냥 생각해서는 별로 묘미가 없습니다. 도를 백열등으로 바꾸고, 마를 그림자로 바꾸어놓고 다시 읽어보아야 묘미가 있습니다. 석가모니도 마지막 큰 깨달음을 이루기 직전에 가장 큰 마장(魔障)과 싸웠습니다. 이 마장이 없으면 도는 이뤄지지 않습니다. 이것이 바로 빛과 그림자의 인연입니다.(이야기가 엉뚱한 데로 가버렸네……)

아무튼 집으로 돌아온 병화는 지쳐 쓰러질 지경입니다. 천하의 병화라도 사람인데 어쩌겠습니까? 폭발해버린 몸은 이미 알맹이 빼먹은 통조림 깡통과 다를 바가 없습니다. 그런데 무슨 힘으로 각시를 지배하겠습니까? 기운이 탁 풀린 병화는 쓰러지고 맙니다. 그래서 정작 남편의 구실을 못합니다. 이것이 참으로 딱한 일입니다. 이미 쌓인 것이 폭발해버렸으니…… 조그만 각시가 아무리 바가지를 긁어도 달리 뾰족한 수가 없습니다. 그래서 공처가의 씨앗이 됩니다. 다시 폭발시킬 성욕이 없는 까닭입니다. 마음은 있더라도 몸이 말을 듣지 않으니…….

신금은 툴툴 털어버리는 기술이 부족합니다. 목화(木火)의 발산지기(發散之氣)가 부족하기 때문입니다. 그래서 차곡차곡 쌓아둡니다. 결국에 30년 이상을 기다려서 옛날에 자기 몸을 겁탈한 사내를(이미 늙었거나 말거나) 죽여버립니다. 그래서 무섭습니다. 여자는 기본적으로 신금을 닮은 데가 있는 것일까요?

보석은 자신을 뽐내고 싶어 합니다. 그래서 진열장에 놓아두고 광선으로 빛을 주면 그렇게 영롱할 수 없습니다. 모든 여자들은 그 진열장 앞에서 발걸음을 떼지 못합니다. 이건 누구의 잘못도 아닙니다. 신금(보석)은 그렇게 여자를 닮았나 봅니다. 남자의 돈을 보고서 따라가는 여자를 탓하는 사람은 음양의 조화를 모르기 때문입니다. 그것은 결코 원망해서 될 일이 아닙니다. 여자의 속성이 그렇습니다. 누구든지 자신을 진열장에 놓아두어준다면 좋다고 할 수밖에 없습니다. 이 "여자의 욕망"을 알기 때문에 돈으로 여자를 살 수 있다고 호언장담을 하는 것입니다. 그래서 옛말에 "여자는 정절"이라고 백만 번 강조하고 또 했습니다. 이렇게 강조를 하는 이유가 무엇일까요?

영롱한 보석은 사람의 마음을 유혹합니다. 그래서 신금은 사람의 관심을 끕니다. 신금은 이 맛에 살아갑니다. 남이 몰라주고 무시하면 속상해서 잠을 못 이룹니다. 그 자리에서는 그냥 참고 왔는데…… 자리에 누워서 가만히 생각해보니 생각할수록 분해 혼자 눈물 흘립니다. 그래서 벼릅니다. 이놈 두고 보자…… (으흐… 무시라~) 이 결심이 큰 성취로 이어집니다. 결심이 있으면 성취를 할 수 있거든요. 그래서 장관도 되고 총장도 되어 복수를 합니다. 이것이 신금의 파워입니다.

그래서 옛날의 우리 스승님들도 제자를 싸악 살펴봐서 만약 신금이면 "요놈은 자극요법을 써야 될 놈"으로 판단합니다. 그러면 자극을 받은 제자는 이를 갈고 눈을 부릅뜨고 열심히 공부합니다. 이것이 지나치면 스승을 죽이기도 합니다. 물론 나중에야 스승의 공덕을 알고 후회하겠지요.

반대로 신금을 매장시키려면 자꾸 추켜주면 됩니다. 그러면 자아도취에 빠져서 솜사탕처럼 녹아듭니다.

(남자 벗님만 보세요…… 뽐내고 싶어 하는 아가씨를 애인으로 두었다면 마구 칭찬을 아끼지 마십시오. 그러면 소득이 많을 겁니다…… 얼마간은 속이 메슥거리더라도 참으셔야만 합니다. 최후에 그 인내를 보상받습니다.)

(여자 벗님만 보십시오…… 남자친구가(남편이라도 좋고) 열등감이 있다면 자꾸 추켜주십시오. 남자가 열등감을 갖는 것은 그만큼 성취욕이 있다는 증거입니다. 속이 좀 불편(?) 하시더라도 참으시면 좋습니다. 그런 후에 기가 펄펄 살아서 큰 소리 꽝꽝치는 남자친구를 보게 될 때…… 그때의 희열은 인내를 하신 대가로써 충분하실 겁니다.)

이게 신금하고 무슨 연관이 있다고 눈 어지럽게 늘어놓는가 하시는 분도 있을 겁니다. 그러신 벗님은 군소리가 전혀 없는 사전만 읽으시고 소설은 읽지 마십시오. 사전은 두 페이지를 읽기가 힘듭니다. 읽기만 하면 모두가 보약이 될 만한 이야기만 늘여놓았는데도 말입니다.

　이런 모양들이 신금을 닮았습니다. 전부 다는 아니라고 하더라도 참으로 많이 닮았습니다. 그래서 장황하게 이야기를 합니다.
　신금은 여간해서 두려움이 없습니다. 병화가 앞에서 큰소리 치고 뒤에서 겁을 낸다면, 신금은 속으로 '그래? 한번 해볼까……?' 합니다. 피가 뚝뚝 떨어지는 얼굴을 상대방에게 바짝 들이댑니다. 그러니 병화가 두려워하지요. 칠전팔기는 신금의 소유입니다. 지독하게 물고 늘어집니다. 경금은 이렇게 물고 늘어지지는 않을 것입니다, 그때만 지나면 잊어버리기도 잘합니다만 신금은 그렇지가 않습니다. 집요하게 물고 늘어지는 것은 아마도 음금(陰金)이기 때문이 아닌가 합니다.

임수(壬水)
― 낙동강 칠백 리

바다……
하염없이 수평선만 보이는 넓은 바다
그 바다 한쪽 편에서
나는 어린아이처럼
조개껍질과 예쁜 돌을 주우면서 즐거워하고 있다.
미지의 바다는 저렇게
누워 있는데……

뉴튼의 이야기든가요? 어디서 읽은 기억이 나는데…….
문득 생각이 나서 적어보았습니다. 미지의 바다는 저렇게 누워 있는데, 우리는 조그만 조개껍질을 주우며 즐거워하고 있는지 모를 일입니다. 그러다 드디어 물이 비치기 시작했나 봅니다. 임수(壬水)는 넓습니다. 그래서 바다와 강과 호수를 상징합니다.

이렇게 한 방울 한 방울이 모여서 큰 대하를 이룹니다. 임수는 고요할 때는 거울의 면과 같고, 충동을 하면 온 천하를 집어삼킬 듯이 난리를 칩니다. 얼핏 생각하면 바다의 모습과 비슷합니다. 그러나 하루종일 바다만 바라다보십시오. 그러면 큰 발견을 할 수 있습니다. 바다는 잠시도 가만히 있지 않습니다.

저는 복(?)이 많아서 동해에서 2년 서해에서 7년을 살았습니다. 그래서 바다의 사정을 조금은 이해를 합니다. 바다가 잔잔하면 걱정이 됩니다. 필시 12시간 내로 바다가 용솟음친다는 신호이기 때문입니다. 적당히 출렁일 때는 아무 염려를 하지 않아도 됩니다. 이것이 바다의 양면성입니다. 바다를 바라다보면서 임수를 생각합니다. 임수는 무엇일까?

첫째로 바다에서 쉼없이 움직이는 형상을 발견합니다.
둘째로 항상 고요한 가운데에 활발한 움직임을 발견합니다.
셋째로 너무나 깊어서 그 시퍼런 바다 속을 들여다보기가
두렵다는 것을 발견합니다.

그래서 이렇게 명상을 합니다. 임수로 태어난 사람은 항상(쉼없이) 생각을 하고 살겠구나. 임수로 태어난 사람은 변덕이 있는 듯해도 그 마음속한 구석은 항상 평정심을 유지하고 있겠구나. 임수로 태어난 사람의 속마음을 여간해서 알 수 없겠구나.

임수는 침착합니다. 경거망동 하지 않습니다. 언제나 한 가지 얼굴입니다. 느긋해 보입니다. 도량이 바다같이 넓습니다. 그래서 함부로 대하기 어렵습니다. 항상 깊게 사색하는 임수에게 섣불리 덤벼들기에 부담스럽습니다. 그래서 오해도 많이 받습니다.
얼마 전에 어느 벗님이 이렇게 질문을 하시더군요.
"임수는 음흉하다고 하던데요?"
그래서 제가 말했습니다.
"어느 정도는 맞는 말입니다만,"

의외로 임수는 솔직합니다. 제가 아는 몇몇 임수 일주는 모두가 솔직합니다. 그런데 어째서 음흉하다는 말이 나왔을까? 하고 고민해 보았습니다. 결론은 이렇습니다. 음흉한 임수란 말은 우리가 오행을 이야기할 적에, 水는 사기꾼이다. 水는 음흉하다. 水는 도적이다…….

그래서 임수도 물이니까 음흉하다고 추론하는 듯합니다. 저도 오행 종합에서 음모 술수라고 말했으니 책임이 없다고 못하겠군요. 이 말은 현무(玄武)라는 水의 상징에서 왔습니다. 점술에서 현무라는 괘가 움직이면 도둑의 문제라고 보니까요.

그러나 그것은 어디까지나 水를 가리킬 때 입니다. 이렇게 임수를 이야기할 때는 그렇게 쉽게 말 할 수가 없습니다. 물론 임수는 생각이 많기 때문에, 남이 볼 때 꿍꿍이속이 있는 것처럼 보일 수도 있습니다.

한번 생각하고 그만 두는 것이 아니라 계속 곱씹습니다. 그래서 나중에는 별 희한한 발상을 합니다. 임수는 기발한 생각을 잘합니다. 그래서 속 모르는 사람이 임수를 음흉하다고 말한 듯합니다. 제 생각에 임수는 발명가의 기질이 있습니다. 에디슨 같은 사람은 임수였을 것입니다. 그의 부단한 연구열에서 임수가 느껴집니다.

사람이 생각이 많다보면 사유의 폭이 점점 넓어집니다. 그리고 그것은 지혜를 길러줍니다. 水의 상징이 지혜입니다. 지혜와 끊임없이 생각하는 습관은 닮았습니다. 우리 속담에 이런 말이 있습니다.

"어진 사람은 산을 좋아하고 지혜로운 사람은 물을 좋아한다."

이 말도 우리 명리학도가 생각해보면 바로 오행의 소식입니다. 木은 동방의 인(仁)을 나타내고 水는 북방의 지(智)를 나타낸다고 했으니까요.

"예의범절이 밝은 사람은 불을 좋아하고, 의리가 있는 사람은 바위를 좋아하며, 믿음이 있는 사람은 흙을 좋아한다"란 말도 할 수 있습니다. 그래서 결국은 임수가 지혜를 나타낸다는 것을 알 수 있습니다. 가끔 이런 생각을 합니다.

'아이큐 검사를 해서 150 이상인 사람들의 사주를 적어보자. 과연 그중에 임수가 몇 %나 될까?'

모르긴 몰라도 상당히 많은 임수가 그중에 끼어 있을 겁니다. 나중에 실험해 볼 수 있었으면 좋겠습니다.

임수는 연구하고 실험하는 학자의 심성입니다. 그래서 항상 마음이 유연합니다. 언제나 새로운 학설을 보면 흥미를 갖고 증명하려고 애씁니다. 온갖 종류의 약초를 씹어보고 실험해본 후에 한의학이라는 위대한 의술을 남긴 신농씨는 아마도 임수의 일주를 가졌을 것입니다. 자신의 몸을 실험대상으로 삼아 모험을 할 사람은 임수만이 가능합니다. 그러고 보면 학자마다 연구하는 스타일이 다 제 각각이지요? 이제 이 정도(임수까지) 왔으니 각자 한번 생각해보시는 것도 좋겠습니다. 갑목부터 임수까지에 대응하는 갖가지 직업에 대해서 말입니다.

가령 운전사가 있다.
그가 갑목(甲木)이라면 어떤 스타일로 운전을 할까?
그가 을목(乙木)이라면 어떤 스타일로 운전을 할까?
그가 병화(丙火) 내지는 임수라면 어떤 스타일로 운전을 할까?

이런 생각을 많이 하시면 시야가 굉장히 넓어집니다. 사람의 성격을 판단하는데 큰 도움을 얻습니다. 우리 벗님들, 이렇게 계수(癸水)까지 한 다음에 시험을 한번 볼까요?

"북한의 핵에 대한 십간의 생각을 논하라."

재미있을 것 같지요? 무엇이라도 좋습니다. 모든 일에 대해서 십간(十干)의 성격은 차이를 보입니다. 분명히 견해가 다릅니다. 흔히 하는 말로 학자 간의 견해라고 하지요? 저는 십간의 견해라고 하고 싶군요. 이제부터 우리 초보 벗님들도 무슨 일이든지 이렇게 열 가지의 견해를 생각해보시는 겁니다. 아직 계수가 남았지만, 아무렴 어떻습니까? '여태까지 낭월이 이야기하는 것을 보니까, 계수는 틀림없이 이렇겠구나……' 이 정도는 추리가 되시지요?

계수(癸水)
— 졸졸졸 흐르는 옹달샘

졸졸졸
맑은 옹달샘입니다
누구든지 오세요
목마른 이 모두 와서
갈증을 달래세요.

오실 때엔
표주박을 하나씩 가져오세요
가실 적에
밝은 달을 하나씩
건져가게요.

토끼도 먹고 노루도 먹고 나물 캐던 아가씨도 먹습니다.
누구나 먹을 수 있는 옹달샘, 여기서 계수(癸水)를 생각합니다.
참으로 약하다고 말을 합니다.
계수는 약합니다. 아무도 계수를 두려워하지 않습니다.
그래서 계수의 존재조차도 잊어버리게 됩니다.
빗물은 계수의 모습입니다.

가뭄에 시달린 산천 초목이 단비를 맞고서 생기를 되찾습니다. 이렇게 고마운 것이 계수입니다.
그래서 계수는 옹달샘, 빗물, 안개, 아이스크림 등을 떠올리게 합니다.

이 계수는 우리 인간에게도 진정 생명의 젖줄입니다. 목마른 이에게 한 바가지의 감로수(甘露水)는 세상의 무엇과도 바꿀 수 없을 만큼 소중합니다. 보통은 잘 모르지만…… 목말라본 사람은 압니다. 계수가 얼마나 생명과 직결되어 있는지 말입니다.

단식(斷食)은 일체의 곡기를 먹지 않고 굶는 것입니다. 원래 수행자들이 도를 닦다가 무엇인가 집중을 할 문제가 생기면 문제해결을 위해 사용하는 비상 수련법이었습니다. 사실 밥을 하루 세 번 챙겨 먹으면서 도를 닦는다는 것이 얼마나 번거로운지 공부를 해보신 분은 아실 겁니다. 그래서 단식이라는 비상수단을 동원해서 밥하는 시간과 먹는 시간, 그리고 설거지하는 시간을 단축했던 것입니다.
그런데 요즘 보면 단식을 하는 사람이 참 많습니다. 공부를 하기 위해서 단식을 하시는 분도 계시긴 하지만, 대개는 건강을 위해서 단식을 합니다. 건강을 위해서는 모든 것들…… 즉 인삼, 녹용, 지렁이 등등을 먹어야 되는 줄 만 아는가 했더니 굶는 것이 건강에 좋다는 것을 깨달았나 봅니다. 하긴 요즘은 너무 잘 먹어서 건강에 문제가 생기는 시대입니다. 적당히 먹고 살면 아무 탈이 없는 일이련만…….

어쨌거나 단식은 투쟁의 방법으로도 쓰입니다. 목숨을 걸고 무엇인가 쟁취를 하겠다는 말인가 본데…… 이런 짓 좋아하는 사람은 결국 병들어 죽습니다. 천수를 누리지 못합니다. 평온한 마음으로 단식을 해야지 이렇게 적개심으로 단식을 하면 건강에 치명적입니다. 행여 우리 벗님들의 이웃이 이러거든 발 벗고 말리시기 바랍니다.

갑자기 계수를 이야기하다 말고 단식 이야기가 나와서 의아해 하시겠습니다만…… 결국은 계수의 이야기입니다. 계수는 생명의 정(精)이거든요. 왜냐하면 단식을 하더라도 꼭 한 가지 먹지 않으면 안 되는 것이 있기 때문입니다. 이것을 먹지 않으면 남자는 7일, 여자는 9일 만에 죽습니다. 그러나 이것만 먹으면 한 달을 굶어도 생명에 지장이 없습니다. 물론 평온한 마음으로요. 이것이 바로 계수입니다.

계수는 생명의 정(精)입니다.

그만큼 계수는 소중합니다. 임수(낙동강)의 오염으로 계수(수돗물)가 먹기에 곤란하게 되었다고 온 나라가 떠들썩했던 적이 있습니다. 그러나 그 계수(수돗물)는 진정한 의미에서 계수라고 보기 어렵습니다. 임수를 계수화(化)시킨 것뿐 입니다. 먹을 수 있다는 것만 빼고는 임수일 뿐입니다.
이른 새벽에 많은 사람들이 모이는 곳이 있습니다. 모두 손에서 하얀 물통을 하나씩 들고서 주-욱 줄을 서 있습니다. 벌써 아시는군요. 바로 약수터입니다(물론 요즘은 환경오염 때문에 거의 찾아보기 힘들죠).
집에는 수도꼭지만 틀면 맑은 물이 쏴아- 나오건만 사람들은 무엇 때문에 그렇게 고생스럽게 기를 쓰고 물을 받으러 오리 십리를 멀다 않고 기다렸겠습니까? 오직 옹달샘만이 계수라고 생각해서이지요.
한국의 계수는 참으로 좋습니다. 어디든지 졸졸 흐르는 물은 두 손으로 떠서 먹을 수가 있습니다. 목마를 때 달고 시원한 물을 한 모금 마시면 해탈이라도 한 듯합니다. 독소가 없습니다. 금수강산이기 때문입니다. 바위가 많은 나라이다 보니까 물이 이렇게도 좋습니다. 금생수(金生水)의 소식이겠지요.

이렇게 좋은 물을 먹고 자랐으니 우리민족은 지혜롭습니다. 물은 지혜를 나타내니까요. 이제는 물에서 계수의 소식을 느끼시면서 드시기 바랍니다.

물은 마법사입니다. 상황에 따라서 자유자재로 변합니다. 소가 마시면 우유를 만들고 뱀이 마시면 독을 만듭니다. 사람이 마시면 지혜를 만듭니다. 모쪼록 좋은 계수 많이 마시고 빨리 지혜를 얻으셔서 이 도리(道理)(음양오행)를 깨치시기 바랍니다.

이렇게 상황에 따라서 변화가 자유자재이기 때문인지 계수로 태어난 사람은 변화가 많습니다. 때로는 예측불허일 경우도 있습니다. 항상 생기가 있습니다(옹달샘). 활발합니다(시냇물). 때로는 무엇인지도 모릅니다. 흡사 있는 것도 같고 없는 것도 같습니다(안개). 때로는 촉촉하다가도(이슬비) 때로는 광풍노도(집중호우)처럼 변합니다.

낭월이가 이렇게 말씀드리면 초보님들 혼동이 되실까요? 한 가지만 말하지, 이랬다저랬다 종잡을 수 없어서요……? 그러나 그렇게 말씀드릴 수밖에 없습니다. 계수는 어차피 그런 성질을 갖고 있으니 전들 어쩌겠습니까. 다만 있는 그대로의 현상을 바라보며 명상하십시오.

어차피 사람의 마음에도 자신도 이해하지 못하는 이중적인 성격이 잠복하고 있으니까요…… 나중에 우리 벗님들의 공부가 소림 36방에 입실할 정도가 되거든 이 잠재된 심리를 파헤쳐보는(오직 팔자 상에서) "팔자 심리학(八字 心理學)"이라는 멋진 공부를 해봅시다.

십간 종합(十干 綜合)
— 얽히고 설켜서 밀고 당기고

이렇게 십간(十干)의 특성을 대강 생각해보았습니다. 때로는 헛소리도 해가면서 때로는 의문도 던지면서 이렇게 일단 얼버무렸습니다. 그러나 시간이 지나면 알게 됩니다.

"낭월이가 뭔가 좀 아나보다 하고 생각했더니 이거 공부하고 보니깐 별것도 아니었구먼······."

이렇게 되실 겁니다. 그리고 당연히 그래야 합니다. 그러면 저는 "이제 초급 이야기는 그만 하겠습니다." 하고 산책이나 나가렵니다. 하하.

천간의 변화

이제 각자 기본적인 특성을 공부했으니, 변화를 한번 생각해봅시다. 천간의 변화는 비교적 단순합니다. 단순하다는 말은 지지(地支)에 비해서 그렇단 말입니다. 그 간단한 변화 중에서도 가장 중요한 간합(干合)이라고 하는 오합(五合)을 알면 좋습니다. 이것은 나중에 용신을 가릴 적에도 매우 혼란스럽게 작용할 수도 있으니, 여기서 잘 정리를 해두시기 바랍니다.

천간의 오합

갑기합토(甲己合土) 갑자(甲子)(중정지합, 中正之合)
을경합금(乙庚合金) 병자(丙子)(풍월지합, 風月之合)
병신합수(丙辛合水) 무자(戊子)(위제지합, 威制之合)
정임합목(丁壬合木) 경자(庚子)(음란지합, 淫亂之合)
무계합화(戊癸合火) 임자(壬子)(무정지합, 無情之合)

이것은 수고스러우시더라도 외워두셨으면 합니다. 원리야 어디서 나왔든지 간에 일단 외워두십시오, 몇 자 되지 않으니 어렵지 않으실 겁니다. 천간(天干)에서 주의할 것은 이것입니다. 각자의 개성과 함께 여기 나온 다섯 가지 변화는 매우 중요하니까요. 이제 간단히 설명을 하겠습니다.(그리고 뒤의 갑자 병자 등은 그냥 따라 외어두시면 나중에 검색 자동화가 이뤄짐)

갑기합토(甲己合土)

정확히는 갑기합화토(甲己合化土)라고 해야 합니다. 그러나 외우는데 글자 하나 더 들면 그만큼 복잡해지니 화(化)자는 버립니다. 단 빠진 글자가 있다는 것만 기억만 해두시면 됩니다.

어려운 이야기로 갑기합토의 이야기는 황제내경(皇帝內經)이라는 한의사님들의 성경(?)에서 나왔답니다. 더 자세히는 오운육기(五運六氣)라는 이론에서 나왔습니다. 여기서의 오운은 천간의 다섯 가지가 합화(合化)하는 것을 말하고, 육기란 지지(地支)의 여섯 가지로 변화하는 소식이랍니다.

물론 이런 것을 몰라도 사주 감정에 전혀 지장이 없습니다. 물론 나중에 시간이 날 적에 한번 본다면 더 바랄 것이 없긴 하지만…… 그러니 지금 상황에서 미주알고주알 해봐야 머리만 복잡하니 간단히 외울 것만 외우십시오. 이미 우리 대선배님들께서 실험과 검증을 마친 우량 상품들이니까요…… 하하.

참, 오행(五行)의 상생(相生)과 상극(相剋)은 이해하셨나요?

혹시나……해서 한 줄 적습니다. 모르시는 벗님은 적으십시오.

목생화(木生火), 화생토(火生土), 토생금(土生金), 금생수(金生水), 수생목(水生木)……돌고 도는 수레바퀴처럼…….

상생은 서로 도와준다는 뜻인데, 사실 서로라기보다는 일방적으로 도와준다고 봐도 무방합니다. 가령 나무는 火를 生해주지만 火는 나무를 生하지 못합니다. 마치 어머니는 자식을 낳아서 길러주시지만, 그 자식은 어머니를 위해서 할 일이 없는 것처럼…… 이 상생은 가정적 관계입니다. 그래서 화목합니다.

어머니들이 말합니다. "자식을 길러서 효도를 보렸더니…… 그 자식 자라서는 자기 자식 기르느라 어머니는 잊고 말더라." 이것이 자연의 도리입니다. 오행 상생의 소식만 알아도 자식에게 기대하는 어리석음(?)은 범하지 않습니다.

목극토(木剋土), 토극수(土剋水), 수극화(水剋火), 화극금(火剋金), 금극목(金剋木)……서로서로 눈치 보면서…….

보통은 상생은 좋게 여기고 상극은 나쁘게 생각합니다. 크게 틀린 것은 아닙니다만, 약간 시야가 좁은 생각입니다. 상극의 도리도 상생만큼이나 필요합니다. 그리고 중요합니다. 사실 이 사회는 모두 상극의 도리로 돌아갑니다.

먼 강원도 산골에서 아빠는 농사짓고 엄마는 길쌈하고 아들은 나무해서 오순도순 한 백년 살겠다면 모르지만…… 문명이 만들어 놓은 사회속에서 살고자 한다면 누구나 이 상극의 굴레를 벗어날 수 없습니다. 이것은 일종의 명령체계입니다.

명령체계에도 유정(有情)한 것이 있고, 무정(無情)한 것이 있습니다. 그러나 자세한 소식은 나중에 합(合), 충(衝), 극(剋) 등등을 별도의 자리에서 일러드릴 생각입니다. 아직 알아야 할 게 많거든요.

일단 아직까지 生과 剋을 모르신 분은 그냥 生은 그렇고 극은 그렇구나 하고 외워만 두십시오.

오합(五合)은 아주 심오한 뜻이 포함되어 있습니다. 그래서 다음에 부연설명을 할 기회가 있을 것 같습니다. 간지(干支) 공부를 마치고 나서 정리를 할 생각입니다. 그러니까 지금 한 가지씩 외워두면 그때 가서 한가해집니다.

이제 우리 초보님(왕초보가 아닌)들은 열 가지 천간에 대한 공부를 완전히 마쳤습니다(사실은 이제 시작이지만 많이 했다고 해야 그런갑다하고 또 잘 따라올 것 같아서 거짓말 한 번 했음). 만만한 친구의 사주를 적어 놓고 봐주십시오.

"흠흠…… 야! 넌 갑목(甲木)으로 태어났군. 갑목은 어쩌구 저쩌구……" 배운 대로 마구 지껄이십시오. 격국에 따른 차이야 있겠지만, 그 테두리는 욕먹지 않을 만큼 제가 잡아두었습니다. 사실 겁 없는 초보가 좋습니다. 틀려도 욕먹을 일이 없으니까요. 그러니까 틀리면 어쩌나 하고 두려워하지 마시고 마구 지껄이면 실험이 됩니다. 간단한 십간론(十干論)이지만 상당히 재밌을 겁니다. 하하.

천간은 하늘입니다. 땅은 파봐야 알지만, 하늘은 고개만 들면 보입니다. 부지런히 하늘을 보십시오. 하늘의 기운이 땅속에 들어간 것이 지지이니까 하늘만 잘 알아도 공부가 절반은 된 셈입니다.

지금까지는 단순했습니다만…… 지지는 복잡할 수도 있습니다. 비록 복잡하더라도 저는 명예(?)를 걸고 극도의 단순화 작업을 해서 혼동 없이 공부하실 수 있게 하겠습니다. 천간을 마쳤으니 30% 초보는 면한 셈이군요. 왜 50%가 아니냐구요? 곧 아시게 됩니다…… 하하.

2장

열두 개의 땅

지지
(地支)

도화살(桃花殺), 역마살(驛馬殺)이란 말은 들어보셨지요? 신살(神殺)이라고 하는 것은 그 종류가 무려 250여 가지나 있답니다. 그 많은 신살이 대개는 이 땅으로 쫓아서 생겨나는 것은 우연이 아닙니다. 아마도 그럴 수밖에 없는 비밀이 있을 겁니다. 지금도 비밀이 하나씩 베일을 벗고 있습니다. 이 작업은 길고도 오래오래 걸릴 겁니다.

신살이란 도화살, 역마살로 시작을 해서 탕화살(湯火殺), 낙정살(落井殺)에 이르기까지 무척 다양합니다. 때로는 낭만적인 신살도 있지만, 대부분 곤란한 것들입니다. 맘에 들지 않는 이름표를 달고 있기 때문입니다. 망신살이니 홀아비살이니 하는 것도 맘에 들지 않지만, 백호살(白虎殺=피 토하고 죽는다), 상천살(相穿殺=서로 구멍을 내버린다) 정도까지 가면 아예 소름이 오싹 끼치기도 합니다.

단 열두 개의 지지(地支)에서 이렇게 많은 신살이 등장하게 된 이유는 무엇일까요? 그러다보니 중복되는 것도 있겠군요…… 사실입니다. 이 정도 이야기하면 우리 초보 벗님들은 슬슬 겁이 나실 겁니다. 등줄기가 서늘하지요? 그 공부를 어느 세월에 하겠나 싶지요.

그러나 두려워하실 필요 없습니다. 이렇게 많은 신살은 무시하지도 말고 추종하지도 말고, 그냥 가만히 두시면 됩니다. 건드리지 않는 거지요. 그러면 아무 탈이 없습니다. 괜시리 잘못 건드려서 긁어 부스럼 만들 필요 없습니다. 사실 저도 알고 있는 신살은 열 개 안쪽입니다. 그나마도 거의 사용도 않지요…… 아니 그럴 필요를 못 느낀다고 해야 정답이겠군요.

모든 신살의 이론보다 음양의 상생상극의 이론이 우선입니다. 이 상생상극을 줄여서 생극(生剋)이라고 합니다. 생극의 이론을 확실하게 알고 있으면 신살이야 오거나 가거나 전혀 신경 쓸 일이 없습니다. 마치 소가 가만히 누워서 닭 지나가는 것을 보고 있듯이요.

천간(天干)을 공부하면서 신살에 대한 이야기를 못 들었는데, 땅으로 내려오니까 갑자기 머리가 띵~~ 하실 겁니다. 이렇게 서두부터 초(?)치는 이유는 우리 벗님들이 혼란에 빠질까봐서입니다. 차라리 미리 못 박아놓고 시작해야 마음이 편하실 것 같아 서지요. 그러니 이 순간부터 무슨 책에 무슨 신살의 이야기가 있던 간에 전혀 신경 쓰지 마시길 바랍니다.

제 경험담을 이야기 해드리겠습니다.

전 사실 스무 살 무렵에 명리학에 관심이 있어 『사주정설』을 읽다가 몇 번인가 덮고 덮고 했습니다. 처음 몇 장은 읽을 만한데…… 그 다음은 머리만 아파왔습니다. 그래서 몇 년 동안 이 책 저 책을 뒤적이며 방황했습니다. 그러다 27~8세쯤 될 무렵에 올바른 스승을 만나게 되었습니다.

서울의 어느 절에서 한 달에 용돈 15만원을 받아서 한 달 수업료(?) 20만

원을 내고 삼 개월 동안 작정하고 공부를 시작했습니다. 정말 시키는 대로 열심히 공부했지요. 당시 젊은 학도였던 사부님은 군더더기를 삭제하느라 무진 애를 쓰고 계셨습니다. 덕분에 저는 속이 꽉 찬 알맹이 공부를 석 달 동안 했습니다. 그래서 신살을 30여 개로 줄여서 꼭 필요한 것만 배웠습니다. 꼬박 한 달이 걸렸습니다. 그렇게 배워 용신도 가려보고 쉬운 사주는 봐주기도 하며 다시 석 달이 지나갔습니다.

그래서 다시 사부님이 추천해주신 〔자평진전(子平眞詮), 궁통보감(窮通寶鑑), 적천수징의(滴天髓徵義)〕를 짊어지고 산 속으로 들어갔습니다. 토굴에서 이 책들과 씨름을 시작했습니다. 일 년이 지나니까 길이 조금 보이기 시작하더군요. 그러자 한 가지를 깨닫게 되었습니다. 그것은 바로 신살을 건드릴 필요가 없다는 깨우침이었습니다.

그때까지 사부님이 존경스러웠는데, 이 소식을 알고 나니까, 보고 싶은 영화도 못 보고 갖다 바친, 알토란같은 20만원이 얼마나 아깝던지······. 정말 그 노무 신살 외우느라고 투자한 시간과 돈은 지금 생각해도 아깝기가 그지없습니다. 그래도 사부님께 감사한 마음입니다. 왜냐하면 좋은 책을 자상히도 일러주셨기 때문입니다. 그 책을 일러주지 않고, "그만 다 되었느니라" 하셨다면 저는 아직도 그게 다인 줄 알고 있겠지요? 얼마나 끔찍한 일입니까? 그래서 공부를 하는 사람은 스승 복이 있어야 한다고 했나 봅니다. 그 후로는 신살 보기를 웬수(?)같이 합니다. 어느 성인은 원수를 사랑하라 하셨지만, 저는 신살은 도무지 사랑할 마음이 생기지 않습니다. 너무나 애쓴 시간이 아까워서요.

벗님은 이제 아시겠지요? 한 번이라도 신살의 미로를 헤매보신 분은 공감이 가실 겁니다. 팔자를 들여다보니 용신 따로 신살 따로 제각각 주인 노릇 하려고 싸울 적에…… 이거 정말 난감합니다…… 하하.

더 깊은 이야기는 다음에 들려드리겠습니다. 지금 이야기해봐야 공감도 안 가실 거구…… 다만 여기서 분명히 할 것은,

"신살은 지뢰다."

이것만 분명히 해두고 넘어갑니다.

이제 서론을 접고 본론으로 들어가겠습니다.

지지를 이야기할 적에 꼭 따라다니는 것이 월, 즉 계절입니다. 예를 들어 자(子)라고 했을 때, 그 혼자만의 특성도 있지만 계절이 갖고 있는 특성도 있습니다. 그래서 항상 계절로서 지지를 이해하면 편합니다. 이 두 가지 굴레가 함께 엉겨서 돌아가니까 벗님은 혼동하지 마시고 잘 구분하시기 바랍니다.

자수(子水)
— 응고된 종자

자(子) = 음수(陰水), 씨앗, 동짓달(음11월), 쥐, 시작, 한밤중
자(子) = 임(壬)10 : 계(癸)20의 혼합체

子의 본질은 무엇일까요?

이 글자가 무엇을 뜻하는지 아시는 분 손들어 보세요. 그렇지요. 누구나 다 아는 글자군요. 아들 자(子) 씨앗 자(子), 아들이고 씨앗입니다. 자는 지지의 맨 처음이니 시작인 셈인데, 처음에 씨앗이 있군요.

이것이 정상이겠지요? 씨앗이 우선하는 것 말입니다. 인과(因果)라는 말도 씨앗이 있어서 열매를 거둔다고 한 걸 보면 이것이 정상입니다. 종자(種子), 정자(精子), 전자(電子), (노자, 공자, 맹자) 등 씨앗이 있는 것에는 어김없이 자(子)가 붙어 있군요. 자는 이런 뜻이 있나 봅니다.

子의 오행은 음수(陰水)입니다.

"아니 무슨 소리요 낭월 선생! 자양 축음(子陽 丑陰)인데……."

예, 그렇기도 하군요…… 하하.

그냥 제가 일러드리는 대로만 공부하시는 것이 편하실 텐데…… 자꾸 따지시니 그 연유를 말씀 안 드릴 수도 없고…….

간단히 말씀드립니다. 지지(地支)에서는 체(體)와 용(用)의 이야기를 합니

열두 개의 땅_지지(地支) 133

다. 즉, 수화(水化)는 체용이 바뀌어서 행동을 합니다. 즉, 水나 火는 기본은 음이되 작용은 양으로 하고, 기본은 양이되 작용은 음으로 한다는 뜻입니다. 그러니 체를 공부하고 또 용을 공부하는 사이에 시간만 자꾸 흘러갑니다. 인생도 늙어 가구요…….

명리학은 쓰임새(用)를 공부하는 것이니 자(子)를 양(陽)으로 쓸 일은 없습니다. 그러니 복잡한 이론을 좋아하시는 분은 그렇게 아시고 그렇지 않은 벗님은 그냥 "자(子)는 음수(陰水)다"라고만 기억해도 아무런 문제없습니다. 이렇게 아시면 편한 것이 한두 가지가 아닙니다. 나중의 이야기지만 육친(六親)이란 것을 외울 적에 갑목(甲木) 자수(子水)를 보면 양대(陽對) 음(陰)으로 정인(正印)이라고 하는데…… 만약에 자는 양이라고 기억해두면 자가 양으로 보여서 양대 양으로 보이고 편인이라는 오답을 써놓고도 뻔뻔하게 얼굴을 꼿꼿하게 들고 있는 제자를 보게 됩니다(경험담).

子는 시작입니다. 농사를 지으려면 씨앗을 먼저 준비한 뒤 땅을 살펴봐야 합니다. 씨앗이 자갈땅 용인지 습진땅 용인지를 알아야 하니까요.

공자, 노자는 아무래도 농담을 한 것 같지요? 근데 생각하기에 따라서 농담만도 아닙니다. 위대한 스승에게는 어김없이 子라는 한 글자를 붙여 부릅니다. 보통의 스승 말고 위대한 스승 말입니다. 할 일 없이 이런 생각도 해봤습니다. 필시 까닭이 있을 것이다…… 그래서 생각해봤더니 바로 이런 답이 나왔습니다. "지혜의 종자를 갖고 계신 분"이라는 뜻입니다.

지혜는 하루 아침에 쌓을 수 있는 것이 아닙니다. 모든 학문이 응축되고 완성된 스승은 그대로 하나의 씨앗입니다. 그래서 子라는 존칭을 쓰게 된 것이지요(말 되지요?). 같은 의미에서 우리가 흔히 촌스럽다고 말하는 "영자"도 영특한 씨앗을 갖게 해달라는 종족 발전의 염원에서 비롯된 이름입니다…… 하하.

씨앗은 응고요 압축입니다. 많이 응고될수록 많이 피어납니다. 개구리가 하는 말이 "난 멀리 뛰기 위해서 한껏 웅크린답니다."
농부들은 또 이렇게 말합니다.
"이거 올 겨울이 너무 따듯한 걸 보니 아무래도 내년은 흉년이 들려는 모양이야…… 큰일인데……."
이 몇 마디의 말 속에 우리가 찾고자 하는 뜻이 모두 들어 있습니다. 달리 멀리서 답을 구할 필요가 없습니다. 천간의 계수(癸水)와 닮았지만 똑같은 복사품은 아닙니다. 비슷하다고 해야 정답입니다. 子라는 글에는 계(癸)라는 성분이 가장 많이 갈무리되어 있습니다. 그래서 음수라고 하지만 그릇으로 보면 훨씬 계보다 큽니다(역시 지지는 어렵구나……).

음력으로 동짓달, 즉 11월에 해당합니다.
한참 추울 때이군요……. 이때 사람이나 초목이나 짐승들의 모양은 어떻습니까? 잔뜩 압축되어 있지요? 모두 웅크리고 압축되어 있잖습니까? 추워서 그런 거지 무슨 압축이냐고 말하고 싶으시지요?
그러나 제가 보기엔 자수(子水)의 영향으로 압축이 되어서 응고된 형상이군요. 명리학자의 눈에는 이렇게 보여야 합니다. 양의 기운이 잔뜩 응고(혹은 위축)되었습니다. 해가 짧아질 대로 짧아져서 이제는 더 짧아질 것도 없는 것이 동짓날입니다. 동지는 자월(子月)의 한복판이지요.
이쯤 오면 이런 궁금증이 생겨야 정상입니다.
자월(子月)이 한해의 시작이라면, 설은 왜 1월에 있는 것일까? 자월은 시작이니까 자월에, 즉 동지에 설이 되어야 정상일 텐데……. 이런 의문이 드는 분은 가능성이 있습니다. 사실 옛날 옛날에는 동짓날이 설이었습니다. 아직도 동짓날이 설날이었다는 징표가 남아 있습니다. 일 년의 재앙을 막는 동지팥죽은 무엇을 의미하겠습니까? 바로 한해의 시작을 알리는 행사란 것을 금방 알 수 있습니다. 이런 생각도 없이 동지 죽을 잡숫지는 않으셨지요? 그리고 동지 죽을 먹으면 한 살을 더 먹는 거라고 하시던 어른의 말씀에도 깊은 뜻이 숨어 있었던 것입니다.

모든 기원은 자월(子月), 즉 동지를 기점으로 시작이 되었습니다. 사주의 기원은 인월(寅月=1월)부터라고 고집하고 싶은 중급자 벗님은 한번 생각해 보시기 바랍니다. 맨 처음 사주가 무엇일까요?

時	日	月	年	
甲子	甲子	甲子	甲子	사주

갑자년(甲子年), 갑자월(甲子月), 갑자일(甲子日), 갑자시(甲子時) 이렇게 되겠군요.

갑자가 시작이니까 말입니다.

참, 위의 도표는 사주를 표시한 것입니다.

이미 아시겠지만, 오른쪽에서 왼쪽으로 年月日時를 적었습니다. 그리고 예전의 모든 서적에서는 이렇게 적었더군요. 지금의 가로쓰기 방법에 따르자면 반대로 적어야 하겠지요.

그러나 이렇게 해두면 장차 고전을 읽고 더욱 깊이 공부하실 적에 매우 혼동이 생깁니다. 그리고 무엇보다도 기존의 선배님들이 모두 위와 같이 적어서 공부를 합니다. 그러니까 남에게 자신의 사주를 의논할 적에도 역시 위와 같은 식으로 팔자를 적어서 보여드려야 돌팔이라는 말을 듣지 않을 겁니다. 그래서 낭월이도 고민을 한 끝에 이렇게 옛 법을 따르기로 했습니다. 그런 줄 아시라고 한 말씀 드렸군요.

그럼 마지막 사주는 뭘까요?

時	日	月	年	
癸亥	癸亥	癸亥	癸亥	사주

계해년(癸亥年), 계해월(癸亥月), 계해일(癸亥日), 계해시(癸亥時)가 되겠군요.

그럼 한번 확인 해봐야지요? 만세력을 갖고 계시나요? 그러신 분은 갑자년의 만세력을 살펴보시기 바랍니다. 우선 1984년도를 보면 갑자년입니다.

갑자월(甲子月)이 어디에 있는지 한번 시험 삼아 찾아보십시오(잠시 기다렸다가……). 그렇지요. 갑자월은 없습니다.

혹시라도 갑자년 1월이 사주의 시작이라고 생각하셨다면 오늘 공부는 영양가가 있을 겁니다. 그러면 어떻게 이와 같은 4갑자(甲子) 사주가 생겼을까요?

갑자월은 전년(계해년)의 동짓달에 있습니다. 그러니 자칫 생각없이 공부하신 벗님은 혼동 하기 쉽습니다. ……이……상……하……다……

여기서 우리는 알 수 있습니다. 바로 전년의 동짓달의 갑자년의 시작이란 것을 말입니다. 적어도 초보를 졸업하려면 이 정도의 이치는 알아야 할 겁니다. 어디를 가도…… 만약에 철학원을 가더라도 이런 질문을 던지면 누구든지 초보라고 생각할 분이 없을 겁니다.

기억력 좋은 벗님은 천간을 마치면서 왜 30%의 초보(50%가 아닌)를 면했다고 했는지 이해가 되실 겁니다.

그러면 머리나 식힐 겸 어째서 자년생은 쥐띠라고 했는지 그 연유나 한 번 생각해볼까요? 근데 한 가지 여쭙고 넘어갑니다. 쥐가 먼저일까요? 子가 먼저일까요? 당연히 자가 먼저입니다. 子를 설명하기 위해서 쥐라는 동물을 대동시켰습니다. 이 선후를 혼동하지 마시기 바랍니다.

이제 쥐 이야기를 한다니까 정신이 번쩍하시지요? 쥐라는 동물에 대해 좀 더 알아봅시다. 탐구 여행을 떠나보도록 합니다. 우리 벗님들은 쥐라고 하면 가장 먼저 떠오르는 것이 뭘까요? 예, 왕성한 번식력이 맨 처음 떠오릅니다. 쥐는 정말 골치 덩어리입니다. 매년 먹어 치우는 곡식이 천문학적 숫자라고 하니…… 이렇게 왕성한 번식력은 바로 자수의 특색입니다. 종자가 가장 강한 동물이지요. 그래서 아마도 "子=쥐"가 되었나 봅니다.

싱겁지요?

그러면 좀 더 재미있는 것을 생각해보지요.

두 가지의 얼굴을 가진 동물이 뭐지요? 카멜레온? 아니지요.

바로 박쥐입니다. 날아다니는 새와 뛰어다니는 짐승, 그래서 박쥐에 관한 우화도 있지요? 우화는 생략합니다.

그리고 아직 확인을 못해봤는데…… 쥐의 앞발은 발가락이 네 개이고, 뒷발은 다섯이라 합니다. 발가락이 앞과 뒤에 따라서 개수가 다른 것도 흔한 것이 아니라는군요. 또 한 가지 특징이 야행성이란 것입니다. 음지성이지요. 그래서 어두운 곳을 좋아합니다.

이것이 쥐에 대한 모든 것입니다(제가 알고 있는 한도 내에서). 이것을 子에다 집어넣습니다.

자시(子時)는 자정(子正)을 기준으로 나눠집니다. 다른 시간은 그렇지 않은데, 유독 자시(子時)만 그렇습니다. 자정 전은 야자시(夜子時), 즉 음의 자시(쥐의 앞발에 해당)이고 자정 후는 조자시(朝子時), 또는 주자시(晝子時)라고 부릅니다.

그러니까 하루는 12시가 아니라 13시인 셈이군요. 이것을 설명하기는 좀 복잡하므로 다음으로 미루겠습니다. 그리고 한밤중이라는 것은 야행성과 공통점이 있군요. 그러니까 자시는 이틀에 걸쳐서 존재하는 특수한 시간입니다. 어쨌거나 이야기해 놓고 보니 그럴싸하긴 합니다(믿거나 말거나⋯⋯하하하).

축토(丑土)
— 냉동 저장고

축(丑) = 음토(陰土), 12월(섣달), 언 땅(동토(凍土)), 소, 석빙고
축(丑) = 계(癸)9 : 신(辛)3 : 기(己)18의 혼합체

축토(丑土)는 언 땅이라고 생각하시면 적당합니다. 그만큼 습기와 냉기가 가득한 땅입니다. 이 땅에서는 농사를 지을 수 없습니다. 겨울철 논과 밭을 떠올려 보십시오. 물(계(癸))과 자갈(신(辛))과 진흙(기(己))이 섞여 열기라고는 전혀 없습니다. 스스로 열기를 갖지 못하니 겨울에는 얼어버립니다. 천상 축토는 내년 봄이나 되어야 농사지을 수 있는 땅이 됩니다.

축토는 여름에 제격입니다. 축축한 습기를 가지고 있는 습지에 심어진 곡식은 가뭄이 들거나 말거나 전혀 신경 쓸 일 없이 자라기만 기다리면 됩니다. 만약에 사주에 열기가 지나치게 많은 팔자라면 축토 하나 있는 것이 천금의 가치가 있는 보물입니다. 축토는 열기를 잘 흡수하는 것이 특기거든요.

그러면 쓸모없는 황무지일까요? 그렇진 않습니다. 세상 만물은 모두 사용할 나름이거든요. 바로 종자를 숙성시킬 때 사용됩니다. 요즘 말로 저온처리 저장고입니다. 즉 종자는 압축상태에서 숙성되고 있는 겁니다. 축토 속에서요.

혹시 출산을 지켜본 경험이 있으신지요? 지켜볼 기회가 있다면 꼭 보아 두십시오. 세상에는 공부 아닌 것이 없으니까요. 갓난아기가 쪼글쪼글합니다. 수분이 빠져서 그렇지요. 언뜻 보면 사람이 될까 하는 생각까지 들 정도입니다.

그런데 이놈이 한바탕 울음을 터트리면 얼굴에 핏기가 돌면서 쪼글쪼글한 피부가 팽팽해집니다. 제 느낌으로는 30분 이내에 아기가 두 배로 커지는 것 같더군요. 그러니 울음을 터트리고 난 다음에 아기를 보는 사람은 의아해집니다. 저렇게 큰 놈이 어떻게 나왔을까? 바로 자동 압축해제 시스템이 가동되고 있는 거지요. 출산하자마자 곧바로 가동되는 프로그램입니다. 이것이 조물주(造物主)의 배려지요. 이때 천지의 기운이 몸속을 헤집고 들어갑니다. 갑일날 태어나면 갑목(甲木)의 압축해제 시스템이 가동되므로 그 아이의 일생을 갑목의 기운으로 살아갑니다. 그래서 태어난 순간의 첫 호흡이 중요하다고 말씀드리는 것입니다.

그런데 여기는 탄생의 장이 아니라 저장의 장이므로 탄생 이야기는 이쯤에서 줄이겠습니다. 다만 축토는 종자를 숙성 저장시킨다는 점만 이해하시면 됩니다.

뱃속에서 열 달을 보내는 것이 축토의 사명이랄까요? 꼭 같지는 않더라도 서로 통하는 점이 있을 것입니다. 이점을 주목합시다.

그러니까 축토는 자수(子水)의 뒤를 잇는 것입니다. 이것은 순환의 굴레입니다. 천간(天干)을 이야기 할 적에는 각각의 개성을 말했는데, 지지(地支)에 와서는 용도를 이야기하게 되는군요. 이렇게 지지는 용도입니다. 환경이구요. 천간이 주체성이라면 지지는 활동무대입니다.

그래서 불이 겨울에 나면 환경이 불리하고, 물이 여름에 나도 환경이 불리합니다. 나무는 봄에 나면 환경이 좋겠지요? 이렇게 지지는 환경이라고 기억해둡시다.

"기토(己土)와 축토(丑土)의 차이점을 논하세요." 한다면 뭐라고 하시렵니까? 둘은 음토(陰土)인 것이 공통이니까 닮았다고 봐도 되겠는지요? 아니면 판박이라고 해야 할는지요? 그도 아니라면 전혀 별개의 것이라고 해야 할는지요?

물론 각자의 공부 정도에 따라서 다른 답이 나오겠지요.

"낭월은 뭐라고 생각하나?"

글쎄요…… 전 아무래도 다른 것이라는 생각이 드는군요. 그러나 축토 속에는 기토의 성분이 많이 포함되어 있는 것은 사실입니다. 닮았다고 기억해두는 것으로 모범답안을 삼겠습니다.

이쯤 되면 갈등이 생깁니다. 丑이란 한 글자에 엉켜 돌아가는 모든 현상을 어디까지 말해야 할 것인가? 하는 문제지요……. 그러나 꾹꾹 눌러 참습니다. 초보 벗님의 소화기관은 매우 약하거든요. 얼른 키워서 장가보내고 싶은 어머니의 욕심만으로 아기 위를 소화불량으로 만들 수는 없으니까요. 하하.

소(牛) 이야기

아무래도 축토만 이야기하고 소에 대한 이야기를 하지 않으면 서운하시겠지요? 다른 책에라도 나와 있으면 읽어보겠으나 어디에도 설명이 없으니 말입니다. 그래서 제가 만들었습니다.

누가 압니까? 이것을 계기로 소에 대한 좋은 이론이 등장하게 되려는지요. 항상 꿈이 있는 자가 용감한(?) 법이거든요. 자, 지금부터 소를 보겠습니다.

소는 봄부터 여름과 가을까지 죽어라 일만 합니다. 그래서 온몸은 피로에 지치고 회초리에 지치고 세월에 지칩니다. 가을에 타작할 무렵이면 완전히 녹초가 됩니다.

그런데도 지독한 인간들은 막걸리를 먹여가면서 일을 시킵니다. 술에 취하면 힘든 줄도 모르고 쟁기를 끌면서 보리밭을 갈거든요. 그렇게 일 년 농사를 다 갈무리하고 나면 소는 더 이상 힘이 남아 있지 않습니다. 그제서야 소에게도 휴식이 주어집니다.

그래야 내년 봄에 다시 부려먹을 테니까요. 동짓달에 기운의 씨앗을 모아서 섣달(12월)에 축적을 합니다. 섣달은 건전지의 기능이 있습니다. 이렇게 섣달 한 달은 소가 기운을 저장하는 아주 중요한 시기입니다.

그리고 이것은 소에게만 해당되는 것이 아닙니다. 즉, 종자도 섣달은 밖에다 매달아둡니다. 겨울 냉기를 받아서 압축이 많이 되라고 그러지요. 내년 봄에 더욱 튼튼한 결실을 거두려면 축월에 어떻게 보냈느냐가 중요합니다. 겨울에 시골에 가보면 종자는 봉지나 자루에 담아서 마루에나 시렁에 아무렇게 던져두지만, 축월의 기운을 받기 위해서 저장을 해둔 것이랍니다. 이것이 농부의 지혜지요. 이렇게 겨울을 보낸 종자는 방안에서 겨울을 따뜻하게 보낸 종자와 달리 병충해의 적응력도 강하고 가뭄에 견디는 힘도 훨씬 강합니다. 봄에 파종했을 때 그 차이를 알 수 있지요.

사람도 비슷할 것입니다. 한번 생각해보시기 바랍니다. 어려서 고생한 사람과 호강한 사람의 사회 적응력을……

아무튼 일 년 중에서 소의 가장 행복한 시기는 섣달입니다. 소의 희망은 얼른 섣달이 와서 휴가를 얻는 것입니다. 그래 불쌍한 소를 이렇게나마 위로하자. 그래서 섣달을 "소의 달"로 정했습니다.

경험담

저는 처음에 명리학 공부를 하면서 가장 혼란스러웠던 것이 지지는 土가 넷이나 된다는 것이었습니다(음토는 축미 양토는 진술). 이 土들이 한 덩어리가 되어서 엉겨 있는데, 사부님은 자꾸 구분하라고 하셨지요…… 참 곤란하더군요. 겨우 이해한다는 것이 丑과 未는 음토니까 비슷하고 진과 술은 양토니까 비슷하고…… 이 정도였습니다.

근데 얼마가 지나니까, 이번엔 축과 진이 비슷해 보이고 미와 술이 비슷해 보였습니다. 음양이 혼동되었습니다.

그 다음 단계에서야 비로소 각기 차이와 특성이 이해가 되더군요. 제가 거의 돌머리에 가까웠나 싶습니다.

모든 학문이 이렇게 단계가 있는 것인가 하는 생각을 합니다.

이 단계를 느끼면서 생각을 했습니다.
(헛소리 좀 하겠습니다)
처음엔, 산은 산이고 물은 물이다
다음엔, 산이 물이고 물이 산이다
마지막엔, 다신 산은 산이고 물은 물이다

모든 진리는 이 과정을 거치는 것이 아닌가…… 하고 생각했습니다. 같은 음토인데도 축과 미는 전혀 다른 모습을 하고 있습니다. 이것을 깨닫는데, 장장 2년이 걸렸답니다.

지금은 축과 미는 전혀 달라 보입니다. 언젠가는 하나로 보일 날이 있겠지요…… 그렇게 희망을 가지고 살고 있답니다.

인목(寅木)
— 속리산 정이품송

인목(寅木) = 양목(陽木), 정월(正月)(1월), 초봄, 호랑이
인목(寅木) = 무토(戊土)7 : 병화(丙火)7 : 갑목(甲木)16의 혼합체

옛날 옛날에……
호랑이가 담배를 피우던 시절에……

이렇게 시작하면 모두 알지요. 거짓말 하려고 한다는 것을…… 그래도 재밌어합니다. 이것 참 사람 마음도 이상하지요. 속는 줄 알면서 속고, 속아주는 줄 알면서 속이면 서로 즐겁습니다. 어디 시험하시려면 당장 해보셔도 좋습니다. 마술도 이와 같이 속는 줄 알면서도 재밌습니다. 그래서 마술사가 전기톱을 들고 관객을 나오라고 하면 뛰어나갑니다. 위험할 것 같다구요? 하하 이런 마술은 요즘에는 구식으로 취급받을 뿐이죠.
　갑자기 무슨 이야기를 하려고 그러냐고요? 사실은 인목(寅木)을 이야기해야 하는데, 무슨 말을 해야 하는지 잘 생각나지 않는군요. 그래서 여담을 하고 있는 것입니다. 하하.

　그나저나 호랑이와 담배는 관련이 있을까요? 인(寅)을 생각하면 호랑이가 떠오를 정도입니다. 동물 중에 가장 사나운 호랑이를 뭐 하러 세 번째

지지(地支)에 넣어두었을까요? 어디 한번 생각들 해보시지요.(그 사이에 저는 좀 쉬고)

인목을 점잖게 말하면 "삼양개태(三陽開太)"라고 합니다. 이 말은 참 재미있는 말입니다. 물론 의미도 심장한 말입니다. 삼양개태를 풀이해보면 "세 개의 양(三陽)이 활짝(太) 열렸도다(開)" 이렇게 됩니다. 정월 하면 생각나는 것이 뭐가 있을까요? 당연히 입춘(立春)이 생각나야 합니다. 사주의 정월은 설날이 아니고 입춘이거든요. 입춘은 봄이 정상에 섰다, 이제 봄이다는 말입니다. 다시 말해서,

"소한 대한 다 지났으니 얼어 죽을 내 아들이 없다." 이 말은 기지 엄미가 하는 말이랍니다. 축월(축월은 소한과 대한의 절기를 갖고 있음)의 혹한을 무사히 보내기만 하면, 입춘이 되는 거지요. 그러니 거지 엄마는 축월 내내 귀한 새끼들 얼어 죽을까봐 얼마나 마음을 졸였겠습니까?

이것이 정월의 풍경입니다. 이미 양의 기운이 한창 무르녹아 있습니다. 대기는 아직 춥기만 한데, 절기는 봄이라고 하니…… 온 산과 들에는 아직 흰 눈이 잔뜩 쌓여 있고 바람도 차기만 한데, 봄이라니.

여기에는 시각의 차이가 있습니다. 기(氣)와 질(質)의 차이, 도인과 중생의 차이를 느낍니다. 실제로는 여전히 겨울이지만, 기운은 이미 봄이 무르녹은 것입니다. 시각을 달리 해보면 알 수 있습니다.

이미 양이 셋이나 모인 것입니다. 그러면 양이 모두 몇 개일까요?

양은 6개입니다. 음도 6개이고요. 그래서 합이 12개. 그래서 십이지지가 된 것이지요. 이미 자월에 1양이 생겼습니다. 축월에는 2양. 양이 점점 숙성되어가는군요. 이제 인월(寅月)이니 3양, 그래서 삼양개태라고 한 것이지요.(좀 어려우실까요? 별것은 아닌데……)

이 말은 주역에 근원을 둡니다. 가능하면 어려운 이야기는 삼가고 쉬운 이야기만 하려고 애 쓰는데도, 이렇게 영양가 있는 말은 그냥 두기가 아깝 군요.

이 모양이 삼양개태(三陽開太)입니다.

괘를 이름으로는 지천태(地天泰)라고 부르지요.

위의 세 줄은 도막이고 아래의 세 줄은 연결이군요. 도막의 표는 음을 나 타내고 연결의 표는 양을 나타낸다는 정도는 익히 아실 걸로 생각됩니다. 이렇게 역의 그림을 그려놓고 설명을 드리니까 뭔가 한 단계 올라간 것 같 지 않으세요?

여기서 삼양이라고 하는 것은 바로 아래의 세 괘가 양으로 되었다는 말 입니다.

그럼 거슬러 올라가서 자월의 괘상은 어떻게 생겼을는지 짐작을 하실 수 있겠지요? 축월의 모양도 알 수 있겠습니다 한번 잠시 보고 가지요.

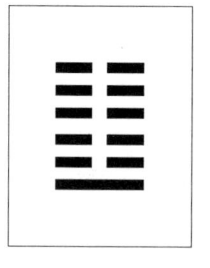 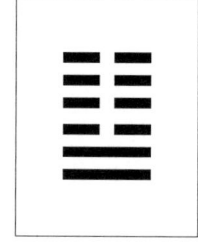

〈자월(子月)의 괘상(卦象)〉　　〈축월(丑月)의 괘상(卦象)〉

　이렇게 각각 괘상을 보면 아래에 양이 자월에는 하나, 축월에는 둘이 생겨 있는 것을 알 수 있습니다. 그 모양이 인월(寅月)이 되자 셋이 되어서 바야흐로 양의 운으로 접어들었다는 겁니다. 그리고 주역을 좋아하시는 분은 아실 겁니다. 인월의 그 괘상은 지천태(地天泰)로서 육십사괘 중에서 1위에 오르는 길괘(吉卦)라는 것을.

　이 모양은 정월의 형상입니다. 괘의 이름으로는 아래가 天, 위가 地, 둘이 합해서 지천태 괘가 됩니다. 지천태란 4대 길괘 중에 으뜸인 좋은 괘상을 나타냅니다. 태평성대를 말하지요.

　이렇게 어줍잖게 괘상을 그리면서 호들갑을 떠는 이유는 간단합니다. 명색이 음양오행을 공부하고 있는데, 그래 괘상 하나도 몰라서 되겠느냐는 겁니다. 괘상이 모두는 8×8=64, 육십사괘입니다. 그중 십이지지를 나타내는 것이 12개인 셈이지요.

　기왕에 배우는 것 좋은 것을 배우자구요. "지천태 좋다." 이렇게 흰소리 펑펑 해가면서 사주를 보면, 누가 볼 때 대단한 수준인 줄 알고 거짓말도 그럴싸하게 들어줍니다.

　地는 여자이니 여자가 위에서(밖에서) 살림을 살고, 天은 남자이니 남자가 방에서(안에서) 담뱃대 물고 글을 읽고 있으니, 이 얼마나 좋은 그림입니까? 그러니 태평이라…… 육십사괘에는 모두가 이렇게 멋진 뜻을 담고 있습니다.

궁금한 중에 궁금한 것은, 어째서 인월로 사주의 시작을 삼았을까? 하는 것입니다. 子가 시작인 것은 분명한데…… 알 수가 없습니다. 답도 없습니다. 이리저리 책을 뒤져봐도 답이 없습니다. 그래서 답답합니다. 답답한 놈이 우물을 판다고 했던가요? 아니 목마른 놈이군요. 그래서 우물을 파봅니다. 물이야 나오건 말건 우물이라도 파봐야 속이 시원할 것 같아 서지요.

제 생각입니다. 사주는 탄생을 하고 나서부터 논하는 학문입니다.
자월(子月)에는 잉태를 하고, 축월(丑月)에 열 달을 거쳐서…… 인월(寅月)이 되어서야 비로소 출산을 하게 됩니다. 이때부터가 시작인 셈이라고 생각하신, 선조들께서 사람의 시작은 입춘으로 여긴 것 같습니다. 인생의 시작을 봄이라고 하기는 해도 겨울부터라고 하지는 않지요? 아마도 이 소식이 그 소식인 듯하군요.
이로 미루어 보건대…… 사주를 가지고 전생이나 죽은 다음을 노하는 것은 넌센스인지도 모르겠습니다. 어쨌거나, 인월은 이렇게 시작의 의미를 담고 있습니다. 갑목(甲木)은 시작인데, 그 갑목이 가장 많이 녹아 있는 인월을 그냥 스쳐 지나갈 턱이 없는 눈 밝으신 선조들께서는, 궁리에 궁리를 거듭해서 결국 사람의 운명은 입춘, 즉 인월를 기준하여 시작된다는 소식을 알게 되셨다고 생각됩니다. 물론 시행착오도 수없이 겪으셨겠지요.
아마도 자월을 시작으로 보다가 인월이 시작이라는 소식을 통하고 나서, 선조들은 혼자 덩실덩실 춤을 추었을 것입니다. 아르키메데스(?)가 욕실에서 부피에 대한 소식을 깨닫고 발가벗고 기쁨의 춤을 추었듯이요(우리 벗님

도 이런 맛을 보세요).

　나무에서 떨어지는 사과에서도 진리를 발견하는 통찰력이라면, 명리를 연구하려는 초보 벗님의 눈으로 발견할 진리는 수두룩할 겁니다. 자꾸 관찰하고 궁리하시다보면…… 사람의 운명을 보는 것이 얼마나 부질없는 짓(?)인지도 깨닫게 되겠지요.
　그러나 이것도 스스로 깨달았을 때 가능하지 제가 이렇게 말씀드렸다고 해서, '으응~~ 사주도 공부할 필요가 없다는 말이구나……' 이렇게 넘겨 짚어버리면 영원히 일당잡부를 면하지 못합니다. 열심히 파고드십시오. 이런 소식은 노력하지 않으면 절대로 주어지지 않습니다. 바로 그 깨달음의 기쁨을 맛보기 위해서 어떤 사람은 토굴에서 30년, 40년을 면벽하고 앉아 있습니다.

　이렇게 제 나름대로 생각한 바를 설명 드렸습니다. 우리 초보 벗님이 이해하시기에 다소 어려울는지도 모르겠으나, 필시 한번쯤 생각을 해보실 것 같아 몇 마디 추가 설명을 했습니다. 만약에 이해가 안 되시걸랑 그냥 지나치시면 됩니다. 너무 딱딱해졌지요? (기분전환 좀 할 겸해서) 이제 "호랑이가 담배를 피운다"는 말을 설명 드려야겠군요.
　호랑이는 당연히 남자를 상징하겠지요? 양의 기운이 철철 넘치는 호랑이…… 호랑이의 상징은 용맹(勇猛)이지요. 옛 사람들은 음(陰)을 다소 편견을 가지고 본 듯합니다.
　여자를 무시하는 듯한 언사도 그렇거니와, 음에다가는 별로 좋지 않은 상징성을 부여했던 것을 봐도 그렇습니다. 그래서 동지섣달에 꾹 눌려서 (엄처시하에) 기를 못 펴고 있던 음이 이제 봄을 맞아서 호랑이가 포효하듯이 대성을 외치며 음기를 몽땅 몰아내고 새로운 역사를 맞이하자는 속셈입니다. 그래서 음기를 몰아내자고 호랑이를 앞장세운 것입니다. 아무리 그래봐야 양은 음을 이길 수가 없는데……. (여자 벗님들께 점수 얻으려구요(아부)……. 하하)

인(寅) 속에는 병화(丙火)가 30% 정도 있습니다. 이것은 훨훨 타오르는 火가 되지는 못하고 겨우 담뱃불(?) 정도입니다. 불같지 않은 불인 셈이지요. 그래서 호랑이가 담배를 피우는 형국입니다. 사실 호랑이가 담배 피는 그림은 머리 나쁜 제자에게 인목 속에는 火의 성분이 담뱃불만큼 들어 있다는 것을 보여주기 위해서 자상하신 스승님이 손수 그린 그림이라는 미확인 소식이 있습니다.(흐~~) 토끼가 담배를 물고 있는 것은 이 깊은 뜻을 모르는 환쟁이가 모방해서 그린 그림이구요. 그래서 옛날이야기를 잘 아는 사람이 멀리 내다본다는 믿을 수 없는 말이 있는지도 모를 일입니다. (이거 낭월이 말을 믿어야 하나? 말아야 하나?…… 하하)

입춘에는 부산합니다. 입춘 방을 붙인다나요?
건양다경(建陽多慶) : 이제 양의 기운이 반듯이 섰으니 경사가 많으리라.
입춘대길(立春大吉) : 이제 봄이 시작되었으니 참으로 좋은 일만 생기리라.
이렇게 부산을 피는 것도 사실 추운 겨울에 무명옷을 입고 벌벌 떨면서 겨울을 보낸 가난했던 옛날의 선비는 당연히 있을 수 있는 일이라고 생각합니다. 이것이 삼양개태의 소식입니다.

인월이 되면 땅속에서는 봄의 역사가 시작됩니다. 나무뿌리에는 이미 봄의 목기(木氣)가 듬뿍 저장되어서 폭발하기 일보 직전입니다. 사람들은 새로운 계획을 세우기에 여념이 없습니다. 모두 木기운을 받아서 희망을 가득 품고 있습니다.

그래서 성급한 사람들은 어디를 찾아갑니까? 신수를 보러 가지요. 토정비결이라나요? 우리의 고전, 영원한 정월의 스타, 토정비결을 보러 가는 것이 당연한 행사인 듯합니다. 조금 능력이 있는 사람은 스스로 책을 사다가 운세를 따져봅니다.

이렇게 정월에 부산을 떠는 이유는 간단합니다. 갑목은 희망이요 시작이기 때문입니다. 땅에서 갑목은 인(寅) 중에 가장 많이 들어 있다 보니 아무래도 정월에 사람들은 희망을 갖게 되나 봅니다. 이맘때면 사주보는 사람들도 대목인가 봅니다.

새해에는 우리 벗님들도 부지런히 공부하셔서 이웃의 신수를 봐주시길 바랍니다.

묘목(卯木)
— 무성한 숲속

묘목(卯木) = 음목(陰木), 이월(二月), 목국(木國)의 대왕(大王), 토끼, 정동(正東)

묘목(卯木) = 갑목(甲木)10 : 을목(乙木)20의 혼합체

이번엔 또 무슨 글로 초보님들을 골탕 먹게 하나?
그래서 나날이 늘어가는 것은 심술(?)뿐이군요…… 하하.

묘(卯)라고 하는 것은 또 무슨 뜻이 있는 글자일까요? 이제 봄은 무르녹 았다고 합니다. 묘목(卯木)이 되면 겨울의 흔적은 완전히 없어집니다. 오직 봄의 기운만이 산하에 가득합니다.

인생으로 치면, 청소년 시절에 해당하겠군요. "돌멩이도 소화되는 시절" 입니다. 이렇게 청소년들은 무럭무럭 자라납니다. 木의 왕성한 기운을 받 아 서지요. 꿈도 많고 욕심도 많습니다. 인월(寅月)에는 그냥 보호 속에 자 랐다고 한다면 유아기라고 할 수도 있겠군요.

이렇게 한 달이 지나면 청소년입니다. 그러니까 지지(地支)는 인생으로 바꿔 놓고 봐도 상관이 없겠습니다. 묘월(卯月)이 되면 청소년이니, 청소년 의 마음이 바로 묘월의 마음입니다.

가장 멋을 내는 시절이지요. 그 짧은 상고머리를 가지고 거울을 볼 일이

뭐가 있겠습니까만 매일 거울을 보고 빗질하며 기름을 바릅니다. 이것이 묘목의 영향이라고 해두지요.

묘월은 나무를 심는 달입니다. 식목일이 있는 것도 대개는 묘월입니다. 대개는 묘월이라고 하는 것은 혹 진월도 되기 때문입니다. 이렇게 묘월에 묘목을 심으니(발음상 흡사하군요) 나무가 가장 왕성한 시기입니다. 그래서 사람도 이 시기에 하루가 다르게 성장합니다.

그래서 묘월의 특징은 "마구 성장하는 시기"라고 합니다. 그리고 욕심쟁이입니다. 하고 싶은 것이 너무 많으니까요. 매일 꿈이 달라집니다. 어제는 조종사, 오늘은 류현진…… 이렇게 욕심을 마구 부려도 뭐라 하는 어른이 없습니다. 모두 그러한 시절을 겪으면서 자랐기 때문일까요? 만약에 한 서른 먹은 사람이 이러면 어른들은 말합니다. "정신 차려 이놈아…… 니가 열 살 먹은 어린애도 아니고 참 큰일이다 큰일…… 쯧쯧."

묘(卯)=을(乙)은 절대 아닙니다. 이점 혼동하지 마십시오. 을목(乙木)이 가장 많이 포함되어 있다는 말이지 똑같다고 하면 틀린 답입니다. 갑(甲)이 인(寅)이 아니듯이 을(乙)도 묘(卯)는 아닙니다. 다만 비슷하다고 하는 것은 말이 될는지 모르지만, 절대로 똑같다고 생각하지는 마시기 바랍니다. 이 이야기는 장차 나올 모든 지지에 공통으로 해당하는 말입니다. 묘에는 갑의 성분이 30%가 있기 때문입니다. 이렇게 속에 있는 성분이 모두 木이므로 木이 가장 강한 글자입니다. 만약에 지지에 묘자가 두 개만 있어도 이 사주는 木이 굉장히 강하다고도 할 수 있을 정도입니다.

이제 토끼 이야기를 좀 해볼까요…… 근데 전 아직도 토끼와 묘의 연관성이 얼른 감이 잡히지를 않는군요. 아마도 지혜가 부족한 탓이겠지요……

겨우 생각한 것이 이것입니다.

묘월이 되었으니 먹을 것이 없어서 고생하던 토끼가 살판이 났습니다. 인월만 해도 아직 봄의 기운이 완전하지 않아 먹을 만한 것이 별로 없었는데, 묘월이 되자 갑자기 온 산하에 먹을 것이 넘쳐납니다. 그러니 살판난 것은 토끼란 놈이지요. 그렇게 신명날 수가 없습니다. 새로 파릇파릇 돋아난 풀을 먹는 즐거움을 어디다 견주겠습니까? 사실 토끼가 겨울에 무엇을 먹는지 아세요? 바로 나무껍질을 벗겨 먹고 연명을 합니다. 이른 봄에 산에 올라가보면 그런 흔적이 더러 보입니다. 껍질을 갉아 먹어서 속고갱이가 하얗게 드러난 싸리나무를 볼 수가 있지요. 정말 식사가 부실하지요.

그러다 木기운이 왕성한 새 풀을 대하는 토끼의 마음이 얼마나 즐거웠겠습니까? 그래서 묘(卯)는 토끼를 상징하게 되었는지도 모를 일이군요. 그렇지 않다면 달리 토끼가 이 자리에 있을 이유가 없겠지요?

어느덧 지지도 삼분의 일이 경과했군요. 시작이 반이라고, 벌써 이렇게 금방입니다. 그러나 조금이라도 꿈지럭거리다가는 금방 숨이 차게 됩니다. 계속 가면 별것이 아닌데, 쉬었다가 가면 그렇게 바쁠 수가 없는 것이 지금 하고 있는 명리학 공부입니다.

계속 정진하십시오. 초보딱지 뗄 날도 얼마 남지 않았습니다. 어렵더라도 조금만 참으십시오. 사실 어느 정도는 어려워야 발전합니다.

진토(辰土)
— 촉촉한 문전 옥답

진토(辰土) = 양토(陽土), 습기가 있는 양토, 3월, 용(龍)

진토(辰土) = 을목(乙木)9 : 계수(癸水)3 : 무토(戊土)18의 혼합체

천간(天干)을 할 때는 어렵다는 말씀들을 하지 않으시더니, 지지(地支)로 내려가니까 여기저기서 어렵다는 푸념이 나오는군요. 지지가 어려운 것이 당연하면서도 괜히 죄를 지은 것 같아서 미안하구먼요……. 그러나 어쩌겠어요. 생기길 그렇게 생겼으니…… 어차피 주사위는 던져졌고, 갈 길은 정해졌고, 해야 할 공부는 뻔하고, 시간은 없고…….

그럼 진토(辰土)의 베일을 벗깁니다. 눈 크게 뜨고 노려보십시오. 열두 개의 지지 중에서도 가장 흥미가 있는 것이 바로 진토와 다음에 나오는 사화(巳火)입니다. 그만큼 변화도 많고, 생각할 것도 많습니다.

3월이라는 것이 그렇습니다. 누구든지 그렇게 말합니다. "춘삼월 호시절에……." 이 말에는 일 년 중에서도 "가장 좋은 때"라는 뜻이 있습니다.

하필이면 춘삼월 호시절입니까? 우선 춥지도 덥지도 않은 계절입니다. 겨울은 추워서, 여름은 더워서 싫은 사람은 춥도 않고 덥도 않은 삼월을 가장 좋아합니다. 정월 이월은 부산해서 싫어도, 삼월이 되면 따듯한 날씨를

만끽하며 나들이 다니기 참 좋습니다. 그래서 춘삼월이 좋은가 봅니다. 그러다보니 사건도 많고 사고도 많습니다.

화전이라도 부쳐서 동동주 한 사발에 거나하게 취해보려면 삼월이 제격입니다. 그래서 누구나 3월을 좋아하나 봅니다.

할아버지로부터 첫돌맞이 도령까지 모두가 좋아합니다. 그래서 인기 순위 제일인가 봅니다. 주머니에 땡전 한 푼 없는 걸(乞)선생도 마음이 느긋~합니다.

다음, 또 진토가 흥미를 끄는 것이 있습니다. 바로 진토 속에 있는 천간의 구조가 그렇습니다. 즉 을계무(乙癸戊)의 구조가 재미있습니다. 너무 길지도 않고, 메마르지도 않게 무토(戊土) 18에다가 계수(癸水)를 3만큼만 넣습니다. 그리고 퇴비인 을목(乙木)을 9정도 넣고 잘 흔들어주세요.

그럼 뭐가 되었지요? 그렇지요. 문전옥답(門前沃畓)입니다. 이렇게 생긴 土는 나무들이 굉장히 좋아하는 보약이군요. 이런 土(진토(辰土))에다가 심은 나무는 천년만년 곧게 자랍니다. 이른바 환경이 좋은 것이지요. 나무(인묘(寅卯)) 다음에 辰(진)이 있는 것을 보면 진토는 나무를 위해서 있는 것인가 봅니다.

그러나 이 이야기는 다음으로 미루는 것이 좋을 듯하군요.(초보님들에게 욕 얻어먹는 것이 소원이라면 몰라도……. 후후)

우선 우리 벗님들이 가장 궁금해 하는 것은 진(辰)은 용(龍)이라는 것이겠지요? 아마도 누구든지 가장 먼저 진토에 대해서 공부하려면 떠오르는 것이 용일 듯합니다.

열두 동물을 살펴봐도…… 나머지는 모두 알만한 동물들입니다. 쥐, 소,

범, 토끼…… 근데 용은 아시겠어요? 생긴 모습은 모두 잘 알고 있습니다. 그러나 아무도 본 적은 없습니다. 이렇게 아무도 본 적이 없는 용을 진토에다가 배치시킨 것은 아무래도 심상치가 않습니다(이거 큰일이다…… 나도 잘 모르는데……).

우리 벗님들 용에 대해서 아시는 대로 말해보십시오. 용은 여의주가 있고, 구름을 일으키고, 청룡(갑진(甲辰)), 황룡(무진(戊辰)), 백룡(경진(庚辰)), 화룡(병진(丙辰)), 흑룡(임진(壬辰))이 있고, 비늘과 수염이 있고, 발도 있고, 뭐…… 참으로 아는 것이 많으시군요(이런 것을 자화자찬이라고 하지요).

영어로는 드래곤이라고 하고, 여의주는 드래곤 볼이라고 하고…… 손오공이 드래곤 볼을 구하러 모험을 떠나고(이런! 어데로 가노).

고인들이 어째서 용을 진에다가 대입했는지…… 살펴봐야겠지요? 우선 그러기 전에 복습을 해야 할 것이 있습니다. 전에 십간(十干)의 마지막에 이런 말씀을 드렸습니다. 갑기합토 갑자…… 운운, 기억나시지요? 바로 그 갑기합토의 비밀이 여기에 있는 듯합니다.

즉, 갑년과 기년은 土의 운이다(오운론(五運論)) 했는데, 어째서 土가 되느냐가 문제입니다. 어디 한번 생각해 보십시오…… (정답을 보기 전에). 그러나 답이 쉽게 나오지 않습니다. 저도 한참 생각해서 알아냈는걸요. 그럼 실제로 시험을 해봐야겠지요? 우리 학자님들은 증명을 하라고 항상 요구하시니까요.

지난해는 갑술년입니다. 그럼 갑기는 화토(化土)라 했으니 어딘가에 土로 변한다는 힌트가 있을 것입니다. 그래서 눈알을 이리저리 데굴데굴 굴려봐야 합니다. 어디…… 가만히 진월(辰月)을 살펴 보실랍니까? 무슨 진월이지요?

예, 무진월이겠군요. 무토(戊土)는 오행이 뭐지요? 土, 그렇군요. 그러니까 갑술년은 진월에 무진이군요.

그럼 갑기년은 진월의 천간이 土가되기 때문에 "'갑기합토'라고 했다"에 동의하시는 분? 이것 하나만 가지고서야 어떻게 믿느냐고 잔뜩 버티시는군요. 좋습니다. 당연히 그러시겠지요.

그럼 기년(己年)도 보지요 뭐…… 만세력의 기사년(1989년)을 펴보십시오. 당연히 진월을 봐야겠지요? 무슨 진월인가요? 역시 무진월이군요…… 그래도 의심스런 벗님은 다른 해의 갑년이나 기년을 살펴보십시오. 을해(乙亥)년의 진월은 무슨 진이지요? …… 당연히 천간이 금인 진월이겠지요. 어려우세요? 이 정도는 할 만 하지요?…… 그러실 겁니다.

어떤 년(?)이라도 좋으니까 시험을 해보시기 바랍니다. 모두는 진월에 오면 천간이 어김없이 합화하는 오행으로 변해 있습니다. 그럼 이런 의심도 해볼 만합니다. 전 당연히 그랬습니다. 그럼 다른 월은 그러한 암시를 갖고 있는 것이 없을까? 어디 한번 찾아보십시오. 만약에 이것을 찾아낸다면 벗님은 명리학계에 커다란 파란을 불러일으키실 겁니다. 그러나 불행히도(?) 그런 월은 찾아볼 수가 없군요.

우리는 용을 뭐라고 합니까? "변화가 무궁하다", "조화를 부린다" 대개는 이렇게 말합니다. 근데 제가 생각하기에는 조화를 부려서 조화가 아니라, 여기 진월만 오면 어김없이 변화를 일으키는 데서 용의 조화를 느꼈을 거라는 이야깁니다. 정말 가만히 생각해보면 참 재밌습니다. 그래서 다섯 번째 지지는 용이 차지하게 된 것이랍니다. 혼자 가만히 생각해보면…… 아마도 우리 선배님들이 카멜레온이라는 동물을 알았다면 용 대신 상당히 긍정적으로 고려해보셨지 않을까 싶습니다(후후…… 혼자 생각입니다).

이 정도면 진토에 대한 공부를 어지간히 한 셈이군요. 참고로 지장간표는 꼭 외워두시기를 부탁드립니다. 항상 항목의 첫머리에 나오는 거 있지요? "진토(辰土)=을목(乙木)9 : 계수(癸水)3 : 무토(戊土)18의 혼합체"라고 한 것 말입니다. 이것을 반드시 암기해두셔야 나중에 실력이 비약적으로 발전합니다.

경험담 좀 말씀 드릴까요. 서산시에 가면 어느 명리선생이 계신데…… 물론 철학원을 경영하고 있지요. 그분께 놀러 가봤더니…… 글쎄 도표가 한 보따리더군요. 사주를 보는데 두 시간 이상 걸리는 겁니다. 사주를 적는 동안에는 아무 이상을 못 느끼고 구경만 하고 있었는데…… 일간 대비 육친을 설명하는데, 갑자기 바빠지시는 겁니다.

"보자…… 갑목(甲木)에게 인은 비견이라 합니다. (뒤적뒤적) 여기 있구나. 보세요, 비견이라는 것은…… 어쩌고저쩌고……. 이래 나와 있지요? 또 인이라고 하는 비견에는 병이라는 것과 무라는 것이 있는데, 병은 식신이라고 하니…… (뒤적뒤적) 여기 있구나…… (줄임)."

그러니 시간을 너무 많이 잡아먹습니다. 그렇다고 듣는 도중에 일어설 수도 없고…….

그래서 말씀 드립니다. 꼭 외울 것은 외우는 것이 좋습니다. 제가 웬만한 것은 외우라고 안하겠습니다. 급한 대로 도표에 의지하면 정작 나중에 가서 발전이 없기 때문입니다. 다만 꼭 외우시라고 부탁하는 것은 외워두면 대단히 유익한 것들입니다. 이점 유념하여 주시옵소서!

그럼 확실하게 외워 볼까요?

인신사해(寅申巳亥) 7 7 16 (생지(生支)그룹)

자오묘유(子午卯酉) 10 20 (왕지(旺支)그룹)

진술축미(辰戌丑未) 9 3 18 (묘지(墓支)그룹)

이상이 각 지지별 함량 비율입니다.

가령 인목(寅木)속에는 무7 병7 갑16의 비율이 된다는 이야기입니다. 꼭 정확하지는 않더라도 비슷하니까 너무 세세한 곳까지 신경 쓰시지는 말고, 이 정도만 외워두시면 충분합니다.

근데…… 7+7+16=30은 무엇을 의미하지요? 그렇군요. 바로 한 달의 날짜입니다. 그렇다면 알 수가 있겠지요? "지지는 바로 월에서 사용하는 것이다"라는 것을 말입니다. 위의 그룹은 종종 같이 놀 때가 있습니다.

생왕묘는 나중에 삼합을 공부할 때 쓸 것이니까 미리 알아두시면 좋습니다. 이렇게 틈틈이 한 종목씩 외워두면 가랑비에 옷 젖는 줄 모르고 공부는 깊어만 가지요. 이제 진토는 이 정도로 해야 할까 봅니다.

사화(巳火)
— 타오르는 불꽃

사화(巳火) = 양화(陽火), 치열(熾烈), 사월(四月), 뱀, 돌 뿌리(금생지(金生地))

사화(巳火) = 무토(戊土)7 : 경금(庚金)7 : 병화(丙火)16의 혼합체

이제부터는 火 이야기를 하긴 해야겠군요. 사화(巳火). 火다운 火인가 봅니다(으흐~~ 더워라~~). 더운 이야길랑 간단하게 합시다. 꼭 길어야 맛인가요…… 뭐! 이제 그 좋던 춘삼월도 다 지나가고, 쨍쨍 더워지는 사월(巳月)입니다. 근데 사월(四月)도 됩니다. 발음이 똑같군요. 외우기 좋습니다.

절기로 보면 입하(立夏)가 됩니다. 이제 여름이 시작되었다는 이야긴가 봅니다. 사월(巳月)부터는 여름이군요. 어느덧, 육양(六陽)이 되었습니다. 정월만 해도 삼양이었는데……. 괘상의 그림은 생략해도 그리실 수 있겠지요? 한번 그려보시는 것도 좋으니 해보십시오. 긴 막대기만 여섯 개 그으면 되니 간단하군요.

이것은 괘명이 건괘(乾卦)입니다. 양이 차오를 대로 차올라서 더 이상 양의 성분이 강화될 수가 없는 극양(極陽)입니다. 자꾸 한자를 써서 읽으시기 곤란하다고 투덜대시는 벗님은 없으시겠지요? 이 정도는 기본으로 알아야 할 글자라고 생각되는 것은 아끼지 않고 쓸 생각입니다. 내친 김에 문자나 한 수 배우고 넘어가는 것은 어떠세요?

음극즉 양생(陰極卽 陽生)이요 양극즉 음생(陽極卽 陰生)이니라.

"그렇잖아도 한자는 싫은데, 이거 자꾸 이럴 거요?" 하시진 마세요. 이렇게 읽어두는 것이 두고두고 보약이 됩니다. 해석은 어렵지 않지요.
"음이 극에 달하면 양이 생기고, 양이 극에 달하면 음이 생긴다."
간단한 말이군요. 말은 간단한데, 의미는 참으로 감칠맛이 납니다. 양이 극에 달하면 음이 생긴다…….

근데 참 우습지요? 음양(陰陽)을 공부한 지가 까마득한 것 같은데, 또 음양 이야기를 하고 있으니 말입니다. 어떻게 보면 맨날 그 자리에서 뱅뱅 돌고 있는 것도 같습니다(이거 공부가 되는 건지 마는 건지…….).

그러나 염려 마십시오. 공부는 잘 진행되고 있습니다. 주제는 똑같은 음양이라도 보는 눈이 이미 옛날의 왕초보의 눈이 아닙니다. 스스로 이런 소식을 느낀다면 온몸이 "짜~릿" 할 겁니다.

이래서 양이 극에 달했습니다. 사화는 그런 상징을 갖고 있습니다. 진토(辰土)를 하면서 사화도 어렵다고 한 말씀이 생각나시나요? 사화가 어렵다고 하는 것은 다름이 아니고, 경금(庚金)을 포함하고 있는 것이 도무지 이해가 잘 안됩니다. 그 불구덩이에 무슨 금기(金氣)가 함께 있는지…… 우리 벗님들은 아실런지요?

火 속에 金이 있는 소식은 만만하지가 않군요. 한마디로 한다면 "우주의 조화"라고나 해야 할 듯합니다.
火가 보관될 수 있는 물건일까요?
火를 보관하려면 어떻게 해야 할까요?

火를 보관하는 그릇을 아는 대로 떠올려보십시오. 우선 용광로라고 하는 그릇은 火를 보관하는 그릇이군요. LPG 가스통도 火를 보관하고 있는 셈입니다. 그러다보니 부탄 가스통도 火를 의미가 있군요. 난로도 火를 보관하는 물건이지요? 미사일 껍데기도 火를 보관하고 있는 셈입니다.

그리고 이 모두는 쇠로 만들었다는 것을 알 수 있습니다. 저는 사화(巳火) 중에 경금(庚金)이 들어 있는 것이 이런 원리라고 생각합니다. 火를 보관하기 위해서는 金이 필요하고 金 중에서도 양금이라야 강력한 火를 감당할 수가 있기 때문입니다. 경금은 병화(丙火)도 두려워 않는다고 말씀드린 것이 기억나지 않으시면 다시 묵은 이야기를 뒤적여 보십시오.

즉, 火기운은 그대로 놔두면 모두 이내 사그라지고 맙니다. 그러면 나중에 다시 추워졌을 때, 모든 생명은 얼어 죽고 맙니다. 火는 아시는 바와 같이 폭발하는 성분이기 때문입니다.

근데…… 문제가 하나 있습니다.

火가 金을 녹여버린다는 문제입니다. 이 문제 앞에 우리 벗님이 조물주라면 어떤 일을 할 수 있을까요?

火가 녹여버리지 못하게 하려면 분명 무슨 조치를 취해야 하긴 하는데…… 물을 대령할까요? 수극화(水剋火)의 도리를 이미 알고 계시니까요.

그러면 金은 분명히 안전합니다. 그러나 애초의 마음이 火를 어떻게 보관하느냐? 하는 거였지 金을 보존하는 것은 아닌 바에야…….

다른 방법을 생각해주십시오…… 라고 말한다면, 이미 눈치를 채셨군요. 바로 土로써 火도 보존하면서 金도 보관하는 이치가 있는 것입니다. 그러고 보면 사화 속에는 무토(戊土)성분 7은 바로 火를 보관하기 위해서가 아닌 金을 보호하기 위한 "안전 시스템"인가 봅니다.

이렇게 고민 하다보면 어느덧 우리 초보 벗님들은 높은 경지의 땅속 이치도 생각해보게 됩니다.(이야기가 점점 어려워지고 있지만, 그만큼 흥미도 더합니다)

이 사화의 소식을 잘 헤아리다보면, 다른 11개 지지(地支)의 사정도 궁리하게 됩니다. 거의 자동으로 그렇게 머리가 돌아가는 거지요.

이제 약간 감이 잡히실 겁니다. 어째서 "병화(丙火)=사화(巳火)"가 아닌지요. 이것을 아시면 초짜딱지는 떼어내도 됩니다.

이야기가 좀 딱딱하지요? 다음에 또 언급해야하니 이 정도에서 접습니다. 그럼 뱀의 이야기나 들려드리고 마무리하지요. 뱀을 좋아하시는 분 계세요? 보통은 없겠지요. 저도 마찬가지입니다. 그러나 분명히 열두 동물 사이에 뱀이 한 마리 끼어 있으니 조금은 생각을 해봐야 할 듯하군요.

사실 지난 시간의 진토(辰土)에서 용의 이야기를 잘 해석했다면 뱀의 이야기는 해결을 본 것이나 다름없습니다. 그러니 이미 스스로 답을 구하신 벗님도 계실 줄 압니다. 그런 벗님은 해답을 확인하는 기분으로 보시고요.

이런 우리말이 생각나는군요…… "용(龍)이 되다가 실패하면 깡철이(이무기)가 된다." 아마도 한번쯤 들어보셨을 겁니다. 깡철이란 경상도 지방의 말이니 표준말로는 이무기라고 하면 적당할 걸로 생각되는군요. 그래서 뱀이 용의 뒤에 따라다니고 있는 것입니다. 조화를 부리기는 부리는데…… 용처럼 분명한 것이 아니고, 음성적(陰性的)이라는 거지요.

어째서 그런가요? 만세력을 보면서 이야기하지요. 갑기년(甲己年)은 土가 되기 때문에 무진(戊辰), 즉 황룡이 된다고 했습니다. 그런데 뱀도 기사월(己巳月)이니 색이 노르스름합니다. 마치 황룡을 모방한 듯하군요. 기사

(己巳)는 황사(黃蛇)가 되니 색이 노르스름하다는 것입니다. 그래서 용을 닮기는 했는데…… 똑같지는 않고 오행이 음(陰)이다 해서 용을 닮은 뱀이 그 자리에 있는 것입니다. 흉내는 내니까요.

   그리고 뱀은 성질이 더럽습니다. 건드리기만 하면 불같이 달려들지요. 그 성질이 병화를 닮은 듯이 사납다고 생각했을까요? 옛날에야 독사에게 물리면 무슨 약이 있었겠어요? 그냥 눈뜨고 죽어가는 거지요. 그래서 시간이 급하기가 불과 같다. 얼른 땅에 엎드려서 뱀보다 먼저 土의 냄새를 맡아야 산다. 꾸물거릴 시간이 없다. 너무나 화급하다. 그래서 뱀이 그렇게 양(陽)의 기운이 가득한 자리에 와서 버티고 있는 것 같습니다.

오화(午火)
— 후끈 후끈 달아오르는 열기

오화(午火) = 음화(陰火), 오월(五月), 한여름, 말
오화(午火) = 병화(丙火)10 : 기토(己土)9 : 정화(丁火)11의 혼합체

갈수록 더워지는군요. 사월(巳月)을 거쳐서 오월(午月)로 왔으니…… 그러나 겉으로 보이는 것이 그렇다는 이야기일 뿐이라는 것입니다. 속으로는 그렇지만도 않다는 이야기지요. 이제 드디어 일음(一陰)이 생긴다는 오월(五月)이기 때문입니다. 오랜만에 다시 괘상 하나 그려보고 지나갈까요?

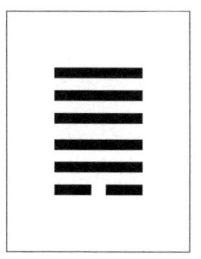

간단하군요. 모두 양(陽)이고 아래의 하나만 음(陰)이면 되니까요.

여자가 한을 품으면 오뉴월에도 서리가 내린다.
무슨 말이지요? 여자의 여린 마음을 아프게 하지 말아라……. 아마도 이

런 뜻인가 봅니다. 그러면 이 말이 명리학적으로도 해석이 가능할까요?

앞의 사화(巳火)에서 말씀 드렸습니다만, "음극즉양생(陰極卽陽生)"은 연약한 여자의 마음도 서리를 내리게 할 정도의 강인함을 뜻하기도 합니다. 여자 보기를 노리개 보듯 하는 자의 말로는 대체로 편치 못합니다. 불구자가 되거나, 여자의 손에 목숨이 달려 있는 처지가 되는 경우를 많이 보았습니다. 우리 벗님들이야 음양(陰陽)의 공존성을 이미 공부하셨으니까 아무 염려 없지만, 그렇지 못한 제 잘난 맛에 사는 어리석은 중생들은 참으로 걱정스러운 구석이 많습니다. 하긴 그것조차도 음양의 이치겠지만.

근데 이 말이 오화(午火)랑 무슨 상관이 있다고 주절주절 늘어놓는 것일까요? 참 엉뚱하지요? 그러나 연관이 있습니다. 오월(午月)은 쨍쨍 더워서 미처 못 느끼겠지만, 속에서는 이미 음의 기운이 연약한 여자의 마음같이 생겨납니다. 날씨를 봐서는 실감이 나질 않습니다. 날씨는 물질적 현상이고 지지의 오행은 기(氣)의 현상이니까요.

앞서 맨 아래에 있는 도막짜리의 표시가 바로 이 괘상의 눈이 되는 거지요. 용신만이 눈이 아니라 이렇게 하나의 괘상에도 눈이 있습니다. 바로 이런 일음(一陰)을 무시하지 말라고 주역은 가르치고 있습니다. 무시는커녕 존경하라는 것입니다. 두려운 마음을 갖고 이 약한 음의 기운을 주시하라고 가르칩니다. 만약에 무시하고 얕봤다가는 어느 날 문득 후회 막심한 결과를 불러올지도 모릅니다. 남자 벗님들은 이 의미를 더욱 깊이 헤아려보시기 바랍니다.

그러나 더 어려운 이야기는 훗날을 기약합시다. 초보님들 겁내지 마세요. 이 괘상 이야기는 그만 하렵니다.

오화를 다시 살펴봅니다. 병화(丙火), 기토(己土), 정화(丁火), 이렇게 세 가지의 천간이 포함되어 있군요. 자오묘유(子午卯酉)는 10 20으로 외우라고 말씀드렸는데, 이 오화는 경우가 약간 다릅니다.

 기본 원칙대로라면 병화(丙火)10 : 정화(丁火)20이 되어야 합니다. 근데 무슨 일(?)로 기토(己土)가 떡 하니 버티고 있군요. 이 기토는 무엇을 하러 눈치 없이 여기에 끼어 있는 거지요? 이것도 조물주의 용의주도한 각본일 것입니다. 일단 그렇게 믿고 탐구를 해나갑니다.

 만약에 丙과 丁이 함께 모여 있다면 어떤 현상이 생길까요? 火는 어떤 성질이 있는지 살펴보시면 알겠지요. 火는 폭발성분이라고 했습니다. 이렇게 강한 폭발성분이 모두 모여 있으면 삼라만상이 생명을 유지할 수가 없습니다. 모두 익어버리고 죽어버립니다. 그러면 지구는 죽음의 회색별이 되고 말겠지요.

 조물주도 그 점이 걱정이 되어서 병과 정의 사이에다가 火의 폭발성을 견제하는 음토(陰土)를 끼워 넣어둔 것입니다. 그러면 火끼리 서로 맞붙어서 싸우다가 자폭해버리는 어리석음을 범하지 않을 거라는 판단을 내린 것입니다. 만약에 비율을 기토에서 5정도 주었다가는 같이 익어버리지 않을까 하는 염려 때문에 장장 9라고 하는, 거의 30%에 육박할 정도의 다량으로 음토를 투입한 것입니다. 이렇게 자비스런 조물주의 뜻을 이해해야 합니다. 우리가 사는 별은 이렇게 조화 속의 균형을 유지하고 있습니다.

 이 놀라운 힘을 확대 해석하면, 정말 신이 존재하는 듯한 느낌이 들 수도 있습니다.

 이렇게 병기정(丙己丁)의 소식을 이해하셨다면 오화 공부는 끝난 셈이군요. 아니, 아직도 뭐가 미련이 남아 멍하니 앉아 계시지요? 아, 말(馬)이야기를 빠뜨렸군요. 이것은 몰라도 되는데…… 후후.

 옛날에 말 한 필이 있었습니다. 말은 명마요 준마였습니다. 하루를 달리면 천리를 거뜬하게 뛰었습니다. 그래서 모두는 천리마라고 불렀습니다. 그 말은 붉은색이었습니다. 마치 타오르는 불길처럼 보였습니다. 그래서 얻은 별명이 적토마였습니다.

이 말은 언제나 성질이 불 같았습니다. 성질이 너무나 거세어서 주인이 아니고는 아무도 타볼 수 없었습니다. 그리고 적토마는 한 번도 앉아본 일이 없었습니다.

언제나 서 있는 말, 심지어는 잠을 잘 때에도 서서 잤습니다. 마치 火도 누워서는 火가 아니라는 듯이 말입니다. 그래서 언제부턴가 오년(午年)에 태어난 사람은 말과 같다고 했습니다. 즉, 말은 십이지 중에서도 오화를 닮았다는 것입니다. 근데 사람도 말띠는 그러한 성질을 닮았는지…….

말띠 여자는 팔자가 세다는 유언비어가 돌기 시작했습니다. 그래서 말띠로 태어났다는 것 하나만으로 경계의 대상이 되기도 했습니다.

말띠로 태어나서 서러운 여자…… 그러나 이제는 사정이 완전히 달라졌습니다. 지금은 다소곳한 여자가 아니라 활발한 적토마처럼 긴 머리 휘날리면서 바쁘게 돌아다니는, "말띠 여자"를 좋아하는 시대가 되었으니까요. "능력이 있어서 좋다"나요 …… 오늘날의 말띠는 그래서 행복합니다. 마치 옛날의 서러움을 복수라도 하듯이요.

이제 저만치 초보 졸업장이 보이는군요. 절반을 넘었으니까요. 지금까지 열심히 공부하신 벗님은 깊은 묘미를 발견하실 겁니다. 그리고 그 즐거움은 모두 땀 흘린 벗님의 몫입니다.

미토(未土)
— 메마른 고원

미토(未土) = 음토(陰土), 6월, 열기(熱氣)의 土, 염소
미토(未土) = 정화(丁火)9 : 을목(乙木)3 : 기토(己土)18의 혼합체

가만히 생각해보면, 지지(地支)의 하나하나가 만만한 것이 없나 봅니다. 어느 것 하나도 소홀히 할 만한 것이 없군요. 모두 중요하고 필요한 것들뿐이군요…… 문득 떠오르는 이야기가 있습니다. 잠시 헛소리 하나 하고 넘어갈까요?

옛날에……
어느 유명한 명의가 계셨답니다. 의술이 거의 신의 경지에 도달할 정도의 신의(神醫)라고 부르는 대단한 분이었답니다.
그러다보니 의술에 관심이 있는 사람은 누구라도 제자가 되는 게 꿈이었지요. 그러나 스승은 글은 가르치지 않고 일만 시켰습니다.
그러니 성질이 급한 보통의 젊은이들이 얼마간 버텨보다가 '이거 글렀구만, 의술을 전혀 일러줄 마음이 없어'라고 판단을 하고는 떠나가 버렸습니다. 사실 스승을 섬긴다는 것이 여간 인내심을 요하는 것이 아니거든요.
근데 끈질기게 버티고 있는 제자가 한 사람 있었더랍니다. 떠날 줄도 모르고 그저 묵묵히 시키는 대로 하는 것을 보고는 이 신의가 신통하게 여겼

는지 한두 가지씩 비법(?)을 일러주었습니다.

그러던 어느 날,
이 젊은이가 손가락을 헤아려보니 여기에 온 지도 어언 십 년의 세월이 흘렀더랍니다. 그러자 고향의 부모님도 염려가 되고, 자기의 의술 수업이 얼마나 남았는지 궁금하기도 했습니다.
"사부님, 이제 공부가 얼마나 되었는지, 하산은 언제쯤 하면 되는지요……."
"오! 그런가, 그럼 지금 당상 산에 가서 약초를 살피되, 약이 되지 않는 풀을 한 가지만 구해오게. 그럼, 당장 하산을 하도록 해주겠네."
제자는 하산이라는 말이 나오자 고향과 부모님이 더욱 그리워졌습니다. 그래서 나는 듯이 산을 올라가서 약이 되지 않는 풀을 찾기 시작했습니다. 그러나 하루 온종일 넓은 산을 뒤져도 약이 되지 않는 풀을 찾을 수 없었습니다.
해가 질 때까지 그렇게 지치도록 헤매고 다녔던 제자는 풀이 팍 죽어서 돌아왔습니다.
"그래, 약에 안 쓰는 풀을 한 가지 구해왔겠지?"
제자는 고개를 떨구었습니다.
"아니옵니다. 스승님, 제가 둔하여 하루 종일 온 산을 헤매고 다녔지만, 어디에서도 약이 되지 않는 풀을 찾아낼 수 없었습니다. 아직 저는 하산 할 때가 되지 않았나 봅니다. 더욱 열심히 공부하겠습니다."
이 말을 들은 스승은 껄껄 웃었습니다.
"허허허! 그랬느냐…… 그럼 당장 하산하여라. 허허허."

이와 같은 이야기를 어디선가 들었던 기억이 나는군요. 지지가 어느 것 하나도 소중하지 않은 것이 없다는 생각을 하다 보니 문득 생각나서 들려드렸습니다. 아시는 이야기라고요? 하하 그렇군요. 그건 그렇고…… 오늘의 주인공 미토(未土)는 또 무슨 얼굴을 하고 있을지 궁금하군요.

정화(丁火) 9, 을목(乙木) 3, 기토(己土) 18.
이렇게 서두에 적기는 했습니다만, 참으로 피부에 와서 닿는 말이 못되지요? 미월(未月)은 무지하게 덥습니다. 오죽하면 삼복더위라고 합니까? 일 년 중에서 가장 더울 때를 삼복더위라고 하지요. 이른바 복중(伏中)입니다. 하도 더워서 집 앞에도 나가기 싫지요. 이렇게 맹렬한 폭염(暴炎)의 6월이요, 미월입니다.

근데 가끔 이해가 잘 되지 않습니다. 오월이 오행원리상은 더 더워야 하는데, 미월이 더 더운 것을 보면 뭔가 이상하지요? 그런 생각이 들어야 발전을 합니다.

『우주 변화의 원리』라는 책에서는 미월의 더위를 복사열이라고 말하더군요. 복사열이란 무슨 말인지 정도는 아시겠지요? 사오월의 열기가 복사되어 미월에 덥게 느껴진다는 거지요. 즉, 우주의 어디쯤엔가 어떤 장벽이 있어서 반사작용으로 열기를 복사시켜서 다시 지구에 되돌아오는 것이 미월의 삼복더위라는 겁니다.

그러나 이것도 하나의 이론일 뿐입니다. 다만 우리 초보님들은 미월의 열기가 그래서 인가보다 하고 넘어가 두세요.

미토는 굉장히 메마릅니다. 습기는 전혀 없군요. 정을기(丁乙己)라……. 을목(乙木)은 정화(丁火)를 생해주고 정화는 또 기토(己土)를 생해주는 좋은 관계인가 봅니다. 그러나 습기가 없으니 비록 음토(陰土)라고는 해도 사실은 음토의 분위기가 아니군요. 이렇게 생각을 해야 합니다.

진토(辰土)는 차라리 양토(陽土)이면서도 습기를 갖고 있는데…… 미토는 전혀 그게 아닙니다. 열기를 가득 갖고 있는 열토(熱土)입니다. 그러면서도 양토라고 하지 않고, 음토라고 하니 참 알 수 없는 것이 옛 어르신들의 견해였나 합니다.

저는 이 미토를 자동차로 치면 배터리 충전으로 봅니다. 이 열기를 충전시켜두었다가 축월(丑月)에 사용하려고요. 저장은 土에다 해야 하거든요. 火나 木이나 水는 저장성이 土에 비하면 형편없습니다. 그리고 보면 사실 土라는 것은 모두 저장의 명수들입니다. 그래서 미토는 화기(火氣)를 저장하는 기능을 부여받았다고 생각합니다.

그러면 이 말이 일리가 있느냐? 하고 따지실 텐데…… 그러지 말고 염소 이야기나 살펴보자는 것입니다. 염소를 보면 미토가 양기의 저장성분이라는 것이 이해가 갑니다.

기운이 허하면 염소를 고아서 먹습니다. 양의 기운을 잔뜩 머금고 있는 염소는 스트레스에 시달리는 현대인에게 필시 좋은 약이 될 수 있을 것입니다.

또 기운이 허할 적에는 염소 한 마리 삶아 십전대보탕 한 제 넣어서 푸~욱~ 고아서 두고 마시면 입맛이 돌고 원기가 생기게 마련입니다. 그래서 염소가 미토의 대역을 맡고 있는가 하고 생각합니다. 물론 그냥 먹어도 좋겠지요.

어쨌든 염소는 양의 기운을 저장하고 있는 것이 눈에 뜨입니다. 펄떡펄떡 뛰어다니는 까만 염소는 양의 성분이 많은 듯합니다. 그러면서도 온순

하고 풀만 먹고 살지요. 거기다가 습기는 아주 싫어합니다. 장마 중에 젖은 풀을 주면 설사를 합니다. 염소가 설사를 한다는 것은 이미 죽은 것이나 다름없답니다. 혹시 우리 벗님은 시골 가서 염소를 보셨겠지요? 염소가 놀다 간 자리에는 뭐가 있지요? 새까만 콩알(?)이 널려 있지요. 그렇게 습기 없이 메마른 배설물을 내놓는 동물입니다. 토끼도 그렇지요.

 어쨌거나 그놈의 배설물을 보면 필시 열기가 많은 놈이란 것을 알 수 있습니다.

신금(申金)
— 암반 지대

신금(申金) = 양금(陽金), 큰바위, 암반, 7월, 초가을, 원숭이
신금(申金) = 기토(己土)7 : 무토(戊土)3 임수(壬水)3 : 경금(庚金)17 (사주정
　　　　　　설의 기준)
　　　　　(보통의 기준=기토(己土)+무토(戊土)7 : 임수(壬水)7 : 경금(庚
　　　　　　金)16의 혼합체)

이제 서서히 찬바람이 불어올 모양이군요. 어느덧 입추(立秋)의 절기인 신금(申金)을 공부를 하게 되었으니까요. 그렇게 무덥던 삼복더위도 어느덧 막바지에 달했습니다. 낮에는 아직 무덥지만, 아침저녁으로는 선선한 기운이 감도는 것은 어쩔 수 없는 자연의 순환법칙입니다.

인생으로 치면 언제쯤 될까요? 한 오십대 정도 될 듯싶군요. 서서히 결실의 단계로 접어드는 나이지요. 30~40대만 해도 무엇인가 하려고 하는 목적이 확실하고 약간의 열정이 있었다면, 이제 50의 고개를 넘어서서 잠시 자신이 살아온 날을 돌아보는 시간이 자꾸 많아집니다.

그리고 무엇을 두고 떠날 것인지도 생각해보게 됩니다. 인생을 마무리하는 준비를 서서히 하는 것입니다. 이것이 바로 일 년의 7월이요. 인생의 50대인가 봅니다.

그리고 이렇게 정리를 해보는 것은 다름 아닌 금기(金氣)의 영향입니다. 전에 오행론(五行論)을 할 적에 金은 결실이라고 했거든요. 그러나 신금은 아직은 완전한 결실은 아닙니다. 완전한 결실은 다음에 나오는 유금(酉金)이 되어야 합니다. 다만 신금은 한 번씩 뒤돌아보면서 준비를 하려고 하는 결실의 전단계라고 하면 어떨까 싶군요

우리 벗님들은 귀신 이야기를 좋아하실는지 모르겠군요. 귀신도 그 종류가 엄청 많은 줄 알고 있습니다. 일일이 섬길 필요는 없겠기에 생략하고, 다만 金기운을 받지 못하고 죽은 귀신을 생각해보고 싶습니다.

장가 못 가고 죽은 귀신은 몽달귀신이라고 합니다. 시집 못 가고 죽은 귀신은 그냥 처녀귀신이라고 하나요? 근데 항상 집집마다 말썽을 부리는 귀신은 바로 이들 처녀귀신과 총각귀신들입니다. 어째서 그런가 생각 좀 해 보지요.

아마도 가을의 금기(金氣)를 받지 못했기 때문에 귀신들도 생을 마무리 못한 채 그냥 그렇게 떠돌아다니면서 고통을 호소하는 것이 아닐까요? 물론 다른 해석도 있습니다. 우리는 오행의 기운에 입각해서 생각해보는 것입니다. 이렇게 따져보면, 갈무리하는 기운을 받지 못하고 죽었기 때문에 구천을 헤매고 있는 것입니다.

원숙(圓熟)한 사람은 가을을 좋아합니다. 봄은 어쩐지 산만하고, 분산되는 느낌이라면 가을은 사색(思索)을 하고, 명상을 하고 삶을 되돌아보고 관조하는 데 좋은 계절입니다. 그래서 가을에는 명상의 서적이 많이 팔리고 봄에는 계획을 세우는 계통의 서적이 많이 팔린답니다.

사실 무더운 여름은 명상을 하거나, 공부를 하기에 적합하지 못한 계절

이지요. 공부도 잘되지 않습니다. 그러나 가을이 되면 자신도 모르게 손이 책장으로 갑니다. 그래서 가을을 독서의 계절이라고 했을까요?

신금을 해부해봅시다. 다른 것은 모두가 숨어 있는 천간이 두 개나 세 개뿐인데, 유독 신금은 넷이나 되어서 외우기가 골치 아프군요.

게다가 각각의 날짜도 정확하지 않고 여러 가지로군요. 우리가 만든 것이 아니기 때문에 어느 기준을 따라야 할지 알 수가 없습니다. 일설에는 기토(己土)는 생략해도 좋다고 합니다. 이 기토는 전달의 미토(未土)의 정기(正氣)가 신월(申月)로 넘어온 기운인데, 그 때문에 그 자리에 있는 것이지 꼭 있어야 할 필요는 없다는군요. 그리고 참고로 또 어딘가에 생략된 지장간(地藏干)이 한 군데 있습니다. 어딘지 찾아보시렵니까?

바로 인목(寅木)입니다. 인목은 축토(丑土)의 뒤를 이었는데, 어째서 기토(己土)가 없지요? 인목의 지장간은 무병갑(戊丙甲)이지요? 이것을 외울 때는 그냥 별 생각없이 외우셨을 겁니다. 이제 이만큼 왔으니 한번 생각하고 넘어가는 것도 좋을성 싶군요.

꼭 지난달의 넘어온 기운이 첫 자리를 차지해야 한다면, 인목은 당연히 너무도 당연히 기무병갑(己戊丙甲)이 되어야 할 것입니다.(그렇지요?) 그럼에도 불구하고 인목에서는 기토가 생략되었는데, 새삼스럽게 신금에 와서는 강조를 하고 있는 것일까요? 그 이유는 축월(丑月)은 토기운이 미약한 고로 갑목(甲木)의 기운을 이끌지 못해서 부득이 무토(戊土)가 대신한다고 합니다만.

미월(未月)의 강력한 기토(열기를 충분히 저장했으므로)는 능히 경금(庚金)을 生할 정도로 강해서 무시를 할 수가 없었나 봅니다. 이야기가 다소 어렵다고 생각하실런지도 모르겠습니다. 사실 이 문제는 나중에 "명리 연구" 정도에 가서나 떠들어야 할 말인 듯합니다만, 성질 급한 낭월이가 그때까지 기다리지를 못하고 이렇게 미리 이야기합니다.

어쨌거나 자세한 사정은 숙제로 미룹니다. 다만 그래서 신월(申月)에는 기토가 하나 달려 있다는 것만 생각해두시면 됩니다. 아, 그리고 비율의 문제도 차이가 나는 것이 문제로군요. 인신사해(寅申巳亥)는 7 7 16으로 외우면 큰 차이가 없다고 말씀을 드렸는데, 신월은 복잡하군요. 그래서 저의 생각입니다만, 기무(己戊)는 묶어서 7로 하고 보았으면 싶습니다. 같은 土니까 그렇게 보는 것이 오히려 자연스러울 듯하군요.

어쨌거나 결론은 복잡합니다. 이것은 아무래도 신금이 불안정한 지층을 갖고 있어서 그런 것이 아닌가 합니다. 불안정하다는 말은 각자가 보기에 따라서 달리 보이기도 하는 덜 성숙된 이론 같은 거지요.

이 문제를 이해하기 위해서 원숭이를 검토해봅시다. 원숭이를 보고 있으면 어떤 생각이 드시는지요? 원숭이는 참으로 산만합니다. 녀석을 보노라면 화기(火氣)가 많을 것으로 생각됩니다. 그런가 하면, 때로는 가만히 앉아서 깊은 생각을 하고 있는 것처럼 보이기도 합니다. 그런 때는 금기(金氣)가 많은 것처럼 보입니다. 분명히 덜된 인간의 형상입니다. 지능이 어린 아이 정도는 된다고 하는 걸로 봐서도 알 수가 있습니다.

그러나 인간이라고 볼 수는 없습니다. 어디까지나 인간과는 많은 차이가 있지요. 그런데 소나 말이나 닭과는 비유하기가 조금 그렇군요.

그러기에는 너무나 인간을 닮았습니다. 그래서 옛 선현들이 이놈을 애매한 신금의 자리에 집어넣은 것이라고 생각됩니다. 가을이라고 하기에는 낮으로 너무 뜨겁고, 여름이라고 하기에는 아침저녁으로 너무 쌀쌀합니다. 그래서 "어정칠월"이라는 말이 생겨났을까요? 우리 속담에 있는 말입니다만, 이 말이 혹시 "어정쩡하다"에서 따온 것이 아닌지 모르겠군요.
　사람도 같고 짐승도 같은 어정쩡한 물건인 원숭이를 생각했던 선조의 궁리가 보이는 듯하는군요.

　이놈은 아직도 해결난 것이 없지요? 이놈에서 인간으로 진화한 것이냐? 아니면 원래 다른 종자냐? 하는 것 말입니다. 이것을 보면 우리의 탁월한 선배님들은 이미 이놈에게 확실한 답을 구할 수가 없을 거라는 것을 알아버렸는지도 모릅니다. 아마도 그랬을 겁니다. 애매한 점이 많은 것과, 신금과 일맥상통하는 점이 있군요.

　사실 어느 확실한 것을 좋아하는 선배님께서 기토를 빼버리고 무임경(戊壬庚)으로 신금의 지장간을 삼으려고 했더랍니다. 그랬더니 경금이 아직도 작렬하는 화기를 수렴하는데 고생이 이만저만이 아니더라는 군요. 무토는 화기를 받으면 자신이 갈라져버리므로 경금을 생조하지 못하거든요(토생금(土生金)인데 이런 말했다가 야단맞을라……).
　오직 기토라야 만이 경금을 열기 속에서 보호하는 임무를 완수할 수가 있습니다. 그래서 어쩔 수 없이 다시 기토를 추가하고 말았습니다. 그러니까 기토는 삼사 일 정도 자리를 차지하고서 무토가 수렴작용 하는 것을 도와주고 있는 정도로 생각하면 별 무리가 없을 듯 합니다.
　글자의 수는 많아서 볼품이 없어도, 그것이 진리라면 할 수 없는 일이지요. 그러니 우리 초보 벗님들은 신금에 대해서는 이렇게 알고 넘어가면 될 됩니다.

　확실한 결론이 없다구요? 그것이 바로 신금인가 봅니다.

유금(酉金)
— 차돌멩이

유금(酉金)= 음금(陰金), 돌멩이, 8월, 닭, 정리정돈, 칼날, 예리함
유금(酉金)= 경금(庚金)10 : 신금(辛金)20의 혼합체

유(酉)라는 글을 보니 뭐가 생각나세요? 아마도 모르긴 몰라도 생각나시는 것이 모두 각각이겠지요. 어떤 벗님은 헤어진 애인이 생각날 거고, 또 다른 벗님은 삼계탕이 생각나겠지요. 이렇게 같은 글자를 하나 두고서도 서로 생각나는 것이 제 각각이군요. 아마도 각자의 경험이 다르다보니 그럴 것입니다. 그래서 옛 어르신들께서 이렇게 말씀하셨나 봅니다. "만인(萬人) 만상(萬象)이요, 각양(各樣) 각색(各色)이라."

우선 유금(酉金)의 배합 성분표를 봅시다. 경금(庚金)이 10에다 신금(辛金)20이군요. 그야말로 돌덩어리입니다. 신금(申金)이 기무임경(己戊壬庚)의 혼합체라고 할 적에 혹시 의심을 한 분은 없으신가요? '신(申)자는 金이라면서 어떻게 물도 있고 흙도 있고 …… 이상하군……' 아마도 그렇게 생각하신 분도 계실 듯합니다.

그래서 여기 돌만으로 이뤄진 유금을 마련해두었습니다. 유금은 전혀 시비를 할래야 할 곳이 없는 돌덩어리군요. 그럼 신금(申金)과 유금의 차이는 도대체 뭘까요?

신금(申金)은 바위덩어리고 유금은 돌덩어리라고 볼까요? 바위를 자세히 보면 土도 있고 水도 있고 그렇습니다. 그러나 돌멩이는 순전히 돌뿐이지요. 그래서 유금이 있는 것입니다. 음금(陰金)은 순수한 것이지요? 양금(陽金)은 다소 혼탁한 것이고요. 그러니 음금을 대신할 것도 많습니다.

특히 그중에서도 보석이나 칼날은 확실히 음금다운 물건들입니다. 광산에서 방금 캐낸 원석은 경금이고 제철소에서 과정을 거치고 차에 실리는 강판은 신금(申金)이지요.

그러나 유금도 30%의 경금이 있으니 참고를 해야겠지만, 어쨌거나 土나 水는 없는 비교적 순수한 성분이라는 거지요. 순금도 100%는 없지요? 불가능하다는군요. 그래도 순도 99.99%라고 하는 것이랍니다 완전한 것이 없다는 서두의 말을 이해해보시기 바랍니다.

계절적으로 본 유월(酉月)은 어떠한가요? 신월(申月)은 아직 반반이었다면, 유월(酉月)은 완연한 가을입니다. 흔히 생각하기를 낙엽이 지는 가을입니다. 그런 눈으로 본다면 아직은 가을이 아니지요.

아마도 9월이나 되어야 가을의 기분이 드실 것 같군요. 그러나 이미 말씀 드렸듯이 절기는 기운(氣運)입니다. 기운이 먼저 이르러서 현상(現狀)이 나타납니다. 그러니 눈에는 아직 가을이 덜 된 듯하기도 하지요. 그러나 결실은 다 이뤄졌다고 봅니다. 벼도 이미 다 익었습니다. 이제는 비가 오지 않아도 쌀밥을 먹을 수가 있습니다.

이제 재미없는 이야기는 이 정도 해두고서, 달구새끼(닭) 이야기나 합시다. 닭은 매우 친숙한 가축이지요. 치킨이니, 도리탕이니, 삼계탕이니, 닭발이니, 원반죽이니 등등. 이루 헤일 수 없을 만큼 많은 방법으로 먹어대는 동물이군요.

이렇게 친숙한 동물이다 보니 열두 동물 중에 한 마리 키워줄 만도 하군요. 그러나 명분이 있어야지요. 명분만 분명하면 나라도 뒤집어엎는다는데 말입니다. 하다못해 아이의 사탕을 빼앗아 먹더라도 명분이 있어야 하는 것이지요. 별사탕을 만들어준다든지 달사탕을 만들어 준다든지…… 하하.

열두 동물 중에 닭의 특징은 무엇일까요? 여러 가지가 있겠지만, 그중에서도 "날개가 있다"는 점이지요. 닭은 날개가 있다? 어떤 영화 제목을 닮았나요?

날개가 있는 놈은 몸이 가볍다고…… 옛날에 우리 선조님들이 일 년 내내 농사일에 지치고 힘들어서 몸이 천근만근 일 적에 뒤뜰에 뛰노는 윤기가 번지르르 흐르는 닭을 한 마리 잡아서 햇마늘 듬뿍 까서 넣고 푹~ 고아서 한 사발씩 마시면 다음날 대번에 몸이 가벼워지지요. 이렇게 닭은 간편하게 몸보신하는(보약은 감히 상상도 못하고) 농민의 비타민이었지요.

아마도 닭 속에는 金의 기운이 많았나 봅니다. 金기운은 水기운을 돋우는 것이니…… 여름 내내 열기에 그을린 水의 정(精)을 보호하는 기능이 있나 봅니다. 그러면 다시 원기 백배하여 가을 추수를 하겠지요. 우리 벗님들도 더위에 시달릴 때 영양가 적은 치킨(?)만 손쉽게 사다 먹을 게 아니라 시장에 가서 큼지막한 닭 한 마리 사다가 마늘 한줌 넣고 원반죽이라도 한 솥 고아 드시기 바랍니다.

이 마늘이 닭에 들어간다는 걸로 봐서 필시 정(精)(정력도 가능)을 돋우는 묘약인가 봅니다. 마늘은 金의 성분이 강한 것으로 살기(殺氣=금기(金氣))도 많지요. 살균제로 쓰인다고 하지요.

정력(精力)이 좋아야 힘든 줄 모르고 일해서 돈도 잘 벌어오고 더 중요한 일도 척척 잘 해나가지 않겠어요? 장모님이 사위에게 선물하는 것이 바로 이것이지요. 모두 아시는 이야기군요.

물론 사위가 이뻐서 사주는 마음도 없지는 않겠지만, 기실은(귓속말) 딸자식을 위해서다 이겁니다…… 하하. 딸자식 행복한 것이 밤이나 낮이나 오직 친정어머님의 소원이지요. 소위 말하는 정력제입니다. 이 속에는 금생수(金生水)의 우리 왕초보 이론이 포함되어 있다는 것도 알 수 있지요.

정력(精力)은 섹스 에너지만 표하는 것은 아닙니다. 모든 원초적인 에너지라고 말할 수 있겠지요. 정(精)의 힘이 떨어지면 그대로 늙어버립니다. 조조가 적벽대전에서 패하고서 하룻밤 사이에 머리가 하얗게 되어 버렸다는 말도 있지요. 이렇게 에너지를 써버리면 생명의 에너지인 정력이 고갈되어버립니다. 그리고 죽을 날이 얼마 남지 않았다는 판결을 받게 되지요.

그러나 뭐든지 지나치면 부족함만 못한 법입니다. 용신을 잡는데도 그렇고 세상을 살아가는 모든 일이 그렇습니다. 지나치지 말고 중화의 도를 생각하면서 약을 드시는 것이 좋습니다. 마늘을 지나치게 많이 먹으면 위장장애(토생금(土生金))가 생기니까요. 참 어렵습니다. 하하.

술토(戌土)
― 아라비아 사막

술토(戌土) = 양토(陽土), 황량한 사막, 유전(油田), 9월 단풍, 개
술토(戌土) = 신금(辛金)9 : 정화(丁火)3 : 무토(戊土)18의 혼합체

술토(戌土), 술이군요. 온 산천이 붉은색 노랑색으로 치장을 하고 있는 늦가을의 풍경이군요. 9월은 늦가을입니다. 가을의 마지막 달이군요. 그리고 나무로 치면 이제 휴식기입니다. 지난달에는 결실을 맺었으니 이제 겨울잠에 빠져들기 위해서 자리를 깔고 쉬는 시간인가 봅니다. 인생으로 치면 죽음의 시간이군요······죽음······ 죽음은 휴식입니다.

단절이 아닌 휴식입니다. 번잡한 일생의 삶이 화려하기도 했고, 초라하기도 했습니다. 그러나 이제는 마무리입니다. 즐거운 인생을 살았던, 고통 속에서 평생을 보냈던, 모든 것은 지나간 추억일 뿐입니다. 따라서 누구나 숙연해지는 시간입니다.

인묘월의 활발함과 사오월의 노력과 신유월의 결실을 돌아보면서 씁쓰레한 미소를 짓습니다. '그래서 인생은 무상한 것이로구나······.' 이렇게 생각을 하면서 정리를 합니다. 아무도 함께 할 수가 없는 그 길을 떠나야 하는 나그네······ 그래서 어딘가에 가서 또다시 무엇이 되어야 할 자신의 영혼······ 그 영혼은 또 다른 사주(?)를 얻어서 또 다른 경험을 하면서 새로운 한 삶을 살아가겠지요······ 이른바 윤회입니다.

12는 윤회를 나타내고 있습니다. 가만히 생각해보면 틀림없는 윤회의 모양입니다. 자월(子月)의 씨앗부터 술월(戌月)의 죽음까지…… 일사불란한 인간의 일생(一生), 아니 삼생(三生)을 설명하고 있습니다.

전생(前生) = ~자(子)-축(丑) : 씨앗은 전생의 산물
       (축(丑)은 전생과 금생의 연결고리)
금생(今生) = 인(寅) ~ 유(酉) : 술(戌)은 금생과 후생의 연결고리
후생(後生) = 해(亥)~   : (저승)

십이운성이라는 이론이 있는데, 가만히 살펴보면, 불교의 윤회이론과 흡사한 구석이 참 많습니다. 참고로 한번 헤아려보시기 바랍니다.
 다음에 별도의 장을 만들어서 오행(五行)의 왕(旺) 쇠(衰) 강(强) 약(弱)을 설명하게 됩니다. 그때 다시 말씀 드리겠습니다.

 근데 우리 벗님들, 사실 어때요? 가을에 단풍든 산야를 바라다보면서 추억에 잠겨보신 적 있지요? 술월(戌月)은 추억의 계절이 분명하지요? 또 쓸쓸한 마음도 잘 듭니다. 그래서 혹자는 술월은 독서 후의 사색이니…… 순서가 맞다면 맞은 것이군요. 참으로 재밌는 말입니다.

 술토를 해부해볼까요? 신금(辛金)은 지난달의 잔여 기운이라고 생각하면 되겠군요. 무토(戊土)는 원래 이 달의 土기운이라고 봐서 무리가 없겠군요. 근데 어째서 정화(丁火)가 그 사이에 끼어 있지요? 이미 가을도 깊었는데…… 얼마 안 있으면 겨울의 문턱인데…… 정화가 난데없이 끼어들어서 머리를 혼란스럽게 하는군요. 그래서 土(진토(辰土), 술토(戌土), 축토(丑土),

미토(未土))는 어렵나 봅니다. 그 속에 하나씩 숨어 있는 오행이 혼동스럽게 하거든요.

우리 벗님들 시험 볼 때 어떻게 하나요? 어느 문제가 잘 안 풀리면 그놈을 잡고 50분 내내 씨름을 하나요? 아니면 잠시 내버려두고 다른 놈을 풀다 보면 그놈의 문제도 해결이 되던가요? 아마도 많은 분은 두 번째의 방법을 택하고 계실 겁니다. 그리고 그 방법이 현명합니다. 시험에는 도사들이신데 이거 제가 번데기 앞에서 주름을 잡았나 봅니다. 하하.

바로 그 방법이 여기에서도 통한다는 것이 재밌지요. 진월(辰月)에는 난데없이 계수(癸水)가 끼어들어서 혼동을 일으켰지만, 사실 그 계수는 여름의 열기를 억제하는 마음으로 끼어 있다고 생각 되거든요. 그렇다면 술월의 정화는 겨울의 냉기를 이기기 위해서 끼어 있다고 생각하면 될까요? 자, 의미심장하지요?

여기서 다시 자연의 위대함을 느낍니다. 용의주도함이라고 할까요? 그 비밀을 술토 속의 정화가 쥐고 있습니다. 그리고 이 이야기는『우주 변화의 원리』에 자세히 설명되어 있습니다.

이런 소식을 헤아려야 안목이 높아지고 그래야 얼른 깊고 깊은 명리의 바다에서 아니, 나아가서는 주역의 대해(大海)에서 즐겁게 헤엄을 치고 놀 수가 있습니다. 조금만 인내하십시오. 이미 바닷가에는 도달했으니까요.

그럼 강아지 이야기를 조금 하고 마무리하지요.

술시(戌時)는 개의 업무개시 시간입니다. 하루의 해가 저무니 견공(犬公)이 불침번을 서야 마음 놓고 잠을 잘 수가 있지요. 그래서 개가 술토를 담당하고 있는 것입니다. 너무 억지인가요? 하하.

그러면 이것은 어때요? 술토는 열기를 가지고 있는데, 개도 열기를 가지고 있으니 닮았다. 그래서 개가 술토의 자리를 차지하고 있다. 혹시 보신탕 생각을 하고 침을 흘리시진 않으세요? 보신을 한다는 의미에서 개의 몸은 참 좋은 약인가 봅니다. 특히 병약자나 수술 후의 환자는 아주 중요한 보약이지요.(이거 이러다가 야만인을 조장한다고 할라…… 후후)

그러나 남용하진 마세요. 그 모두는 업보의 장부에 기록이 되어서 이 목숨을 다할 적에 계산을 해야 하니까요. 꼭 필요한 경우에 한해서 약으로 사용하는 것은 현명하지만 남용은 건강의 불균형을 초래하거든요. "지나침은 모자람만 못하다"고 했으니…… 그리고 우리 벗님들 쓸데없이 많이 먹고 살 빼느라 고생하지 마세요…… 하하.

이것도 이상한가요? 그럼 전 모르겠어요…… 스스로 생각해보세요. 어째서 강아지가 술토를 지키고 있지?

해수(亥水)
— 태평양

해수(亥水) = 양수(陽水), 10월, 조수(潮水), 초겨울, 목생지(木生地), 돼지
해수(亥水) = 무토(戊土)7 : 갑목(甲木)7 : 임수(壬水)16의 혼합체

이제 서서히 끝이 보입니다. 까마득하게만 보이던 지지(地支)도 어느덧 마무리에 접어들었습니다. 그래서 더욱 반가운 해수(亥水)로군요. 계절도 시월이 되면 이제 할 일이 다 되었습니다. 하다못해 뱀과 개구리도 지난 9월 9일(?)에 땅 속으로 들어가 버렸군요. 하늘의 생기가 마감 되니까 미물들도 땅의 생기를 구하러 땅속으로 가버렸나 봅니다. 그리고는 긴 겨울잠을 잡니다. 다시 경칩이 되면 개구리가 깜짝 놀라서 뛰어 나오겠지요.

그러나 여기에서 나무는 生의 기운을 축적합니다. 가을까지 시달린 몸을 쉬고 생기를 축적하여 다음 해에 새롭게 성장할 것입니다. 그래서 해수를 木의 생지(生地)라고 합니다.

우리 벗님은 시월이 되면 무엇을 하시나요? 우리나라는 시월이 되면 해마다 하는 행사가 있습니다. 그리고 우리 선조님들을 시월을 상달이라고 불렀습니다. 어째서일까요?

왜냐하면 조상님들께 제사를 드리는 달이기 때문입니다. 이것이 서양에서는 추수감사절인가요? 우리에게는 시월 상달입니다. 시월은 그래서 특

별한 의미를 갖고 있습니다. 술월(戌月)이 죽음이라고 했는데, 시월은 조상님께 제사를 드리는 달이니 서로 연관이 있겠지요?

제 고향 청도에서는 시월이 되면 집집마다 제물을 마련하고 산소를 둘러보고 조상님께 제사를 드립니다. 온 동네가 모두 박가만 살기 때문에 모두가 일가지요. 그래서 일정한 스케줄을 공유합니다. 오늘은 큰집, 내일은 작은집…… 이런 식이지요. 이 행사는 약 보름 동안 이어집니다. 그리고 여기에 참석한 자손들은 골고루 음식을 나눠 갖습니다. 부지런한 아이들은 이때 얻어온 떡과 과일들을 한 달 내내 먹고 지냅니다. 어른이라고 더 갖는 법이 없고, 아이들이라고 대강 나누는 법이 없습니다. 모두 공평하게 나누다보니, 어떤 곳에서는 오징어 다리 반쪽을 얻기도 합니다(제물의 양에 따라서). 이 행사를 고향 사람들은 묘사(墓祀)라고 부르더군요. 바로 묘지에 제사를 지내는 행사라는 뜻인가 봅니다.

충청도 지방에서는 시제라고 부른다던가요? 아마도 이런 행사는 어느 곳에나 있을 것으로 알고 있습니다. 일 년 내내 자손들이 굶을까봐 논으로 밭으로 뛰어다니면서 걱정을 해주신 조상님들께 감사하는 마음을 전한다는 것은 참으로 갸륵한 일입니다. 우리 벗님들도 올 가을에는 묘사에 한번 참석해보시는 것은 어떨까요? 근데 어째서 제사를 술월에 드리지 않고 해월(亥月)에 드리는 것인지 생각해보면…….

술월에는 우선 사람이 휴식을 취해야 했습니다. 일 년 내내 일에 시달리느라고 지친 몸은 제사를 드리기에 적합지가 않습니다. 휴식을 통해 새로운 기운을 모아서 지극한 정성으로 제사를 모셔야 조상님들도 편안한 마음으로 자손들의 음식을 받아먹을 기분이 나실 겁니다. 그래서 술월에는 단풍놀이를 가는 것이지요.

어쨌거나 시월은 조상님께 감사제를 지내는 달인데…… 해월(亥月)은 그 분위기를 갖고 있을까요? 이런 말이 있습니다. "술해(戌亥)는 천문(天門)이다." 이 천문이란 말을 생각해보면 하늘의 시간인가 봅니다. 하늘의 시간이니 하늘의 문이 열려서 조상님들이 하강하시는 계절이라는 말도 되겠군요. 그리고 어쩐지 편안한 계절이기도 합니다. 그래서 휴식과 죽음은 닮았는지도 모르겠군요.

이제 해수의 성분 분석을 해봅시다. 무토(戊土)와 갑목(甲木)과 임수(壬水)가 섞여 있는 구조군요. 무토는 지난달의 넘어온 기운이고, 임수는 해수의 본모습이니 알겠습니다만, 갑목은 뭐 하러 왔지요? 이 갑목이 바로 "해수는 木의 생지이다" 하는 암시인가 봅니다. 그리고 보면 인신사해(寅申巳亥)는 모두가 중간에 한자씩 끼어 있습니다. 그리고 그 끼어 있는 오행은 그 자리에서 생조(生助)를 받고 있는 오행이라는 암시를 갖습니다. 이 혼합물을 분석해보면 물속에 흙도 있고, 나무도 있다는 이야기가 됩니다. 강물을 한번 생각해보지요. 일단 물은 물입니다만(임수(壬水)가 가장 많으므로) 土의 성분이 있습니다. 옹달샘의 맑은 물과는 사뭇 다른 점이 많습니다. 이 무토는 아마도 불순물일 것입니다. 그리고 갑목은 낙엽이 썩은 성분일 듯하군요. 土와 낙엽이 썩은 것이 섞여 있는 물은 나무를 배양하기에 참 좋은 물입니다.

사실 옹달샘의 맑고 차가운 물은 인간이 먹기에는 적합 하지만 식물에게는 좋지 않습니다. 차가운 물은 성장을 억제하거든요. 그래서 해수는 木의 생지라고 하신 선현의 말씀이 이해가 되기도 하는군요. 각종 미네랄과 유기질(무토(戊土)), 그리고 퇴비(갑목(甲木))가 적당히 섞인 물은 나무가 좋아할 성분이 분명합니다. 자수(子水)가 더욱 많은 순수한 물인데도 木의 생지라고 하지 않은 깊은 뜻을 아시겠지요?

그러면 돼지는 뭐지요? 돼지는 뭐하는데 사용하는 동물입니까?
삼겹살을 생각하시는 분은 아직 덜(?) 되셨습니다. 하하 돼지의 생명은 뭐니뭐니 해도 그 머리에 있습니다. 돼지머리는 조상께 바치는 물건 중에서 으뜸입니다. 지극한 정성으로 고사를 지낼 적에 꼭 빠지면 안 되는 것이 있다면 바로 빙그레 웃고 있는 돼지머리겠지요.
돼지머리에 돈을 바치면서 풍요와 발전과 행복을 빌고 있습니다. 그러니 시월에 가장 어울리는 동물이 돼지일 거라는 것은 너무나 자명한 일이군요. 그래서 아마도 돼지는 해수를 대변하는 것인가 합니다.

또 다른 관점에서 바라본다면…… 돼지는 평등하게 바라다봅니다. 자기에게 밥을 주는 사람이라고 아양을 떨지도(강아지들처럼) 않고, 자기를 무시한다고 미워하지도(고양이처럼) 않습니다. 그저 만물이 평등할 뿐입니다. 이것이 돼지의 마음이고, 시월의 마음입니다. 죽은 다음에는 모두가 평등하다는 이야기가 생각나는군요. 살아서는 부귀자와 빈천자가 있지만, 죽고 나면 누구누구 할 것 없이 땅 한 평 짊어지고 누웠으니 모두가 평등하다는 것입니다. 그 평등한 모습이 돼지의 얼굴을 닮았다고 느꼈을는지도 모르겠군요.
그런가 하면 해수는 습기가 많은데, 돼지도 습기가 많지요. 이것도 해수의 자리를 지키는데 한 가지 원인이 된다고 여겨집니다.
돼지 이야기를 하니까. 생각나는 섬이 있군요.

충청도 태안군에 안면도라는 섬이 있습니다. 그 섬에 딸린 위성섬(?)이 여러 개 있습니다만. 그중에서도 가장 유명한 위성섬은 황도라고 하는 섬입니다. 예로부터 이 섬은 돼지가 없습니다. 왜냐하면 섬사람들이 뱀의 신을 섬기기 때문이라는군요. 뱀의 신이 고기를 많이 잡도록 해주시니 섬 사람들이야 너나 할 것 없이 모두가 뱀신을 섬기고 있는 것입니다. 그래선지는 몰라도 모두 경제적으로 여유가 있더군요.

여기에는 오행의 이유도 있습니다. 사해(巳亥)는 서로 충돌을 일으키는데, 부딪치면 해(亥)가 당연히 이기게 되거든요. 사(巳)는 불이고 해(亥)는 물이니 물과 불이 싸워서 누가 이길 것인지는 불을 보듯 뻔한 일이지요.

이러한 이유로 섬에서는 돼지를 키우지 않는다고 합니다. 저는 이러한 이야기를 들으면서 상상을 해봤습니다. 과연 뱀과 돼지가 상극일까…… 오행의 이치로는 상극이라고 하더라도 뱀이니 돼지니 하는 것은 그 후에 만들어진 것인데, 과연 상극의 이치가 동물에도 있는 것일까? 과연 황도에서 돼지를 한 마리 키워보면 무슨 일이 생길까? 추측되는 결과로는 '아무 이상이 없을 것이다'입니다만…… 하하. 또 알 수 없는 일이지요…… 세상에는 불가사의한 일도 많으니까요.

지지 종합(地支 綜合)
— 묶기도 하고 풀기도 하고

이제 초보 명리학은 마지막입니다. 다음부터는 입문 명리학이 이어질 예정입니다. 이제 천신만고 끝에 드디어 초보의 경계를 넘어갈 준비가 되었습니다. 십간 십이지(十干 十二支)를 모두 이해하셨으니 까요. 그리고 조금은 복잡하겠지만, 그래도 마무리라고 생각하시고 이 공부마저 멋진 유종의 미를 거둘 수 있게 열심히 해주시기 바랍니다. 우선 알아야 할 것은 삼합(三合)과 육충(六沖) 그리고 육합(六合)의 관계입니다. 물론 이것은 극히 일부분입니다. 자세히 다루자면 한도 끝도 없지요. 그러나 간단히 할 것은 간단히 하기로 이미 약속을 했기 때문에 길게 늘려서 설명하지 않겠습니다. 이 가장 기본적이면서도 장차 용신을 가리는데, 가장 중요하게 작용을 하게 될 공부입니다. 소홀히 하지 마시고 열심히 따라 오시면 결코 어렵지 않습니다.

우선 외울 것을 드립니다.

삼합(三合)

인오술(寅午戌) 화국(火局)
신자진(申子辰) 수국(水局)
사유축(巳酉丑) 금국(金局)

해묘미(亥卯未) 목국(木局)

이것입니다. 삼합의 기본 그림이군요. 그러니까 네 개의 국(局)이 성립됩니다. 3×4=12인가요. 이 네 가지의 국은 항상 귀찮게 합니다. 잠시라도 소홀히 하면 금방 큰 난리가 나기도 합니다. 먼저 천간(天干) 공부를 마무리할 적에도 간합(干合)이라고 하는 것을 말씀드렸습니다. 오합(五合)이라고 부르기도 한다고 했습니다. 여기서는 삼합을 말씀드립니다. 합이라는 말이 혼란을 가져다 줄 수도 있겠군요. 잘 분별하시기 바랍니다.

우선 인오술(寅午戌)을 대표적 예로 잡아서 상세하게 살펴보겠습니다. 그러니까 나머지는 미뤄서 짐작하고 생각하시면 됩니다.

인(寅) = 火의 생지(生地), 인목(寅木)의 지장간 가운데는 병화(丙火)가 있음.
오(午) = 火의 왕지(旺地), 오화(午火)는 火 중에서 가장 강력한 火.
술(戌) = 火의 묘지(墓地)(또는 고지(庫地)), 술토(戌土)의 지장간 가운데는 정화(丁火)가 있음.

그러니까 삼합은 지장간(地藏干)의 소식입니다. 그동안 지지(地支)를 설명하면서 누누이 강조한 지장간이 여기서 필요합니다. 아직도 지장간을 외우지 못하신 분은 분발하셔야 합니다. 만약 여기서 우왕좌왕했다가는 더욱 더 공부가 힘들어집니다.

삼합을 살펴보면 인신사해(寅申巳亥)는 모두 생지(生地)가 되는 것을 알 수 있습니다.

자오묘유(子午卯酉)는 모두 왕지(旺地)가 되는 것을 알 수 있습니다.

진술축미(辰戌丑未)는 모두 묘지(墓地)가 되는 것을 알 수 있습니다. 그러면 이것이 어떤 경우에 삼합이 되느냐? 하는 것을 말씀드리겠습니다.

어느 사람의 팔자에 인오술(寅午戌)이 모두 있다면 삼합하여 火로 변한다고 말할 수 있습니다. 사주를 보여드리면 이해가 빠르실 듯하군요. 아래의 사주를 봅시다.

時	日	月	年	사주
庚	丙	丙	乙	
寅	午	戌	丑	

이 사주는 지지에 인오술이 온전하군요. 그래서 화국(火局)이라고 말합니다.

時	日	月	年	사주
丁	己	乙	癸	
卯	未	卯	亥	

이 사주는 지지에 해묘미(亥卯未)가 온전하게 있습니다. 그러면 당연히 해묘미 합목(合木)하여 목국(木局)이라고 말하면 되겠습니다.

	年	月	日	時
사주	己丑	癸酉	己巳	甲戌

이 사주는 지지에 사유축이 온전하니, 필시 사유축(巳酉丑) 삼합하여 금국(金局)이 된 것이 분명합니다. 무슨 말인지 이해가 되시겠지요?

그렇게 어려운 것은 아닙니다.

	年	月	日	時
사주	辛丑	辛丑	戊戌	癸丑

이것은 무엇일까요? 이미 눈치를 채셨군요. 전 혹시나 토국(土局)을 모르실까봐 한번 여쭤본 것입니다. 삼합은 아니지만, 토국이라고 이름하면 되겠지요? 이상 다섯 개의 명조(命造)(하나의 사주를 명조라고 이름하기도 함)를 살펴봄으로써, 우리는 삼합의 성립을 살펴봤습니다. 이런 간단한(?) 사주만 만난다면 우리 벗님은 너무나 운이 좋은 것입니다. 무슨 뜻인지 모르시겠다고요? 그러실 것입니다. 다음의 사주를 보시면 이해가 되실 겁니다. 한번 봅시다. 백문이 불여일견이라 했으니…….

	年	月	日	時
사주	壬寅	戊子	庚申	壬寅

이 사주를 한번 살펴봅시다. 신자진(申子辰)이 모두 있으면 수국(水局)이라고 하려는데 아예 진(辰)은 어디로 출장가고 보이지도 않는군요. 이것은 어떻게 되는 거지요? 갈수록 태산이라더니 이거 오리무중이로군요…….

時	日	月	年	사주
庚	戊	丙	甲	
申	辰	寅	戌	

이 사주는 또 어떤가요? 인과 술만 있고 오는 없는데다가, 신과 진만 있고 자는 없군요. 이것은 어떻게 되는 거지요. 참으로 별의별 사주가 다 있답니다. 그래서 삼합을 이해해야 초보를 졸업합니다. 자, 이처럼 확실한 삼합도 있고, 어중뜨기 삼합도 있습니다.

그리고 삼합의 강약을 제대로 저울질하려면 아마도 우리 벗님의 저울은 순금을 다는 금저울이어야 합니다. 어중간한 쌀가마니나 고추나 다는 그런 저울로는 아예 사주를 저울질하려고 꿈도 꾸지 말아야 합니다. 함부로 덤비다가는 괜히 욕만 먹기 십상이거든요. 그러나 두려워하지 마십시오. 하나하나 하다가 보면 고지는 저만치 바라다 보이게 마련입니다. 한발 한발 착실하게 오르신 벗님의 몫이라고 해두겠습니다. 우선은 삼합의 기본만 외워두실 것을 권합니다. 모든 것은 순서가 있으니까요.

방합(方合)

인묘진(寅卯辰) 동방목국(東方木局)
사오미(巳午未) 남방화국(南方火局)

신유술(申酉戌) 서방금국(西方金局)
해자축(亥子丑) 북방수국(北方水局)

그리고 삼합과 비슷하면서 약간 다른 방합이라고 하는 것이 있습니다. 잠시 살펴보고 지나갑니다. 이렇게 분류를 합니다. 삼합은 서로 다른 오행끼리 모여서 성립이 되는 것이라면, 방합은 서로 비슷한 종류가 모여 있는 것이 차이가 나는군요. 그래서 작용도 약간의 차이가 있습니다. 즉, 삼합(三合)은 부자손(父子孫)의 합, 또는 가정의 합이라고 말을 합니다. 그리고 방합(方合)은 붕합(朋合), 또는 친구의 합이라고 합니다. 가만히 살펴보면 그런 기분이 드는군요.

그래서 삼합은 합의 끈끈함이 진하고, 방합은 힘이 강하다고 말합니다. 마치 친구들이 모여 있으면 힘이 강하지만 해가 지면 모두 흩어져서 집으로 돌아가는 것과 닮았군요.

가령 삼합과 방합이 줄다리기를 하면 누가 이길까요? 예를 들어서 사오미(巳午未) 팀과 인오술(寅午戌) 팀이 줄다리기를 한다면 당연히 사오미 팀이 이길 것입니다. 그러나 만약에 무슨 어려움이 있었다면 인오술 팀이 단결해서 처리를 할 것입니다. 이로써 간단하게 방합과 삼합의 차이를 이해하실 줄로 생각합니다.

육합(六合)

자축합토(子丑合土) 인해합목(寅亥合木) 묘술합화(卯戌合火)
진유합금(辰酉合金) 사신합수(巳申合水) 오미합무화(午未合無化)(?)

다음은 육합(六合)을 해볼까요? 육합은 지구의 자전축 영향으로 생겼다는 말도 있습니다. 그러나 그런 논의는 나중으로 미룹시다. 급한 불부터 잡아놓고 생각해봐야 하니까요. 자, 이번에는 육합입니다. 오미합에 물음표는 화(化)하지는 않고, 그냥 합(合)만 한다고 해서 약간 성질이 다른 합(合)입니다. 그러나 저러나 그렇게 알고 있어야겠군요.

사실 중요한 말 중에 하나가 합(合)을 했으면 화(化)를 했느냐? 하는 것을 분별하는 것입니다. 지금은 별로 중요하게 생각이 되시지 않을 수도 있겠지만…… 이것이 중요합니다. 감이 잡히신다면 벌써 벗님은 고수의 문턱에 오르려고 하는 순간입니다. 이 합(合)과 화(化)의 차이는 중학교 시절에 처음으로 배우는 화합물(化合物)과 혼합물(混合物)의 차이 정도로 생각하시면 좋을 듯합니다.

그러니까 합(合)은 혼합물이고 화(化)는 화합물입니다. 이 분별은 정말 중요합니다. 그러나 아직은 서둘러서 확인하려고 애쓰실 필요는 없습니다. 결국 시간이 흐르고 나면 감이 생깁니다. 다만 육합의 조건과 삼합의 조건만 혼동없이 알아놓으시면 됩니다. 사실은 이것을 외우기도 벅찬데 화합물 혼합물 해가면서 겁을 팍팍(?) 드리는 제가 스스로도 밉게 느껴지는군요. 하하.

육충(六沖)

자오충(子午沖) 축미충(丑未沖) 인신충(寅申沖)
묘유충(卯酉沖) 진술충(辰戌沖) 사해충(巳亥沖)

다음은 육충(六沖)을 일러드려야겠군요. 육충은 서로 대립이 되는 것을 말합니다. 대립이 되더라도 대개는 오행의 관계에 따라서 이기고 지는 놈이 드러나게 마련이지만, 이 육충의 관계에 해당된다면 가볍게 오행으로 따지지 말고 정밀 분석을 해봐야 합니다. 즉, 백그라운드(?)의 영향, 주변의 영향에 따라서 성패가 달라지기도 한다는 점을 간과하면 곤란합니다. 이상이 육충입니다. 물론 여러 가지 설명을 드려야 할 것도 있지만, 우선은 그냥 외워두시기를 권합니다. 이것은 기본입니다. 그리고 더 자세한 것은 실전과 실제 사주를 통해서 항상 나오게 됩니다. 이제 종종 사주를 봐가면서 설명을 드리겠습니다. 한두 개의 사례를 보여드리지요.

時	日	月	年	
丁	戊	庚	乙	사
巳	戌	辰	亥	주

진술충이 성립되었군요. 그러나 사해충은 무효입니다. 즉 멀리 떨어져서 충을 하는 것은 의미가 약합니다.

時	日	月	年	
乙	己	丁	己	사
丑	卯	卯	酉	주

묘유충이 있군요. 2:1은 충이 없느냐? 하고 묻는다면 당연히 있다고 말씀 드립니다. 분명히 충입니다.

	時	日	月	年
	癸	乙	癸	丙
사주	未	亥	巳	戌

　이 사주는 사해충이 있군요. 이렇게 충이 있으면 누가 이기는지를 구분해야 합니다. 기본적으로는 극하는 자가 완승을 거둡니다만, 이것도 경우에 따라서는 달라집니다. 백그라운드가 어디냐에 따라서 달라질 수도 있다는 말씀이지요.

　이 팔자도 火의 홈그라운드인데다가, 火를 도와주는 木은 있고 水는 도와주는 金이 없어 고립되어 있군요. 이렇게 되면 필시 火가 이길 가능성이 많아집니다. 참고로 다른 책들을 보면, 해(害) 형(刑) 파(破) 공망(空亡) 양인 등등 몇 개의 항목이 보이는데…… 시간이 나시는 벗님은 참고로 외워두어서 해가 될 것은 없겠으나, 바쁘신 벗님은 무시하셔도 좋습니다. 결국 나중에 용신을 가리게 되면 자연히 알게 되는 것들입니다. 구태여 시간을 없애가면서 지금 속을 썩이지 않아도 되는 것으로 생각하시면 좋겠습니다. 다만 강조하는 것은 바로 위의 삼합, 육합 그리고 육충입니다. 아울러서 천간의 오합도 잊지 마시고요.

　이렇게 해서 간단간단하게나마 지지의 복잡한 관계를 설명했습니다. 사실은 설명이라고 할 것도 없군요. 그저 꼭 알아야 하는 것이라고 생각하고 외워주시기를 부탁드립니다. 이제 다음으로 이어지는 입문 명리학은 용신을 가리는 곳까지 갈 것 같습니다. 그래야 입문의 수준도 단단해 집니다.

사주 작성법(四柱 作成法)
— 절대로 틀리면 안 돼유!

이제는 사주를 적는 방법을 배울 시간이 된 것 같습니다. 왕초보를 마쳤으니 사주를 적는 방법을 알아야 스스로 찾아보기도 할 거구요. 남의 사주도 일단 적어야 길한지 흉한지 대강이라도 살펴볼 것 같아서입니다.

사주를 올바르게 적었는지의 문제는 매우 중요합니다. 30년을 명리 연구해서 무불통지가 되더라도, 잘못 적힌 사주로는 정답을 낼 수가 없기 때문입니다. 사주를 바로 적는 법은 중요하고 또 중요합니다. 이미 적는 법을 터득하신 벗님은 참고하시고, 아직 배우지 못하신 분은 잘 이해하시기 바랍니다.

준비물

사주를 적기 위해서는 꼭 필요한 책이 있습니다. 이름하여 "만세력(萬歲曆)"입니다. 만세력은 하나의 달력을 모아둔 책입니다. 그러니까 약 180년간의 하루하루의 일진까지 기록해서 모아둔 것이지요. 여기에는 여러 종류의 책이 있습니다. 천세력이도 있고, 만세력이라고 하더라도 각자 편저자에 따라서 내용이 차이가 나는 수도 있습니다. 여기서는 가장 정확하고, 무엇보다 보기 편한 책을 소개합니다. 만세력의 생명은 실용성과 정확성에 있으니까요.

동학사에서 나온 『보기 쉬운 사주 만세력』입니다. 이 책은 명리학을 공부하거나 사주를 풀 때 참고해야 할 여러 정보를 한 번에 볼 수 있게 구성하였고, 주요 내용은 다른 색으로 강조했습니다. 또한 모든 시간은 국내의 많은 자료와 일간지들을 조사해 확실하게 검증된 서머타임과 지방표준시를 적용하여 계산했습니다. 그러니 지금 막, 입문하신 벗님은 이 책을 구하시기 바랍니다. 적어도 만세력으로 인한 혼란은 없을 것으로 봅니다.

년주(年柱) 세우는 법

그 사람의 태어난 해가 년주가 됩니다. 올해(1994)에 나면 갑술(甲戌)이 되고 작년(1993)에 태어났다면 계유(癸酉)가 됩니다. 그런데 여기에도 기준이 있습니다. 즉, 입춘이 한 해의 시작이 됩니다. 만약 음력 1월 13일이 생일이라면 년주가 그 해가 됩니다. 그런데 1월 14일이 입춘이라면 아직 사주의 설을 지난 것이 아닙니다. 그래서 이 경우는 작년의 년주를 사용해야 합니다. 그래서 명리학에서는 설보다 입춘이 우선합니다. 만약에 12월 20일에 났는데 입춘이 12월 19일이라면 이미 사주의 설을 지났기 때문에 그 사람은 새해의 간지를 년주로 삼게 됩니다. 이제 아실 만하지요?

만약에 태어난 날이 입춘일이라면 어쩌시겠습니까? 그러면 당연히 입춘의 시간을 따져봐야겠지요. 만약에 입춘시가 만세력에 잘못 적혀 있다면? 완전히 헛다리짚는 겁니다. 그래서 만세력의 정확성을 강조하는 겁니다. 이해가 되실 줄 압니다.

월주(月柱) 세우는 법

그 사람이 태어난 달이 월주가 됩니다. 만약에 오늘(1994년 6월 8일 양력)에 태어났다면 이 사람의 월주는 경오(庚午)가 되겠군요. 망종이 지났기 때문입니다. 음력은 아직 4월이지만, 그것이 중요한 것은 아닙니다. 중요한 것은 열두 개의 절기일 뿐입니다. 날짜야 정확한 그 날만 일러주면 되고, 사주는 절기의 기준에 의해서 뽑아내게 됩니다.

『보기 쉬운 사주 만세력』(2018년 기준)을 이용하시면 월주를 찾아낼 수 있게끔 정리가 되어 있습니다. 또 매 절기가 시작되는 날마다 진한 색으로 표시되어 있습니다. 그래서 절입일(節入日)에 태어났다면 시간을 봐서 정하고, 그 나머지는 그 출생일로부터 위쪽으로 보아서 진한 칸에는 월건이라는 월주가 있습니다. 이것을 그대로 적기만 하면 됩니다. 참고로 월의 기준을 보여드리겠습니다.

1월＝입춘(立春)시(時), 2월＝경칩(驚蟄)시(時), 3월＝청명(清明)시(時),
4월＝입하(立夏)시(時), 5월＝망종(亡種)시(時), 6월＝소서(小暑)시(時),
7월＝입추(立秋)시(時), 8월＝백로(白露)시(時), 9월＝한로(寒露)시(時),
10월＝입동(立冬)시(時), 11월＝대설(大雪)시(時), 12월＝소한(小寒)시(時)

이상의 기준에 따라서 월주를 정하면 하자가 없습니다.

일주(日柱) 세우는 법

그 사람의 태어난 날을 일주로 삼습니다. 만세력에는 매일의 간지가 기록이 되어 있습니다. 그 간지가 그대로 일주가 되는 것입니다. 생일날이 일주가 되는 거지요. 여기에도 기준이 있습니다. 자정을 일주의 갈림으로 정하는 겁니다.

그런데 우리는 우리의 시간을 못 쓰고 아직도 일본의 시간을 사용하고 있습니다.(이것을 아시기나 하시는지……) 자정이 12:00이 못되고 12:30이 되어야 하는 이 현실이여……. 이미 공부를 하신 선배님들은 모두 알고 있습니다. 세계화를 위해서 외국인이 혼동을 하기 때문에 일본 동경의 표준시를 사용한다고 말은 그럴싸합니다만, 정말 주체성이 없는 정치인들입니다.

왜 우리의 것을 내줍니까? (아…… 이 문제는 항상 나를 슬프게 하고 열 받게 합니다…… 여러분이 장차 고쳐주시구랴……) 어쨌거나 우리는 이 시대에 무능한 평민으로 태어났으니…… 주어진 현실에서 정답을 가리는 수밖에 없군요.

서울표준시는 동경보다 약 30분이 늦습니다. 정확한 계산은 『보기 쉬운 사주 만세력』에 나와 있는 대로이니 생략합니다. 그래서 자정이 12시 30분이랍니다.(빌어먹을……) 그러니 우리의 시간을 바로 찾을 때까지는 우리 벗님도 그렇게 사용하시는 수밖에 없겠습니다. 그래서 명리를 연구하는 사람만 혼란의 연속입니다. 이것이 현실입니다.

시주(時柱) 세우는 법

그 사람의 태어난 시간이 시주가 됩니다. 태어난 시간이 언제냐고 물어보면 정말 갖가지 시간이 나옵니다. "저녁 보리쌀 씻을 때"로 시작해서······ 오전 새참 먹을 때, 이른 새벽에 소 여물 줄 때, 저녁 마실꾼이 모두 돌아가고 났을 때, 한숨 푹 자고 났을 때 쯤 되고 나면 정말 열 받습니다. 한숨을 푹 자고 났을 때가 몇 시죠? (이것 참······) 지금의 기준으로 시간을 세우는 표준입니다.

12:30-01:30=자시, 01:30-03:30=축시

이렇게 주욱 따지다가······ 19:30-21:30=술시, 21:30-23:30=해시, 여기까지 하고 나서 23:30-24:30=야자시(夜子時)라고 하는 혹(?)이 하나 달립니다. 이 문제는 지금도 열띤 토론을 하고 있으니까 정답은 미루어두고, 그냥 그런가보다 하고 사용만 하십시오. 비교적 이렇게 보는 것이 이미 도사가 되신 분들의 감정방법이걸랑요.

그런데 1954년부터 1960년 사이에 태어난 경우에는 30분 꼬리를 달지 않아야 한다는 것을 말씀드려야겠군요······ 이 기간에는 서울 표준시를 사용했기 때문입니다. 그리고 시간(時干)은 『보기 쉬운 사주 만세력』의 뒤쪽에 도표로 정리가 되어 있으니 참고하시면 됩니다.

이거 말끝마다 『보기 쉬운 사주 만세력』을 달고 나와서 참 죄송합니다. 책 한번 잘 만들면 이렇게 입에 침이 마르도록 칭찬한다는 것을 아시고 좋은 책 많이 만들어달라는 마음도 있습니다.

항간의 만세력 중에는 월건(月建)을 틀리게 적어둔 것도 있으니 정말 문제가 심각합니다. 책 이름은 밝히지 않겠지만, 국내의 내노라는 대가의 이

름이 버젓이 적힌 걸로 봐서 이름은 정말로 믿을 것이 못 된다는 것을 느꼈습니다.

이상이 사주를 적는 방법입니다. 그리고 대운은 『보기 쉬운 사주 만세력』에 자세히 정리가 되어 있으니 남자와 여자에 따라서 대입하시면 됩니다. 이렇게 적어두고 공부가 되는 대로 들여다보십시오. 볼 때마다 다르게 보일 겁니다. 어때요? 점점 공부에 재미가 붙지요?

3

입문 명리학

1장

변화하는 오행

이제 뭔가 공부가 되어갈 듯도 하군요. 맨날 甲乙丙丁만 보이더니, 이제야 오행이 변화하는 말도 들리고…… 기대가 되는군요.

우선 초보 명리학에서 공부했던 십간(十干)과 십이지(十二支)는 항상 복습을 하시기 권합니다. 이번에는 기본(基本) 오행의 상황에 따른 변화를 살펴볼 작정입니다. 갑극무(甲剋戊)라고 해서 맨날 무토(戊土)가 터지고만 살 수도 없잖아요. 그래서 다른 경우도 있다는 것을 알아보겠습니다.

이 이야기는 서대승 님의 오행변화(五行變化)의 이야기를 풀어서 쓴 것입니다. 참으로 주옥 같은 말씀이라 하나하나 반짝이는 영롱한 빛을 발하는 여의주와 바를바 없습니다. 모두 주머니에 불록불록하게 넣어 가시기 바랍니다.

생(生)의 과다(過多)
— 어머니 잔소리

어머니가 너무 많아서 병이 되는 경우를 생각해보기로 합니다. 어머니는 참으로 소중한 존재입니다. 언제나 고향을 대신하는 아늑한 품이 있지요.

그러나 그 자상하던 어머니도 일단 잔소리꾼(?)으로 변하면 귀가 따가울 정도입니다. 지겨워서 도망이라도 가고 싶어집니다. 그래서 항상 모든 일은 양면성이 있는 법인가요?

우선 복습 삼아 기본 오행의 상생을 한번 살펴보고 다음을 봅시다.

목생화(木生火) 화생토(火生土) 토생금(土生金) 금생수(金生水) 수생목(水生木)

그리고 다시 목생화(木生火)……

여기서 한번 수생목(水生木)을 살펴봅니다. 물과 나무…… 얼마나 절실하고 필수 불가결하고 소중한 존재입니까? 물은 나무에서 있어서 너무나 소중한 존재입니다. 더욱이 가뭄이 극심한 여름에는 그야말로 구세주이지요. 낭월이도 이제 몇 시간 떠들더니 자료가 떨어졌나…… 뻔히 아는 소리를 듣고 나와서 시끄럽게 하는군요…… 하하.

이 소식은 이미 초보를 거친 우리 벗님은 알고도 남는 이야기입니다. 그렇지요? 그럼 다음으로 넘어갑니다. 그런데 그렇게 소중한 물이라고 해도 지나치다면 어떻게 될까요? 물이 소중한 나머지 아예 물속에 들어가서 사는 나무가 된다면 좋겠습니까? 가뭄 걱정도 없고……

그러나 그럴 수 없는 것이 또한 자연입니다. 그래서 "적당히"라는 말을 합니다. 그렇게 소중한 물도 적당히…… 시원한 에어컨 바람도 적당히…… 모든 것은 적당한 것이 좋습니다.

오늘 배울 것이 바로 이것입니다. 자연에 물이 적당히 있어야 나무가 잘 살 수 있다는 것은 두말할 나위가 없겠지요. 다만 사주를 풀이하는 데에도 바로 이 이론이 성립된다는 것을 말씀드리지요.

사주가 인생이고 자연이라면 당연하겠지요. 그렇습니다. 우선 사주를 하나 내놓고 안주 삼아서 이야기를 하는 것이 좋겠지요? 다음의 사주를 살펴보시기 바랍니다.

時	日	月	年	
丁	乙	辛	丁	사
亥	亥	亥	亥	주

일명 수다목표(水多木漂)라고 하는 사주입니다. 어디 한번 살펴보세요. 지지(地支)에 전부 해수(亥水)로 이뤄진 그래서 을목(乙木)은 둥둥 떠다니는 형상이지요? 이렇게 표류를 하는 나무는 무인도(土)를 만나는 것이 제일입니다. 실제로 이 사주는 토운에 발복(發福)했다고 했군요.

이런 경우가 바로 어머니의 잔소리 때문에 집에서 살기 싫어서 가출하는 사주일 것입니다. 그런 분위기가 느껴졌으면 좋겠군요.

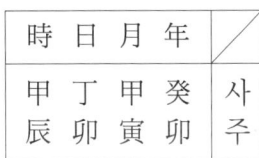

이 사주는 또 어떤 특징이 있나요? 정월(正月)의 정화(丁火)가 갑(甲) 인(寅) 묘(卯)의 어머니로 칠갑이 되어 있군요. 어떤 바람이 불어와도 아무 염려가 없겠지요. 그래서 참 다행이라고요? 글쎄요…….

이 사주에서 "온실에서 자란 화초"가 느껴진다면 참 성공인데요. 하지만 너무 많은 것을 기대하지는 않겠습니다.

그저 어머니가 많아서 문제구나…… 하는 정도만이라도 느껴주시기 바랍니다. 거듭 말하지만, 이런 경우도 바로 목생화(木生火)라고 하지 않고, 목다화식(木多火熄)이라고 하거나, 아니면 모자멸자(母慈滅子)라고 하는 것을 보면 필시 좋은 뜻이 없는 듯합니다. 모자멸자란 글자 그대로 "어머니가 자상하여 자식을 멸한다"는 끔찍한 말이군요.

요즘에 이런 사람을 "마마보이"라 하더군요. 어린 아이야 그래도 귀엽겠지만, 성인이 되어서 그렇다면 정말 정신과 진료라도 받아봐야 할 겁니다. 이런 경우에는 틀림없이 모자멸자(母慈滅子)입니다. 사람의 팔자에는 이렇게 일일이 열거할 수도 없을 만큼의 어머니가 잔소리를 해서 자식이 집을 나가는 팔자가 많습니다. 그러니 나머지 화생토(火生土), 또는 목생금(木生金) 등도 미루어서 짐작하실 줄로 믿고 생략합니다.

그래서 이런 이야기를 해주신 서대승 선배님께 감사를 드리는 것입니다. 다음 구절은 이치를 헤아려서 외워주시기 바랍니다.

목생화나 목다화식(木多火熄)

—— 木이 지나치게 많으면 火가 꺼진다.

화생토나 화다토척(火多土斥)

—— 火가 지나치게 많으면 土가 갈라진다.

토생금이나 토다매금(土多埋金)

—— 土가 지나치게 많으면 金이 묻힌다.

금생수나 금다수탁(金多水濁)

—— 金이 지나치게 많으면 水가 탁해진다.

수생목이나 수다목표(水多木漂)

—— 水가 지나치게 많으면 나무가 뜬다.

이상의 이야기를 하기 위해서, 너절하게 여러 이야기를 했습니다. 이 정도 이야기만 해도 우리 벗님은 그 속 사정을 이해하실 겁니다. 이제야 공부하는 맛이 나지요?

갈수록 흥미 진진합니다. 기대해도 좋습니다.

설(洩)의 과다(過多)
— 가지 많은 나무

앞에서는 어머니가 많아서 균형을 잃어버린 경우를 설명했습니다. 이제 그 반대의 경우를 살펴보겠습니다. 즉, 자식이 많아서 곤란한 경우를 말합니다. '가지 많은 나무는 바람 잘 날 없다"고 했던 속담처럼 사주팔자에도 그와 같은 경우가 없으란 법이 있겠습니까? 사람 사는 것이나 팔자가 생긴 것이나 비슷하게 닮았습니다.

요즘 사람들은 약디 약아서(?) 절대로 가지 많은 나무가 되지 않으려고 합니다. 핑계는 그럴싸합니다. 하나만 낳아도 지구는 만원이라는데…… 어쩌고저쩌고…… 합니다만, 그 뱃속에는 타산적인 속셈이 들어 있습니다. 그러니 아이가 몇이나 되느냐고 물어서 셋이라고 하면 '정말 엄청 미련하구나……' 하는 눈초리를 보냅니다. 만약에 하나라고 하면 '정말 부럽다…… 참 잘했구나……' 하하.

그러다가 만약 아이가 불의의 사고로 세상을 떠나면 땅을 치고 후회하지겠만 무슨 수가 있겠어요. 아니 오히려 잘됐다고 한다고요? 홀가분하니까? 그렇겠군요. 이거 잡담하다가 아까운 종이 다 채워지네요. 어서 본론으로 진입하겠습니다. 그럼 다음을 잘 살펴 보시기 바랍니다.

금생수(金生水)이나 수다금침(水多金沈)
—— 水가 지나치게 많으면 金은 퐁당 잠겨버리고

수생목(水生木)이나 목다수축(木多水縮)
── 木이 지나치게 많으면 水는 오그라들게 되고
목생화(木生火)이나 화다목분(火多木焚)
── 火가 지나치게 많으면 木은 火가 붙어버리고
화생토(火生土)이나 토다화회(土多火晦)
── 土가 지나치게 많으면 火는 어두침침해지고
토생금(土生金)이나 금다토약(金多土弱)
── 金이 지나치게 많으면 土는 매우 약해지더라.

이상이 그 요지입니다. 평범한 말로 되어 있기 때문에 벗님들이 읽으시기에 무리가 없으실 줄로 압니다. 이 상황은 자연의 현상에서 추리하고 판단 할 수도 있습니다. 어디까지나 기본은 오행(五行)의 상생(相生)입니다만, 이렇게 경우에 따라서는 자식이 그 어미를 못살게 하고 죽게까지 하는 경우도 있습니다. 사주를 연구하는 머리는 항상 깨어있어야 합니다. 구태의연하게 400~500년 전의 학설에 연연하면 이미 죽은 학설입니다. 그것은 골동품 가게에서나 전시되어 있는 박제품이겠지요. 이거 말이 다른 방향으로 흘러가나 보군요. 아무튼 어느 것 하나 용신과 연결이 되지 않는 것이 없겠지만, 이 장에서 전개되는 이야기 하나하나는 모두가 용신이라는 것을 염두에 두시기 바랍니다. 가령 오늘 나온 이야기를 용신에 접목시킬 수가 있겠느냐? 하고 물으신다면 그렇다고 말씀을 드립니다. 참고로 이런 사주 하나 적어볼까요?

時	日	月	年	
庚	甲	壬	庚	사주
午	戌	午	午	

갑목(甲木)이 오월(午月)의 무더위 속에서 태어났군요. 여름 나무는 재능이 있다고 합니다. 나무가 火를 보는 것은 자신의 능력을 발휘하는 것으로 보기 때문입니다. 즉, 살아있는 나무에게 火는 꽃과 같은 존재이니까요. 그러면 팔자가 좋냐고 묻고 싶으시지요?

바로 그 좋은지 나쁜지는 머리만 좋다고 결정이 나는 것이 아니거든요. 우선 묻겠습니다. 여름에 나서 火가 지지(地支)에 좌-악- 깔렸습니다. 먼저 지지를 마무리하면서 삼합의 이야기를 들으셨지요? 인오술(寅午戌)은 합하면 火로 변한다고 했는데, 여기서는 하나의 오(午)도 아니고 세 개씩이나 깔렸으니 매우 덥군요.

이런 경우가 바로 가지 많은 나무의 신세입니다. 오늘 배운 항목과 흡사하게 닮았군요. 하나의 나무가 네 명(?)의 자식을 거두려면 정말 큰일이군요. 자신을 돌볼 겨를도 없는데 자식을 넷이나 먹여 살려야 한다는 것은 정말 보통 일이 아닙니다.

이런 경우에 나무의 소원은 무엇일까요? 그 한 글자가 이른바 우리 벗님의 소망인 용신입니다. 당연히 가물면 水를 찾는 것이 인지상정이지요. 그래서 팔자 내에 水가 있는지를 봐야 합니다. 있나요? 있군요. 임수(壬水), 반갑습니다. 가뭄에 소나기 한 줄기나 마찬가지군요. 바로 이것이 용신입니다. 이렇게 해서 배운 것 하나하나를 활용해나가는 겁니다. 이해가 되실 줄 믿습니다.

"용신을 보는 것이 이렇게 쉬운데, 낭월이는 쓸데없이 빙빙 돌려서 초보자를 가지고 노는 것이 아닌감?"

　절대로 그렇지 않습니다. 정말 복잡한 사주를 만나서 비명을 질러도 소용없으니까요. 그럼 이 정도로 하고 다음으로 넘어갑니다.

극 무력(剋 無力)
— 데모, 군중의 아우성

이거 소제목이 이상하군요. 너무 세속적인가요? 이런 것도 하나쯤 있어야 음양의 균형이 어울린다고 억지를 써보렵니다. 하하.

"오행(五行)의 변화(變化)"라는 말이 그렇듯이 어딘가 일상적인 상황보다는 변칙적인 상황을 설명하고 있는 셈입니다. 이번 시간에는 내가 극하는 오행이 지나치게 많은 경우를 살펴보겠습니다. 이런 경우를 좀 더 시간이 지난 후에는 "재다신약(財多身弱)"이라고 명칭 합니다만, 아직은 어려운 말은 가급적 피하려고 합니다.

이렇게 내가 극하는 오행이 지나치게 많아지면 극이 잘되지 않습니다. 항상 민초들은 나랏님을 흉보고 있거든요. 이것이 바로 내가 극하는 오행이 많은 상황의 한 장면입니다. 그러다가 어느 날 누가 부추기면 냅다 반란의 깃발을 치켜세우고 나랏님을 쫓아내고 자신들이 왕 노릇을 하려고 하지요. 이것이 세상인심입니다.

나랏님만 아니라, 사업하는 사장님도 이런 경우는 허다합니다. 대표적으로 노사문제가 그렇습니다. 분명히 사장이 1인자인데, 실상은 그렇습니다. 직원들에게 끌려 다니는 경우가 있습니다. 군대도 크게 다르지 않습니다. 바로 하극상(下剋上)입니다. 이렇게 살펴보니 어느 집단이든지 하극상의 이치가 숨어 있다고 생각이 되는군요. 그렇게 철저한 명령만이 존재하는 군대에서도 반란이 일어날 수 있습니다.

사실 복종(服從)이란 말 속에는 기회만 있다면, 저항하겠다는 마음이 포함되어 있습니다. 순종(順從)이 마음과 몸이 따르는 경우라고 한다면, 복종은 어쩔 수 없는 상황이기에 따르고 있다고 할 수도 있겠습니다. 이렇게 장황하게 이야기했습니다만, 우선 사주를 하나 보면서 이야기를 하면 이해가 빠를 것으로 생각되는군요. 어디 봅시다.

	時	日	月	年
사주	戊寅	庚寅	壬寅	壬寅

바로 이런 경우에 해당합니다. 지지(地支)에는 전부 인목(寅木)이 좌악 깔리고, 비록 무서운 경금(庚金)이지만 여기서는 허세에 불과할 뿐입니다. 말 한마디라도 잘못하는 날에는 잔뜩 앙심을 먹고 있던 나무들이 냅다 달려들 기세로군요.

이제 초보를 갓 면한 자의 눈에야 아무리 봐도 金이 이길 것 같지가 않지요? 그렇습니다. 이미 결정이 나버린 것입니다. 고분고분 부하들의 뜻에 따르지 않다가는 어느 날 밤에 자루에 싸여서 해운대 앞 바다로 끌려갈지도 모를 일입니다.

	時	日	月	年
사주	乙巳	壬午	乙巳	壬寅

또 하나의 사주를 봅시다. 이 사주도 경우는 비슷하군요. 기본은 수극화

(水剋火)니까 임수(壬水)가 우세합니다만, 사실은 이미 강렬한 火기운에 증발되기 일보직전이군요. 이 사주의 주인공도 역시 꼼짝없이 고분고분하게 사는 수밖에 없겠습니다.

태평양의 물을 다 마시지 않아도 바닷물이 짠지 싱거운지 알 수 있습니다. 한두 가지 예로 이만 줄입니다. 그러니 나머지는 미루어서 짐작하시기 바랍니다.

그럼 여기서 오행의 변화하는 경우를 나열합니다.

금극목(金剋木)이나 목다금결(木多金缺)
—— 木이 지나치게 강하면 金이 무드러지고
목극토(木剋土)나 토다목절(土多木折)
—— 土가 지나치게 강하면 木이 꺾이고
토극수(土剋水)나 수다토류(水多土流)
—— 水가 지나치게 강하면 土가 떠내려가고
수극화(水剋火)나 화다수증(火多水蒸)
—— 火가 지나치게 강하면 水가 증발되고
화극금(火剋金)이나 금다화식(金多火熄)
—— 金이 지나치게 강하면 火가 꺼져버리느니라.

이상이 서대승 님이 설명하는 오행의 변화 중에서 내가 극하는 것이 많아서 생기는 변화입니다. 이미 속뜻은 위에서 설명했으니 생략하겠습니다. 한 마디만 더하지요.

"부하를 사랑합시다."

"부하를 순종하게 합시다."

수극 과다(受剋 過多)
— 눈 내린 위에 서리까지

설상가상(雪上加霜)이라는 말 아시죠? 바로 그 경우를 설명하려고 합니다. 즉각적으로 떠오르는 느낌이 "고생하겠다"군요. 그렇지요? 하나가 극을 해도 죽는다고 야단인데, 지나치게 많은 상관(上官)들이 못살게 굴면 살고 싶겠어요? 차라리 죽어버리고 말지. 바로 이런 경우입니다.

직장 생활을 하시는 분에 해당되는 말이겠지만, 유난히 상관의 잔소리를 많이 듣는 사람이 있습니다. 흔히 하는 말로 "미운 털이 박혔다"고 하던가요? 그런 사람을 주위에서 많이 보셨을 겁니다. 바로 이런 사람이 지독히도 재수가 없는 사람입니다. 잘하려고 노력하는데도 하는 것마다 반대하고 보는 것마다 시비를 걸면 어디 직장 다닐 맛이 나겠어요? 참 더럽지만 목구멍이 포도청이라고 때려칠 수는 없고, 화는 나고, 그래서 퇴근 후에 싸구려 술집으로 달려갑니다. 이런 사람은 하도 답답해서 어디 철학원에라도 가서 자신의 팔자를 보기도 하는데, 철학 선생이 무슨 말이라도 할라치면 눈물을 뚝뚝 떨어뜨리면서 신세 한탄을 합니다. 남들은 자신의 단점만 찾아내는데, 이렇게 속사정을 헤아려주는 사람을 만나면 그 자체만으로도 감격이지요.

이렇게 마음고생이 심한 사람을 다독거려줄 적에 팔자 공부를 한 보람이 있습니다. 대게는 자신의 팔자가 궁금해서 공부를 시작하지만 결국은 남을 위해서 잘 사용할 수가 있습니다. 카운슬링이 다른 것이 아니더군요. 이렇게 하소연을 들어주고 희망을 주는 것이야말로 불교 말로 "보살행"이요, 공자님 말로 "인(仁)을 행하는 것"입니다. 그런데 마음씨가 약간 삐따닥한 사람은 '옳지 넌 이제 나한테 코 꿰인 기라……' 하고는 200만 원 내면 내가 당장에 그 상사보다 높은 자리에 오르게 해주리다는 등…… 감언이설로 꼬드겨가지고 횡재(?)를 하려는 그런 사이비 철학원들이 실제로 있지요.

여담이 길어졌군요…… 다시 본론으로 갑니다. 우선 서대승 님의 말씀을 보고서 사주의 예를 볼까요?

약한 金이 火를 만나면 반드시 녹아버릴 것이고
약한 火가 水를 만나면 반드시 꺼져 버릴 것이고
약한 水가 土를 만나면 반드시 스며들 것이고
약한 土가 水을 만나면 반드시 함몰할 것이고
약한 木이 金을 만나면 반드시 잘리우게 되리라.

이상이 그 내용입니다. 이제 실제 사주의 예를 보겠습니다.

時	日	月	年	사주
壬	甲	庚	癸	
甲	甲	甲	巳	

이 사주는 갑목(甲木)이 신월(申月)에 生했군요. 지지(地支)에는 무지막지한 양금(陽金)들이 깔려 있고, 거기다가 천간(天干)에는 경금(庚金)이 두들겨 패고 있군요. 참으로 따분한 팔자의 주인공입니다. 이런 경우가 바로 설상가상입니다. 정말 고단해 보이나요?

時	日	月	年	
壬	戊	乙	癸	사
子	寅	卯	未	주

이 사주는 어떤가요? 앞의 팔자와 비슷하지요? 묘월(卯月)에 태어난 무토(戊土)의 주위상황이 말이 아니군요. 정말 고단하겠습니다. 천간 사정도 역시 같은 상황이군요. 정말 설상가상에 적합한 팔자인 것 같습니다. 이런 종류의 팔자는 항상 특별취급을 받습니다. 격(格)이라는 말로 하면 외격(外格)이라고 하는데, "특수한 상황에 따른 사주 잡는 법"에 해당한다고 말씀을 드릴 수 있겠군요. 그러니까 다른 말로 하면 종격(從格)이라고도 합니다. 이런 경우가 흔하지는 않지만 더러 만나는 사주입니다.

이렇게 오행의 변화(變化)는 항상 예측을 불허합니다. 어떤 상황의 팔자가 나올는지 자못 궁금해지기도 합니다. 팔자가 각기 다른 경우가 몇 가지나 된다고 생각하십니까? 보통은 아마도 굉장히 많겠지…… 하고 넘어갑니다. 오늘 한번 생각해볼까요. 우선 갑자년, 갑자월, 갑자일, 갑자시로부터, 계해년, 계해월, 계해일, 계해시까지 나오면 되겠지요? 그러니까 갑자년부터 계해년까지 60년입니다. 1년에 몇 종류의 사주가 나오는지 살피면 되겠지요? 그러고는 곱하기 60을 하면 될 테니까요.

하루에 기본으로 태어나는 사주는 12종류입니다. 즉, 일자는 같고 시간이 다른 팔자가 되겠지요. 그러나 야자시에 출생하는 팔자까지 논한다면 13종류입니다.

그리고 한 달은 30일로 잡아서 무난할 거고……

그럼 계산이 나오지요?

팔자 갯수 공식=

시간(13)×일자(30)×달(12)×년(60)=답(280,800)

이렇게 따지면 맞나요? 저는 계산에는 도무지 자신이 없어서요. 하긴 구구단을 아직까지도 제대로 못 외우고 있다면 말 다했지요…… 하하. 대강 따져서 약 28만 종류의 팔자가 등장하는군요.

대강 따져봐도 많지요? 우리 인구를 5천만으로 잡나요? 그럼 평균적으로 같은 사주를 갖고 있는 사람은 약 180명 정도 되나요? 잠시 하릴없이 망상을 했습니다.

기 태왕(氣 太王)
— 성난 파도

오행변화의 다섯 번째입니다. 얼른 눈치를 봐서 마지막 변화라는 느낌이 드실 겁니다. 소제목을 봐서 알겠지만 뭔가 강한 힘이 느껴질 듯합니다. 성난 파도는 막지 않는 것이 좋습니다. 필시 그 흐름이 강하다는 것을 의미하겠지요. 지난 시간에 이야기 했던 설상가상(雪上加霜)과는 사뭇 그 분위기와 색깔이 딴판이지요. 한번 사주를 살펴보고 생각하기로 합니다.

時	日	月	年	사 주
戊	壬	壬	壬	
申	子	子	辰	

어떠세요? 이 사주를 보시고 드는 느낌이?

임수(壬水)의 그 세력이 대단하지요? 이것이 바로 "성난" 파도입니다. 성난 파도라고 성난이란 말을 다는 것은 옆에 무토(戊土)가 있기 때문입니다. 이미 강한 水를 건드렸다는 뜻이지요.

성난 파도를 봤으니 성난 불기둥도 볼까요? 그래야 균형이 적합할 것 같군요. 한번 잘 따져보시기 바랍니다.

時	日	月	年	
癸	丙	甲	丙	사
巳	午	午	寅	주

이것이 바로 성난 불기둥입니다. 열기가 느껴지는군요. 이렇게 강력한 火는 건드리지 않는 것이 좋습니다. 이런 종류의 사주가 그리 흔한 것은 아니지만 종종 만나게 되지요.

이렇게 강력한 경우는 그대로 흐르는 흐름에 맡겨야 합니다. 이렇게 강한 불을 막아서다가는 오히려 火를 불러일으킵니다.

너무 강한 나무가 火를 만나면 그 기운이 빼어나고
너무 강한 火가 土를 만나면 그 성질이 자애로워지고
너무 강한 土가 金을 만나면 그 고집이 없어지고
너무 강한 金이 水를 만나면 그 예리함이 꺾이고
너무 강한 水가 木을 만나면 그 난폭함이 순해지느니라.

여기서 너무 강하다는 말은 그 정도가 지나치게 강한 경우입니다. 그리고 그에 따른 처치 방법을 말하는 것입니다.

이번에 말씀 드린 다섯 가지의 경우는 바로 기본 오행상생법의 변화를 살핀 공부입니다. 이 이론은 나중에 용신을 가릴 적에 매우 중요하게 관찰을 하게 되는 항목이니까 눈여겨 봐두시고 처음에 배운 기본 오행(基本 五行)과 이 변화 오행(變化 五行)을 잘 구분하시기만 하면 됩니다. 다음에는 "각각의 오행의 힘이 어느 정도나 되는가?"를 살펴 보겠습니다. 그 전에 벗님들은 지장간(地藏干)을 제대로 외우셔야 합니다. 저도 외우는 것을 싫어합니다만 지장간 만큼은 어쩔 수가 없군요. 그래야 실력 향상에 큰 힘이 됩니다. 그럼 잔소리꾼 이만 물러갑니다.

2장

왕상휴수사

십이운성(十二運星)이라는 미신(?)

아마도 웬만큼 책을 뒤적여보신 벗님은 이 말을 이미 외우다시피 하셨을 겁니다. 그러니 아무리 바쁜 낭월이도 그냥 넘어가면 필시 구렁이 담 넘어 갔다고 할 것 같고, 또 한편은 그냥 두어서는 언제까지나 혼동의 터널을 헤어나지 못할 것도 같아서 용감하게 칼(?)을 빼어 들었습니다.

어느 책이든지 십이운성(十二運星)이라는 말이 있습니다. 마치 저술하면서 십이운성을 빼먹으면 대역 죄인이라도 되는 양 열심히 챙겨 넣습니다. 그러다보니 말이 되든 말든 부지런히 외우느라고 머리카락만 자꾸 빠져 나옵니다. 이래서야 되겠습니까?

오늘 낭월이가 한마디 부르짖습니다. "십이운성 이론은 무시하자!" 어느 명리학원에서는 이것을 한 달간 강의 한답니다. 사실 막상 배우기로 들면 한 달도 빠듯할 것입니다. 그 복잡다단한 이론은 방대합니다. 하긴 십간(十干)에다가 십이지(十二支)를 곱해야 하니까 많을 수밖에 없군요.

그러나 이런 시시한 것을 가지고 한 달이 아니라 단 사흘이라도 낭비할 필요가 없습니다. 그냥 내버려두고 쓰지 않으면 됩니다. 이놈을 써 먹으려다가는 이미 배운 것들도 막히고 맙니다. 그냥 무시하시기 바랍니다.

별로 유명하지도 못한 낭월이가 도대체 무엇을 믿고 이렇게 큰소리(?)를 땅땅 치는 것일까요? 감히 어르신들께 혼날라고 말입니다. 궁금하신 벗님들이 많으시겠지요? 잠시 십이운성 이론의 치명적인 결함을 설명 드립니다. 우리 벗님들 그동안 배운 실력으로 한번 추리하여 보시기 바랍니다. 火가 인목(寅木)에서 生을 받을까요? 아니면 유금(酉金)에서 生을 받을까요? 정답은 어느 것인가요? 예, 아마도 당연히 火는 인목에서 生을 받는다고 생각을 하실 것입니다. 여기까지는 아무 하자가 없습니다. 매우 정상입니다. 문제는 바로 다음입니다.

"양화(陽火)가 生을 받는 자리는 음화(陰火)가 죽는 자리"라는 것입니다. 이것이 바로 십이운성의 치명적 결함입니다. 병화(丙火)는 인목(寅木)에서 生을 받고 있습니다. 그런데 정화(丁火)는 인목에서 죽고 있습니다. 병화는 반대로 유금에서 죽고 정화는 유금에서 生을 받습니다. 왜냐하면 병화(태양)가 죽는 시간은 유시(酉時)(일몰)라서 그렇다는 것이고, 정화(가로등)가 生을 받는 시간은 유시(酉時)(점등)라는 것, 정화(가로등)가 죽는 시간은 새벽(인시(寅時))이기 때문이랍니다. 얼핏 들어보면 그럴싸하기도 합니다. 그러나 음화(陰火) 양화(陽火)가 별개의 것일까요? 아마도 세력의 차이를 구분하고 그 작용력을 구분하기 위해서 그렇게 나눈 것을 가지고 전혀 별개인양 하여 양(陽)이 살(生)적에 음(陰)은 죽는다(死)는 극단적인 말을 하여 초학자를 혼동에 빠뜨리고 있는 것입니다. 저도 이미 이 이론으로 인해서 피해를 보았기 때문에 이렇게 강력히 주장하는 것입니다.(火가 生하면 水가 죽는다면 또 모르지만……)

이 치명적인 오류 때문에 말문이 막힌 십이운성 학파는 다시 수정이론을 내어놓았습니다. "음양(陰陽)은 공생공사(共生共死) 한다"는 수정판입니다. 그래도 이 수정판은 이치에 합당합니다. 다소 어수선한 것을 제외한다면 크게 오류라고 할 것은 없어 보입니다. 그러나 아직까지 처음의 이론을 그대로 사용하는 사람들이 문제입니다. 그래서 낭월이가 감히 초학자의 혼동을 막아보자고 떠들고 있습니다. 이제부터는 십이운성이라는 말은 없는 말로 합시다. 설사 그 말이 합당한 면이 있다고 하더라도 그보다 더욱 간단하면서도 기능도 탁월한 이치가 있다면 뭣 하러 그 십이운성에 매달립니까? 그러니까 이제부터는 혼동을 초래하는 결함투성이의 이론을 몰아내는 용기를 갖기 바랍니다.

간단하면서 익히기도 좋은 것은 바로 왕상휴수사(旺相休囚死)입니다. 이 다섯 자가 전부입니다. 간단하고 명료합니다. 그럼 다음으로 이어집니다.

왕(旺)
— 홈그라운드

우선 도표를 한 개 그려 놓고 말씀을 드려야 할 것 같군요.

	木	火	土	金	水
봄(木)	왕	상	사	수	휴
여름(火)	휴	왕	상	사	수
사계(土)	수	휴	왕	상	사
가을(金)	사	수	휴	왕	상
겨울(水)	상	사	수	휴	왕

바로 이것이 그 소식입니다. 너무 간단해서 입문자는 그냥 무심히 흘려 넘길 가능성이 있을지도 모르겠군요. 이 다섯 가지 이론은 결국 오행의 상생과 상극의 이론에서 온 것인가 봅니다. 잠시 이야기를 한 번에 모두 설명을 해야 하는지, 아니면 다섯 부분으로 나눠서 설명을 해야 하는지 궁리를 해봅니다. 간단히 적자니 이해가 안 된다고 하시는 분이 계실 것 같고, 자세히 하자니 너무 어수선하다고 하실 것 같고…….

그런데 매우 중요한 이치가 숨어 있기 때문에 길게 늘여서 설명한다고 해도 결코 아까울 것은 없으리라고 여겨집니다. 그럼 최대한 자세하게 왕상휴수사(旺相休囚死)에 대한 설명을 해 올리겠습니다. 다소 지루하시더라도 잘 음미하시기 바랍니다.

자, 왕(旺)이라는 글이 갖는 뜻을 잘 살펴보십시오. 왕성하다, 그렇군요. 왕성한 것을 의미합니다. 따라서 왕(王)이라는 의미와 통합니다. 그리고 보면 상(相)은 재상(宰相)과 의미가 통하는군요.

이것이 그럼 왕(旺)은 상(相)보다 한 수 위라는 이야기가 되나요? 어쨌든 왕이란 말이 나온다면 필시 가장 강한 힘을 갖고 있다고 봐도 되겠습니다. "왕(旺)=왕(王)" 그렇군요. 그래서 머리말에다가도 홈그라운드라고 했습니다. 홈그라운드는 항상 넉넉합니다. 내 집 안방이 항상 편안한 것과 같습니다. 다시 오행의 원리로 가서…… 나무는 나무를 만나면 왕이 되는군요. 金이 金을 만나면 왕이고, 水가 水를 만나도 왕입니다. 土가 土를 만나거나, 火가 火를 만나면 역시 왕이 되는군요. 이렇게 각기의 오행이 자기와 같은 오행, 또는 같은 계절을 만나면 왕이 되는 일관성이 있습니다.

그리고 보면 오행은 같은 오행을 만났을 때, 가장 힘을 낸다고 하면 되겠군요. 하긴 힌트는 이미 서대승 님 오행론(五行論)에서 등장했습니다. 사실은 이보다 더 정확하고 세밀한 것이 지장간(地藏干)을 통한 힘의 저울질입니다만, 여태까지 배우면서 그랬듯이 오행을 배우고 나서 간지를 살피는 것이 원칙이거든요.

모든 법칙에는 정법(定法)과 편법(便法)이 공존하는가 봅니다. 이 왕상휴수사는 정법에 속합니다. 그러니까 정법을 모르고서는 편법을 이해할 수가 없지요. 나중에 편법을 배우기 위해서 우선 정법을 배운다고 생각하시기 바랍니다.

상(相)
— 어머니가 계신 고향집

포근한 고향, 그리운 고향, 가고픈 고향…… 바로 그 고향이 어린 시절에만 있는 것이 아니라, 사주팔자에도 있습니다. 이번에는 그 소식을 공부하는 순서군요. 상(相)은 재상(宰相)의 준말입니다. 왕(旺)이 임금을 나타낸다면, 상(相)은 정승을 나타낸다는 말인가 봅니다. 그리고 개인적으로는 고향을 나타내고요. 木은 水가 고향이군요. 즉, 자신이 뿌리를 두고 있는 곳이 고향이라는 이야깁니다. 이유야 수생목(水生木)을 하니까, 木의 뿌리는 水라는 것입니다. 이런 식으로 따지면 각자 오행의 뿌리는 쉽게 나올 수가 있겠지요?

火의 고향은 목생화(木生火)하니까 木이 되겠고,
土의 고향은 화생토(火生土)하니까 火가 될 것이며,
金의 고향은 토생금(土生金)하니까 土가 되고,
水의 고향은 금생수(金生水)하니까 바위가 되겠군요.

그러니까 火로 설명을 해본다면 火는 여름에 태어남이 가장 왕성합니다. 그런데 여름에 태어나지 않았다고 해서 약하란 법은 없습니다. 바로 봄(목왕(木旺))에 태어나도 火가 木기운을 전수 받으니까 여름과 같지는 못하더라도 상당히 힘을 얻게 됩니다. 봄에 따뜻한 양지쪽에 앉아 있으면 햇살이 얼마나 포근한지 아시지요?

  여름에는 화왕지절(火旺之節)이고,

  봄엔 목왕지절(木旺之節)이요

  가을엔 금왕지절(金旺之節)이요

  겨울엔 수왕지절(水旺之節)이요,

대충 그런 식이지요. 다시 말해서 봄은 화상지절(火相之節)이요 여름은 토상지절(土相之節)이라고 할 수도 있겠습니다. 도표에 이미 설명이 되어 있으니 잘 살펴보시면서 말을 만들어보시기 바랍니다.

이렇게 하나하나 추리하다 보면 실력은 저절로 쌓이게 마련입니다. 누구에게나 고향은 그렇게 편안한 것이 정상일 겁니다. 저는 고향에 인연이 없어선지 몰라도 가봐야 낯선 것만 많아서 별로 즐겁지가 않더군요. 항상 부담만 되더라고요. 그래서 제게 고향은 그리운 공간이 아닙니다. 그래도 대부분의 사람은 고향을 좋아합니다.

'고향을 지키는 사람은 일주의 세력이 약해서 고향을 의지하고 있고, 고향을 등지고 객지로 가는 사람은 일주의 세력이 강해서 스스로 자립을 하려고 떠돌아다니는 것은 아닐까……' 고향을 그리는 사람을 살펴보면 대개는 일주가 약한 경우가 많더라는 것입니다. 저의 형님은 50년 동안 객지밥을 먹은 것은 군대시절뿐이랍니다. 제가 보기에는 지겨워서 어떻게 저리 사나 싶은데, 용하게도 고향에 의지하여 살고 계십니다. 그런데 사실은 사주가 약하거든요. 벗님들도 자신의 고향과 형제나 부모님의 사고방식을 연구해보시는 것은 헛일이 아닐 것 같군요.

이른바 장남의 사주란 것이 있다면 별것이 아니라, 일주는 좀 약하고 인성(印星)(生해주는 오행)이 월이나 년에 있어서 생조를 해주는 사주입니다. 낭월이가 이렇게 말씀 드린다고 해서 꼭 그런 것은 절대 아니지만, 대개는

장남이 부모님을 모시고 사는 것이 일주가 약한 사주가 인성을 의지하고 있는 경우를 왕왕 보고 있습니다. 한번 시험해보시기 바랍니다. 근데 장남이 신왕(神旺)하고 차남이 그런 상황이 생긴다면 차남이 장남 노릇을 하게 되는 거지요. 이런 경우도 상당히 많습니다.

이런 이야기는 나중에 용신 설명에 해야 할 이야긴 듯하긴 한데…… 그냥 몇 마디 해봤습니다. 고향 이야기를 하다 문득 생각이 떠올랐습니다. 확률로 따져서 왕(旺)을 100으로 잡을 경우에 상(相)은 70~80% 정도 도움이 있다고 봅니다. 그러니까 상당히 힘이 되고 있는 것입니다. 우선은 자신의 일주를 기준으로 실험하시기 바랍니다. 그러다가 완전히 이해를 하셨으면 다음에는 월간(月干)을 기준으로 실험을 하시고, 또 년간(年干)을 기준으로도 하십시오. 시간(時干)도 마찬가지로 하시면 됩니다. 가령 오월(午月)의 갑목(甲木) 일주라면 자신은 휴(休)에 속하지만 土는 상에 속하거든요. 근데 그 상에 속하는 土가 木보다 많다고 하면 자신은 土를 이길 수가 없지요. 이른바 土가 많아서 木이 꺾이는 형상인 것입니다. 이것은 결국 팔자(八字) 내에서 어느 놈이 강하고 어느 놈이 약한지 저울질을 하기 위한 준비 작업입니다. 이 준비가 철저하면 할수록 나중에 성취가 빨라집니다. 말로 하는 것보다 사주를 하나 보면서 생각해볼까요?

時	日	月	年	
庚	壬	丙	辛	사
戌	寅	申	巳	주

일간(日干) 임수(壬水)는 월지(月支)에 상(相)이군요. 월간(月干) 병화(丙火)는 일지(日支)에 상(相)하고요. 년간(年干)의 신금(辛金)과 시간(時干)의

경금(庚金)은 모두 시지(時支)에 상(相)입니다. 이렇게 놓고 보니까 이해하기가 쉽지요? 이것이 바로 시청각 교육인가요? 이렇게 서로서로 왕이나 상을 얻고 있는 것이 좋은 모양이군요. 木은 일간(日干)에 상(相)하고 土는 년지(年支)에 상(相)되는군요. 이 말씀은 혹시 사주팔자(四柱八字)에 있는 네 개의 천간(天干)에만 적용시키는 말인가? 하는 의문을 갖는 분도 있을 것 같아서 추가로 첨부했습니다. 이런 식으로 각자의 사주를 적어놓고 살펴보시기 바랍니다. 어느 오행이 약하고 어느 오행이 강한지 한눈에 보이기 시작할 것입니다. 이것이 바로 척 보면 용신(用神)이 튀어나오는 준비 작업입니다.

휴(休)
— 아기 낳은 산모

여자에게 가장 고통스러운 순간이 아기를 낳을 때라고 합니다. 어느 할머니 말씀을 들으니까 아기 낳으러 방에 가면서 자신이 벗어 놓은 신발을 쳐다보고 '내가 다시 저 신을 신을 수 있을까' 했답니다. 그만큼 긴장되는 순간인가 봅니다. 우리 모두는 그러한 수고를 끼치고서 이 땅에 발을 딛고 살아가는 사람들이군요.

휴(休)라고 하는 말은 그러한 뜻을 담고 있습니다. 그러다보니 상당히 약한 상태입니다. 건강이 말이 아니지요. 그래서 산모는 21일간 사람도 방문하지 말고 편하게 미역국만 먹으면서 휴식을 취하라고 했지 않습니까?
 이런 상태에 있는 산모가 무슨 힘이 있겠어요?
 병든 것은 아니지만 약한 것은 사실이지요. 그래서 휴(休)라고 이름을 지었나 봅니다. 휴식(休息), 바로 여기서 왔겠지요. 지금은 쉬어야 할 때입니다. 휴식을 취하는데 일을 시키는 독종은 누굽니까? 그런 사람은 대우를 못 받지요, 하하.
 또 사주 하나 보면서 설명을 드릴까요?

時	日	月	年	
己	丁	甲	壬	사
酉	巳	辰	午	주

이 사주를 살펴봅시다. 일간 정화(丁火)는 진월(辰月)에 生해서 휴(休)군요. 월간 갑목(甲木)은 사일에 휴가 되고, 시간 기토(己土)는 유시에 앉아서 휴가 되는군요. 그리고 년간의 임수(壬水)는 월간의 甲을 보고 휴군요. 물론 그중에는 상도 있고 왕도 있습니다. 다만 휴(休)에 대한 공부를 하는 장이다 보니 휴만 생각합니다. 그럼 시험 삼아서 이 팔자에서 가장 강한 자는 누구인지 살펴볼까요? 아직 좀 이른 감이 있기는 합니다만 한번 시도나 해봅시다. 흔히 하는 말로 밑져봐야 본전이니까요.

갑목(甲木)=왕(旺) 0 상(相) 1 (4등)

정화(丁火)=왕 2 상 1 (1등)

기토(己土)=왕 1 상 2 (2등)

임수(壬水)=왕 0 상 1 (꼴등)

유금(酉金)=왕 0 상 2 (3등)

이렇게 나오는 정도는 누구나 살필 수 있을 거라고 생각이 되는군요. 왕(旺)이 가장 많은 것은 정화군요. 다음은 기토, 그리고…… 이렇게 강한 정도를 등급으로 따져보시기 바랍니다. 각자의 사주를 보면서요. 아직 수(囚)와 사(死)가 빠졌습니다. 차차 더욱 확실해지겠지요. 자꾸 시험을 해보시기 바랍니다. 면허시험장에 가보면,

"한 번 두 번 낙방 속에 늘어가는 운전실력!"

낙방 많이 하신 분들은 지겨운 표어지요. 그러나 틀린 말은 분명 아닙니다. 명리학도 자꾸 실험하고 연구하고, 다시 응용하고 수정하고, 그렇게 하다보면 고수가 되는 것입니다. 자신도 모르게 말이지요. '처음부터 정답을 내야지……', '완전 족집게가 돼야지……', '난 선천성 도사야……' 이런 생각으로 공부하시면 필시 책을 던져버리게 됩니다. 100%의 적중률에 도전을 할 수는 있지만, 그 성취는 99번의 실패를 겪고 나서 이뤄지는 것입니다.

지나치게 완벽을 추구하는 사람을 결벽증 환자라고 하던가요? 이거 정말 사람을 피곤하게 합니다. 이런 사람이 가족 간에 있으면 항상 신경이 곤두섭니다. 양말에 신발에 옷자락에 책상에…… 강아지 집에까지 결벽증 환자는 온종일 피곤합니다.

이런 이야기 한 토막.

예전에 통도사에서 공부할 적에 어떤 스님이 계셨습니다. 선원에 참선을 하겠다고 오신 스님이셨는데, 연세는 당시에 서른 정도? 아마 그쯤으로 기억이 되는군요. 어쨌든 그 분은 후원에 오셔서 물 좀 달라고 했습니다. 당연히 졸병 신세인 행자는 스님의 분부는 부처님의 분부로 알아야 그나마 밥 한술 얻어먹는 것이 허락되다보니까 예, 예, 하고 분부를 따르지요. 근데 그 스님은 정말 까다로웠다. 사발에다가 물을 한 그릇 떠다 드리면 우선 그릇이 깨끗한가 더러운가 살핍니다. 그리고 통과되면 그냥 마시는 것이 아니라 물그릇을 눈높이로 들어 올립니다. 왜그러냐구요? 한번 맞춰 보시지요…… 하하.

그릇의 수면 위로 먼지가 보이나 안 보이나를 살피기 위해서였습니다. 긴장된 순간이지요…… 거기서 먼지가 물에 비치면 당장에 불전에 108배 참회를 해야 할 준비를 하고 있어야 합니다.(어휴~)

그렇게 통과를 해야 비로소 스님은 물을 드셨습니다. 이 정도면 결벽증이라고 할 만하지요? 그 후로 저는 그런 사람을 다시 보지 못했습니다. 근데 놀라운 것은 이런 성격의 소유자가 선원에서 두어 달 참선을 하시더니…… 놀라지 마세요. 그냥 바가지로 물을 퍼서 꿀떡꿀떡 마시는 겁니다.

그래서 하도 신기하고 이상해서(?) 여쭤봤지요.

"스님, 먼지가 있을 텐데요……?"

그러자 스님 왈…….

"어차피 썩어질 몸둥아린 걸 뭐."

이렇게 사람을 바꿔놓더군요. 이처럼 사람이 팔자에 병이 있더라도 어떠한 수행을 하느냐에 따라서 그 병은 고쳐질 수가 있습니다. 물론 여기서의 수행이란 불교의 참선만을 말하는 것은 아닙니다. 명상, 호흡, 주문, 기도, 독경 등등 모두가 포함됩니다. 그러다보면 어제의 자신이 오늘의 자신이 아니란 것을 알게 되고 그러다보면 문득 세상 사는 이치도 알게 되겠지요.

그러기 위해서는 우선 자신의 팔자에 있는 병을 파악해야겠군요. 그래서 이렇게 휴라고 하는 구조부터 한수 한수 배워나가는 겁니다. 그래야 스스로 보다 유익하고 즐거운 삶을 꾸려 나갈 수 있습니다.

누누이 말씀드립니다만, 처음부터 완벽을 추구하시면 곤란합니다. 항상 서둘지 말고 차근차근 공부하시면 분이 결국은 깊은 오행의 이치와 넓은 운명의 바다를 헤아리게 됩니다. 서둘지 마십시오. 그리고 완벽한 이론은 지구상 어디에도 없습니다.

이렇게 한수, 한수 공부를 하다보면 어느덧 8부 능선에 도달하게 됩니다. 그리고는 잠시 땀을 닦고 아래를 내려다보는 기쁨은 고생을 한 사람만의 몫이구요.

수(囚)
― 감옥살이

　　감옥살이에 대한 연구를 할 차례입니다. 왕상휴수사(旺相休囚死) 중에서 네 번째 순서이군요.

　　그러니까 한마디로 말해서 환경이 매우 불량하다는 뜻이군요. 지난 시간의 휴(休)와는 또 다른 상황입니다. 더욱 악화되어 있는 상황이지요. 휴는 그런 대로 자유의지가 통하지만, 여기서는 자유의지가 없습니다. 매사가 껄끄러운 상황이지요. 이런 것이 수(囚)가 갖는 의미라고 이해해주시면 되겠습니다. 그럼 사주를 하나 살펴보고 진행하지요.

時	日	月	年	사주
戊	庚	壬	壬	
寅	寅	寅	寅	

　　경금(庚金)이 정월에 나서 수(囚)가 되었군요. 근데 호랑이(寅)가 넷이나 있는 사주군요. 이 상황의 경금은 그야말로 감옥에 갇힌 꼴입니다. 옴짝달싹을 할 수가 없군요. 그래서 시간(時干)의 무토(戊土)에게 도움을 요청했습니다. 그랬더니 무토 왈 "아가야, 나를 돌볼 겨를도 없는데 언제 너를 구출해주겠냐…… 미안하지만 그냥저냥 살아 보려마" 하고 냉정히 거절을 합니다. 아무리 토생금(土生金)이라고 하더라도 이렇게 허약한 土는 金을 生할

수가 없지요. 아, 이 경우는 土의 사(死)에 해당한다고 하는 말씀을 안 드렸군요. 다음 시간에 사에 대하여 집중 탐색을 합니다. 조금만 기다리세요. 이렇게 내가 극하는 오행을 수(囚)라고 합니다. 金이 봄(인묘(寅卯))에 나면 바로 수에 해당하는 거지요. 또 火가 가을(신유(申酉))에 나도 수라고 합니다. 즉, 매우 거동이 불편한 상황입니다. 감옥이란 분위기를 느껴 주시기 바랍니다. 이렇게 수에 해당하는 일간은 매우 고통을 느낍니다. 화장실을 가려도 일일이 허락을 받고 가야 하니 그 불편함이란 이루 말로 다 할 수 없겠지요? 아무튼 수라고 하는 상황은 이런 정도로 생각을 해주시기 바랍니다.

사(死)
— 도살장

이크, 비린내……

운이 좋네 나쁘네 해도 죽는 운보다 나쁜 운은 없을 것입니다. 죽음은 일주 자체가 상망하는 것이니, 일주 자체가 사망하고서야 더 이상 팔자를 논할 건덕지가 없는 것 아니겠습니까?

어느 명리의 사부님이 이런 말씀을 하시더군요. "운이 좋은 것은 건강한 것이고, 운이 썩 좋은 것은 일을 할 수 있는 여건이 조성되는 것이다."

"운이 나쁜 것은 몸이 병드는 것이고, 운이 썩 나쁜 것은 죽어서 회생 할 수 없는 것이다." 서울의 어느 찻집에서 차 한 잔 나누면서 우연히 들은 이야깁니다만 이렇게 오랜 시간이 지나도 잊혀지지 않는군요. 이런 말씀이 바로 안목을 틔어주는 한 마디의 보물 같은 법문이 아닌가 생각합니다.

그때는 운이 나쁜 사람을 위로하느라고 하는 말씀이려니 했는데, 이렇게 시간이 흐른 다음에 잘 생각해보니 사실인 듯 싶습니다.

사실 운이 조금 나쁘다고 하면 금방 죽을 사람처럼 벌벌 떨고, 운이 좀 좋다고 말해주면 금방 천하라도 손아귀에 넣은 듯이 신명이 나서 감사하다 고맙다를 남발하는 사람을 보면 착잡해집니다. 그런데 오늘의 상황이 정말 운이 나쁜 경우군요. 머리에 도살장이라고 했습니다. 그 정도로 나쁘다고 기억해주시기 바랍니다. 물론 약간의 호들갑이 포함되어 있습니다. 근데 호들갑도 때로는 공부하는데 한 방법이 되려나 하여 사용해보는군요.

우선 사주부터 하나 살펴보면서 이야기 드리지요.

時	日	月	年	사주
庚	丙	癸	癸	
子	子	亥	丑	

어떻게 생각하세요? 이 사주의 병화(丙火)는 굉장히 약해 보이나요?

月은 시월의 水가 왕한 계절이라 사(死).

日은 水의 대왕이 자리하니 역시 사(死).

時는 역시 수왕이 버티고 있으니 사(死).

그래서 삼사(三死)군요…… 참 딱하지요? 의지할 지푸라기(木) 하나 없이 물위에 둥둥 떠 있는 한 무더기의 외로운 불이여…….

이것이 사(死)입니다. 왕상휴수사(旺相休囚死)의 마지막 순위군요. 도살장의 소가 버틸 힘이 있나요? 이리저리 눈물을 뚝뚝 떨어뜨리며 끌려 다닐 뿐이지요. 이 또한 운명이군요. 이런 사주는 급합니다. 지푸라기라도 던져 줘야 할 상황이군요. 그러나 복이 없는 놈은 계란을 먹으려고 해도 뼈가 생긴 계란이 걸리더라고, 고생을 하려니까 눈 내린 데 서리까지 내리더라고, 세상 천지에 뜻대로 되는 것이 없는 경우도 왕왕 있게 마련입니다.

참 딱하지요? 이렇게 측은지심을 갖는 것이 사람입니다. 거창하게 자비심이라고 하지 않아도 좋습니다. 이런 사람에게 희망을 주는 것이 방생이고, 인간 구제이고, 영혼의 안식을 주는 천사입니다. 우리 벗님들은 이미 그러한 소질을 갖고 계시니까, 열심히 하셔서 고통에 헤매는 사람들의 아린 마음을 쓰다듬어주시기 바랍니다. 이제 왕상휴수사는 마무리군요.

이렇게 해서 상황에 따른 정도를 살펴봤습니다. 홈그라운드의 의기양양으로부터 도살장의 공포심까지. 물론 도살장이라도 구제해 줄 방법이 있고, 홈그라운드라도 전혀 도움이 안 되는 경우도 분명히 있습니다. 다만 기본을 배우고 있는 것이지요. 기본은 언제나 중요하니까요. 고수가 될수록 더욱 중요해집니다.

3장

뿌리 내리는 법칙

木의 뿌리 내리기

지금부터는 정밀하게 뿌리 내리는 법을 살펴보고 공부하는 순서입니다. 이 과정을 끝내면 이제 신강인지 신약인지…… 아리송한 사주는 어느 정도 졸업합니다.

반면, 이 과정을 이해하지 못하면 사주를 봐도 어느 놈이 주인인지 용신인지 도무지 감이 잡히지 않지요. 이제 이렇게 정밀하게 통근법(通根法)을 궁리하고 나면 안목이 또다시 한 단계 높아질 것이 분명합니다.

어찌 보면 십이운성의 이론을 대폭 수정한 기분이 들기도 합니다. 그러나 이 이치는 오직 지장간(地藏干)의 오행 성질에 따라서 낭월이가 혼자서 궁리를 해서 정해보았을 뿐 교과서나 누구에게서 배워서 적은 것은 아닙니다. 그러니까 어느 책이 그렇게 말했더냐고 묻지는 마시기 바랍니다.

낭월이도 학생, 벗님도 학생, 피차 학생이 되어서 함께 궁리하는 것이 좋아서 서로 머리를 맞대고 있는 것이니까요. 그러니까 꼭 정확하지 않을 수도 있다는 것도 말씀드립니다. 그러나 근사치는 될 것으로 자부합니다. 그리고 이 연구의 근원은 이미 배운 바 있는 지장간의 원리에 따릅니다.

지장간은 꼭 외워두시라고 누누이 말씀드렸습니다.

지장간의 이치가 너무나 중요하기에 그렇습니다. 아직도 늦지 않았으니까, 아직 제대로 못 외우신 분은 신속하게 외워주시면 좋겠습니다.

오늘은 우선 木의 뿌리를 검사합니다.

나무는 왕상휴수사(旺相休囚死)의 법으로 보면, 춘(春)왕, 동(冬)상, 하(夏)휴, 계(季)수, 추(秋)사로 됩니다. 이것은 왕상휴수사가 계절을 의미한다는 뜻이군요.

계절을 나타내는 글자는 어디에 있지요? 그렇지요, 월지(月支)가 바로 계절을 나타내고 있습니다. 그래서 왕상휴수사의 법으로 보면 계절의 힘을 얻었는지 못 얻었는지를 알 수가 있습니다.

그러면 질문입니다. 나무가 신월(申月)과 유월(酉月)에 각각 태어났다면 두 나무는 상황이 똑같을까요? 아니면 같은 사월(死月)이라도 어느 정도의 차이가 있을까요? 아마도 약간의 차이가 있겠지요? 바로 이 점을 주목해야 합니다. 분명히 차이가 있을 것입니다.

그래서 이번에는 그 각각의 차이점을 파악하는 단원입니다. 일명 통근법이라고 이름합니다. 왕상휴수사에서는 계절의 상황을 대강 살펴본 것이라고 한다면 이제 배울 것은 각각의 지지(地支)에 일간(日干) 혹은 어느 오행(五行)이 얼마나 힘을 의지하고 있느냐? 아니면 고통 받고 있느냐?를 살펴보는 아주 중요한 순서가 되는 것입니다.

점점 미세한 항목을 향해서 가고 있습니다. 이제 고지도 그렇게 까마득하기만 한 것은 아닙니다. 부지런한 벗님은 벌써 저 멀리 봉우리의 윤곽이 눈에 들어오실런지도 모르겠군요.

너무 뜸(?)을 많이 들이고 있지요? 사실 벗님들이 혼동을 할까봐서 그럽니다. 왕상휴수사의 원리가 완전히 소화가 되셨는지 궁금하군요. 혹시라도 체하실까봐서 하는 염려지요.

그럼 시작합니다.

木의 뿌리 내리기 순서

1묘(卯) 2자(子) 3해(亥) 4인(寅) 5진(辰) 6축(丑) 7미(未) 8신(申) 9오(午) 10사(巳) 11술(戌) 12유(酉)

무슨 말인가 하면 나무는 묘를 만나면 가장 튼튼하고 유를 만나면 가장 약하다는 말입니다. 눈치가 빠르신 벗님은 벌써 고개를 끄떡이시는군요. 그러나 대다수의 벗님들은 고개를 갸웃거리실 줄로 생각됩니다.

'이상하다…… 묘(卯)는 왕상휴수사(旺相休囚死)로 따지면 왕(旺)에 해당하니까 이해가 되는데 인목(寅木)도 왕인데 어떻게 4등밖에 못하는 거지?'
그러나 지장간을 분석하기만 하면 답은 금방 드러납니다.

묘는 갑을(甲乙) 완전히 木이니까 확실하지만, 인은 어떤가 살펴볼까요?
인목(寅木) 속에는 무병갑(戊丙甲)이 있지요? 7 7 16도 기억해야 합니다.
갑목(甲木)은 나무이니까 의지할 만합니다. 그럼 +16이군요. 그러나 무토(戊土)는 수(囚)에 해당하고 병화(丙火)는 휴(休)에 해당하여 도움이 못되고 있습니다.

그렇다면 정작 나무가 의지할 만한 속(무7병7갑16) 사정은 50% 정도뿐이군요.

겉으로야 인목이지만 막상 속을 분해해보면 이렇게 차이가 있습니다. 대강으로 보면 비슷하다고 하겠지만 언제까지나 대강으로 보고만 있어서는 발전이 없으니 좀 더 깊이 보기 위해서는 이 방법을 알아야 합니다.

또 한 가지 예를 들어보겠습니다.
사(死)에 해당하는 신금(申金)과 유금(酉金)의 차이는 어느 정도일까요?

유금은 경신(庚辛)뿐이니 순금이라서 전혀 도움이 못됩니다. 그러나 신금은 문제가 다릅니다. 신금 중에는 기무임경(己戊壬庚)이 있지요? 그중에서 임수(壬水)가 있다는 것을 주목해주시기 바랍니다.

이 임수는 나무에게 보약이 분명하군요. 비록 겉으로는 신금이라 흉하지만, 이렇게 속을 파보면, 많은 차이가 있다는 것을 알 수 있습니다. 이것이 바로 나무가 통근을 하는 방법입니다. 이것은 외우시기보다는 이해를 하시라고 권하고 싶군요.

그럼 다음에는 火에 대한 열두 지지의 상황을 궁리하시기 바랍니다. 그리고 시간이 나시면 土에 관한, 金에 관한 그리고 水에 관한 열두 지지의 상황을 생각해보시기 바랍니다. 거듭 말씀 드리지만 이 이론은 모두 지장간의 법칙에서 나온 것입니다. 어디서 주워온 것이 아니니까 염려 마시고 잘 이해하시기 바랍니다. 그럼 이 정도로 하겠습니다. 가능하면 쉽게 설명하려고 노력을 하기는 합니다만…… 오늘의 내용은 좀 어렵다고 생각하실 듯하군요.

잘 헤아려주시기를 바라면서…….

火의 뿌리 내리기

이거 말이 좀 이상한가요?

木의 뿌리는 말이 되는데, 火의 뿌리는 말이 좀 이상하군요. 이미 배우신 내용이 잘 이해가 되시는지 모르겠군요.

(열심히 하신 분은 말고) 열심히 공부 하세요. 지금 혼동하기 시작하면 나중에는 걷잡을 수 없습니다. 그때 가서 후회해봐야 소용없습니다. 그럼 火의 뿌리 탐색작업을 하도록 합시다.

火에게 도움이 되는 것의 순서

1오(午) 2묘(卯) 3인(寅) 4사(巳) 5미(未) 6진(辰) 7술(戌) 8해(亥) 9유(酉) 10축(丑) 11신(申) 12자(子)

이렇게 나오는 이치는 앞서 말씀드렸으니까 구태여 다시 말씀드리지 않겠습니다.

이치를 궁구하는 즐거움이 여기에 있나 봅니다. 혼자 고요히 앉아서, 인목(寅木)과 사화(巳火)를 놓고 火가 어느 것을 얼마나? 왜? 좋아하고 싫어하는지 그 이치를 궁리하다보면 스스로 반 신선(?)은 된 듯한 착각에 사로잡혀서 빙그레 미소를 지어보는 천진한 벗님들…….

방송에서야 세상이 어떻다고 떠들거나 말거나, 혼자 이학(易學)의 깊은 이치에 잠기다보면 그대로가 삼매일 뿐입니다. 참으로 오묘한 변화의 조화가 그 속에서 꿈틀꿈틀하고 있거든요.

아마도 약간의 감을 잡고 계신 벗님들이 이제 상당하실 거라고 생각이 되는군요. 여기까지 왔으면 이제 공부하지 말래도 어쩔 수 없습니다. 이렇게 깊고 좋은 공부를 왜 하지 말라고 하냐고 싸우시지나 않는지 모르겠군요. 하하.

이 정도에서 한번 생각해보십시오.

과연 이 명리학이 단지 한 사람의 사주를, 운명을 봐주기 위한 조그마한 방법에 불과한 것인지…….

아니면, 깊고 깊은 이이(易理)의 이치를 궁구하는 입문(入門)인지…….

우리 벗님들은 이제 다른 말씀을 하실 여지가 없으실 겁니다. 당연히 후자 쪽이라고 생각이 되실 테니까요. 처음에는 뭔가 알 것도 같고 모를 것도 같은 애매한 마음으로 시작하신 것이 어느덧 문안에 들어와서 흠뻑 적시는 십간(十干)과 십이지(十二支)의 이치에 취해서 몽롱한 황홀삼매에 잠겨 있는 자신을 발견하고 빙그레 미소 짓는 모습…… 저의 상상입니다, 하하.

여기서 한 가지 문자를 일러 드릴까 합니다. 문자를 잘 쓰시면 실력이 훨씬 높아 보이거든요. 물론 때에 어울려야겠지요.

절처봉생(絶處逢生)

무슨 말인가요? 이미 많은 벗님은 아시는 것입니다. 절처봉생…… 이 말이 참으로 좋은 말이라고 생각이 되거든요.

끊긴 곳에서 다시 새 삶을 만난다…….

한 번 각자 음미해보시기 바랍니다. 교도소에서 사형을 언도 받고서야 비로소 삶이 무엇인지 알게 되는 경우도 있어서 안타깝게 생각되기도 합니다다만. 대개는 절처봉생이 아름답게 생각됩니다. 마치 선가(禪家)에서 하는 말인 "백척간두 진일보(百尺竿頭 進一步)" 처럼요.

백자나 되는 높이의 장대 끝에서 한 발을 더, 참 살벌한 얘기지요?

근데 이 말을 절처봉생과 연결하여 음미해보면 서로 연관이 있다는 것을 느낍니다. 낭월이는 이런 거창한 것은 못 느꼈고요.(솔직히)

다만, 길을 찾아가는데, 골목길이 나오고 좀 더 가다가 앞을 살펴보면, 길이 막혀서 없는 것 같은 경우는 왕왕 봤습니다. 그래서 처음엔 그냥 되돌아 나와서 다른 길로 갔습니다만, 이 절처봉생을 알고 나서는 혹시 끝까지 가보면 길이 있을는지도 몰라 하고 막다른 길까지 가보니까, 정말로 옆으로 샛길이 있더군요.

한두 번도 아니고 종종 이런 경우를 겪다 보니까 절처봉생이란 말을 실감하게 되었습니다. 낭월이의 진리 탐구는 주로 이런 식입니다. 참 엉성하지요? 하하.

근데, 이 火라고 하는 것이 절처봉생을 실감나게 하는 경우가 있습니다.

火가 水를 만나면 사(死)에 해당하지요. 이것을 절(絶)이라고도 합니다. 절이란 말은 십이운성에서 있는 말입니다. 모든 것이 단절되었단 말이지요. 병화(丙火)가 해수(亥水)를 만나면 편관(偏官)이라고 해서 가장 나쁜 경우라고 생각합니다. 근데 사실은 그렇지가 않지요.

그렇다면 절처봉생이란 말이 틀리게요? 이 말은 지장간의 소식입니다만, 해중(亥中)에는 무갑임(戊甲壬)이 잠복하고 있지요.

그중에 임수(壬水)는 절처(絶處)에 해당하는데, 갑목(甲木)이 바로 봉생(逢生)에 해당하는 것입니다. 이 갑목의 生을 받는 고로 火는 약하긴 해도 죽지는 않는다고 하는 것입니다. 이제 무슨 말인지 아시겠지요? 절처봉생…….

이런 기회에 문자를 하나씩 배우다보면, 스스로도 모르시게 유식(?)해지실 겁니다. 이거 별 신통한 것도 아닌 것을 가지고 너무 허풍을 떨었지요? 원래 낭월이는 그렇게 속이 없어요. 하하하.

土의 뿌리 내리기

土의 뿌리는 어디인가요?
우선 土를 생조하여 주는 지지(地支)의 순서를 적어볼까요?

土의 뿌리 내리기 순서

1오(午) 2미(未) 3사(巳) 4술(戌) 5진(辰) 6축(丑) 7인(寅) 8신(申) 9해(亥) 10유(酉) 11자(子) 12묘(卯)

이렇게 土는 각각의 지지에 따라서 자신의 의지를 삼는 정도가 정해지는 거로군요. 역시 오화(午火)는 土를 강하게 해주는 왕입니다.
참 오랜만에 사주 하나 구경하고 넘어갈까요?

時	日	月	年	사주
辛	戊	癸	己	
酉	戌	酉	未	

土를 설명하는 장이니, 당연히 토일(土日)에 태어난 사람이 나와야겠군요. 이 사람은 유월(酉月)에 난 무토(戊土)로군요. 얼른 보시기에 어떠세요?

土가 약해 보이시나요? 土가 넷이나 되기 때문에 뭐 그렇게 크게 약하다고는 생각할 수 없는 형상입니다. 이제 실력이 좀 쌓였기 때문에(?) 응용하는 사주도 점점 치밀해져야겠지요? 처음에 들고 나온 사주들은 초보자라도 얼른 용신이 보이는 아주 쉬운 사주를 보여드렸습니다만, 이제부터는 다릅니다. 긴장하시고 들여다보셔야 오차가 없을 겁니다.

우선 위의 뿌리 강도로써 한번 살펴볼까요?
월지(月支) 유금(酉金)에는 10 …… 형편없군요.
일지(日支) 술토(戌土)에는 4 …… 상당합니다.
년지(年支) 미토(未土)에는 2 …… 대단하군요.
시지(時支) 유금(酉金)은 역시 10 …… 버렸습니다.

여기서 대강 봐서는 비율이 비슷해 보입니다. 술과 미를 얻었으니, 그렇게 볼 수가 있겠군요.

그럼 이번에는 자세히 보도록 할까요?

사주의 중심은 월지라고 했습니다. 월지가 유금(酉金)으로써 완전히 도움 줄이 끊겼군요. 일지의 술토(戌土)로 인해서 뿌리가 흔들리는 것은 막았습니다. 유금과 술토의 뿌리 정도를 비교한다면 5~6을 중간으로 봤을 경우에, 유금은 -4 정도, 술토는 +2 정도 되겠군요.

당연히 술토에서 얻는 정도보다도 유금에서 빼앗기는 정도가 심하다는 것을 알 수 있겠습니다. 그렇지요? 여기다가 시지에 유금이 가세를 하고 년지의 미토는 필요하기는 한데 너무 멀리 있군요.

그래서 이 무토는 얻음보다 잃음이 많다고 판정을 할 수 있겠습니다. 근데 염려가 되시나요? 사주를 볼 적마다 이렇게 +? -? 하고 따져야 하는가 하고…….

그런 염려는 당분간만 하십시오. 시간이 경과하면 저절로 한눈에 이런 변화가 들어와서, 판단을 하는 데는 보통은 0.3초(우사인 볼트보다 빠른가?), 느려도 5초 이내에 들어옵니다. 과장이 아닙니다. 얼마 남지 않았지요, 하하하.

자, 이 정도로 봐서 이 무토는 뿌리가 약하다는 것은 알 수 있을 것입니다. 근데 만약에 이런 말을 하면, 분위기가 완전히 달라 보일걸요?
"이 사주는 신유술(申酉戌) 사방(西方)의 방합(方合)을 이루고 있느니라…… 헐헐헐."

金의 뿌리 내리기

이제 오다오다 보니까 돌부리까지 왔군요.

굴러온 돌이 박힌 돌을 빼낸다고 했던가요? 이 말은 이치에 합당한 말일까요? 박힌 돌이란 사주팔자에 있는 金을 말한다고 하고, 굴러온 돌은 운에서 들어온 金이라고 하면 말이 되겠군요.

그러나 팔자의 이치에는 돌이 돌을 빼내는 법이 없군요. 오직 돌이 돌을 의지하는 법만을 생각하고 있습니다. 낭월이 심심해서 한번 엉뚱한 소리를 해봤습니다. 그래도 아무도 웃지 않으시는군요. 하하.

이제 돌의 뿌리를 한번 살펴봐야지요.

뿌리 깊은 돌은 바람에 아니 뽑힐세…… 자고로 돌은 그 뿌리가 깊고 볼 일입니다. 하긴 삼라만상이 모두 그렇지요? 그럼 지지(地支)를 한번 나열해 보겠습니다.

金의 뿌리 내리기 순서

1유(酉) 2신(申) 3축(丑) 4술(戌) 5미(未) 6진(辰) 7사(巳) 8인(寅) 9해(亥) 10오(午) 11자(子) 12묘(卯)

대강 이 정도 순서로 표시할 수 있을 듯하군요.

백문이불여일견(百聞而不如一見)이라니, 사주 하나 보면서 궁리를 해봅시다.

時	日	月	年	사 주
丙	庚	癸	辛	
戌	辰	巳	酉	

이런 사주는 어떤가요? 경금(庚金)이 사월(巳月)에 태어나서 7순위 뿌리를 얻었군요. 약간 약한 편이라고 할까요? 그러나 일지(日支)에 진토(辰土)가 있으니 6순위, 시지(時支)에 술토(戌土)가 있으니 4순위, 년지(年支)에 유금(酉金)이 있으니 순위가 되어 대체로 내 편이 강한 사주로군요. 金의 입장에서는 뿌리가 가장 많은 행운아인 셈입니다.

어머니에 해당하는 土가 진술축미(辰戌丑未)로 넷이나 되어서 남들은 둘밖에 없는 인성이 金의 입장에서는 넷이나 되고, 또 같은 金도 둘이 포함되니, 여섯 개의 지지가 金의 뿌리가 되어주고 있는 상황입니다. 그래서 金은 웬만하면 신약한 법이 없습니다. 金은 7순위까지는 자기의 뿌리로 봐도 상관없습니다. 사실 사화(巳火)는 金의 생지에 해당하는 것을 봐도 그것을 알 수 있잖아요?

이 팔자는 그래서 신강하다는 판단을 할 수가 있으니, 월지(月志)의 사화에서 조차 生을 받고 있는 셈이기 때문입니다. 그래서 용신은 월을 장악한 병화(丙火)가 차지하게 되고…… 아직 용신 이야기는 이른가요?

헤헤…… 그럼 조금 참지요. 참고로 이 팔자는 제갈공명의 팔자란 것만 말씀드리고 마무리합니다. 각자 연구하여 보세요.

水의 뿌리 내리기

이제 뿌리 탐색 작업도 마지막이군요.

다음부터는 아주 복잡한 인연(因緣) 관계를 설명하겠습니다.

즉, 합·충에 관한 이야기를 말씀드리려고요. 그것들은 정말 복잡한 인연입니다. 뿌리를 얻었는가 싶으면 합이나 충으로 인해서 뿌리가 송두리째 날아가 버리는 경우도 왕왕 있고, 그 복잡한 관계를 알지 못하고는 상황을 판단하기가 쉽지 않습니다.

혹시 외워야 할 게 너무 많다고 푸념을 하시지는 않는지요? 하긴 좀 많기는 하지요? 근데 정말 행복한 푸념이라는 생각이 들기도 합니다. 사실 그 이론을 캐어내신 우리 왕 선배님 사부님들께서는 얼마나 많은 시행착오와 고민과 궁리를 거친 다음에 추리고 추린 나머지 이렇게 간단한 고갱이만 남겨두었는데, 그 고갱이를 얻어 배우면서도 외울 게 많다고 구시렁거리는 이 행복감······.

정말 이런 생각을 한번 해보신다면 다시는 외우는 고통을 하소연하시진 않을 겁니다.

외운다는 것은 고통스럽지만, 그 진국은 우려도 우려도 다함이 없습니다. 함축되고 응고된 녹용과도 같은 영양제인 암기 과목을 소홀히 했다가는 나중에 필시 후회하고 말게 됩니다. 사실 그 고갱이 중에서도 낭월이는 다시 왕 고갱이만 추려서 적어드리는데······ 하하.

이제는 아예 외우기 어렵다는 말씀일랑 낭월이에게 하지 마세요. 사실 낭월이도 외우는 문제만 나오면 머리부터 아파옵니다.

근데 시간이 경과하고 이렇게 잠시 뒤돌아 보면 정말 진국이라는 생각이 절로 드는군요. 한참 공부할 적에는 얼마나 신명이 났으면 적천수 원문을 모두 달달달 외웠겠습니까.

이런 식으로 외우다보면 그중에 얻는 것이 상당하더군요.

만약 낭월이에게 명리 삼경(命理 三經)을 선택하라고 한다면 서슴없이 이렇게 추천합니다.『자평진전(子平眞詮)』,『적천수(滴天髓)』,『궁통보감(窮通寶鑑)』이라고…….

만약 그중에 한 가지를 줄이라고 한다면 궁통보감을 줄이겠습니다. 적천수에는 궁통보감의 이론이 들어 있기 때문입니다.

근데, 또 그중에서 한 가지를 줄이라고 한다면…… 적천수를 줄이겠습니다. 즉, 자평진전을 보고 나서 비로소 적천수가 필요하기 때문입니다. 이 정도로 낭월이가 좋아하는 자평진전입니다. 어느 정도인지 아시겠지요? 기본 중에 왕 기본입니다.

水의 뿌리 내리기 순서

1자(子) 2유(酉) 3신(申) 4해(亥) 5축(丑) 6사(巳) 7술(戌) 8진(辰) 9묘(卯) 10인(寅) 11오(午) 12미(未)

이제 막바지에 왔으니까, 더 설명을 안 해도 잘 아실 것으로 믿고, 이만 줄일게요.

4장

합(合)도 하고 충(沖)도 하고

천간 오합(天干 五合)의 이모저모

이제 점점 복잡하고 미묘한 변화에 눈을 돌릴 순서가 되었군요.

우선 천간 합(合)에 대해서 생각해봅니다. 처음에 간단한 오합(五合)은 공부하신바 있습니다. 이제 그 문제를 좀 더 자세하게 분석해서 궁리를 해보는 순서입니다.

합이라 함은 인간살이에 있어서도 왕왕 있는 일입니다. 사업을 하는데도 합작이 있지요. 가정에서도 합심이 있고요. 이런 의미에서의 합은 매우 좋은 합이군요. 그럼 합은 모두 좋은 것일까요?

아니지요. 합도 합 나름이라고 했듯이…… 합에도 나쁜 합이 있는 것이 당연하지요. 즉, 건달들과의 합(폭력집단)은 아무리 봐도 흉합니다.

합은 무조건 좋은 것이라고 생각하고 계신 벗님은 즉시로 고치시기 바랍니다. 누누이 말씀 드립니다만 절대적으로 좋기만 한 이치는 음양오행학(陰陽五行學)에는 없습니다. 이것만 알아도 수준이 9급(바둑으로 쳐서……) 정도는 확신합니다.

우선 복습을 해보지요.

감기합토(甲己合土), 을경합금(乙庚合金), 병신합수(丙辛合水), 정임합목(丁壬合木), 무계합화(戊癸合火), 이것은 이미 알고 계시는 바와 같습니다. 그러면 어떤 상황에서 갑자기 합토(合土)가 되는지 안 되는지 한번 살펴봐야겠군요.

갑기합토를 물고 늘어지겠습니다. 그러니 다른 합은 미루어서 짐작하면 되겠지요?

우선 크게 구분을 해야 할 일은 일간(日干)과의 합인가 아닌가의 구분입니다. 일간의 합이면 좀 더 복잡한 상황이 발생합니다. 우선 일간의 합은 제외하고 다른 천간(天干)끼리의 합을 살펴볼까 합니다.

항상 사주를 보면서 이해를 돕는 것이 편하지요? 사주 하나 올라갑니다. 자세히 관찰해보십시오.

時	日	月	年	
癸	丁	甲	己	사주
卯	酉	戌	未	

갑기합이 있는 사주로군요. 이것이 합입니다. 이 정도는 누구나 알고계신 거고, 단 궁금한 것은 기 갑기합이 화토(化土)가 되느냐 마느냐 하는 것이지요. 이것을 구분하는 것이 어렵다고 하는 것입니다. 이 사주는 갑기합 하는 상황에서 갑목(甲木)은 술토(戌土)의 위에 앉아서 수(囚)가 되는군요. 기토(己土)는 미토(未土) 위에 있어서 왕(旺)이 되고요. 이런 상황이라면 화토가 된다고 봅니다.

즉, 갑목이 木의 성질을 버리고 土를 따른다는 말입니다. 눈치가 빠르신 벗님은 아시겠지만, 갑목이 무력해야 화토를 한다는 것입니다. 그래서 합의 이야기를 하기 전에 먼저 뿌리를 살피는 공부를 하게 된 것입니다. 이 화(化)하느냐 화(化)하지 않느냐 하는 문제는 두고두고 속을 썩일 것입니다. 이런 예를 한번 보시지요.

물론 실제로 있을 수 없는 사주를 급조했습니다. 소설 속에서나 나올 수 있는 사주지요. 무슨 소린지 알아듣는 분은 이미 고수의 냄새가 나는 분입니다. 즉 기해(己亥)년에는 갑자월이 없다는 말입니다. 다만 합의 이해를 돕기 위해서 만들었을 뿐입니다. 아울러서 병자일에도 을해시가 없습니다. 앞으로는 이런 사주가 종종 등장할 것입니다. 합의 설명에 딱 맞아떨어지는 사주가 마땅치가 않거든요. 그렇게 알고 이해해주시기 바랍니다.

時	日	月	年	사주
乙	丙	甲	己	
亥	子	子	亥	

이 사주의 갑기합은 성립됩니다만, 화토(化土)는 성립이 되지 않는군요. 즉, 갑목이 이미 水의 생기를 받아서 절대로 土로 화(化)해야 할 필요를 못 느끼기 때문이지요.

합(合)은 연애(戀愛)하는 것이고, 화(化)는 결혼(結婚)하는 것이다라고 이해를 할까요?

이 점은 다소 어려운 문제일 듯합니다만, 잘 음미해보시기 바랍니다. 다른 합의 예도 조금만 살펴볼까요?

時	日	月	年	사주
戊	己	庚	乙	
戌	巳	戌	亥	

가령 이런 사주가 있다고 한다면 어떻습니까? 을경합금(乙庚合金)이 되는 걸까요? 한번 살펴보시지요.

그렇습니다. 합은 있으나 화(化)는 없지요. 항상 살필 일은 합을 했으면 화(化)를 했느냐 하는 것이 중요합니다. 즉, 화(化)를 했으면, 화(化)한 오행으로 봐야하고 화(化)하지 않았으면 그냥 자기의 오행으로 봐야 하니까요.

단순히 합만 살피는 것이 초보라면 합의 그 후를 살피는 것은 입문의 수준이라고 하겠습니다.

아무래도 어렵게 느껴지실 것만 같아서 낭월이 부담되는군요. 이런 이야기를 해드려서 이해를 도와볼까요?

이미 다 아는 이야깁니다. 호동왕자와 낙랑공주 이야깁니다.

낙랑공주가 호동왕자에게 홀라당 해서 북을 찢는 것은 화(化)를 했기 때문입니다. 흔히 하는 말로 미친 거지요. 화(化)를 하는 것은 미친 것이라고 기억해둘까요? 하긴 로미오와 줄리엣도 합하고 화(化)를 한 경우로 볼 수 있겠군요. 감이 잡히세요?

합하고 화(化)를 하지 않은 것은 어떤 경우일까요?

"사랑하기에 헤어진다." 이런 말이 있지요? 이것은 합만 하고 화(化)는 하지 않은 경우입니다. 뭐 내막이야 어떻든지 간에 분명한 것은 화(化)를 못했다는 것입니다. 그 이면에는 자기 자신을 완전히 미치지 못하게 하는 어떤(?) 상황이 있었겠지요.

이렇게 말이 길어져도 합화(合化)의 사정만 기억할 수 있다면 대성공인데…… 아무래도 염려가 되는군요.

항상 기억해두시기 바랍니다.

만약에 어느 사주에 일간합이 있다면, 그 사주는 정밀진단이 필요하다는 사실을 잊으면 안됩니다. 물론 의외로 간단히 해결이 되는 것이 대부분입니다만, 간혹 아주 골탕을 먹이는 사주가 하나씩 있어서 긴장을 늦을 수 없습니다.

일간(日干)이 합이 되어도 화(化)하지 않느냐면 전혀 상관이 없습니다만, 만약에 화(化)를 한 듯하다 싶으면 비상계엄령을 선포해야 합니다. 그냥 쉽게 생각해서는 골탕을 먹게 되는지도 모릅니다.

그럼 이해를 돕기 위해서 몇 가지의 예를 살펴보도록 하겠습니다. 잘 음미하시고 이해해 주시면 좋겠습니다.

時	日	月	年	사주
戊	甲	壬	己	
辰	寅	申	巳	

이 사주는 갑기합이 있군요. 이 합은 성립이 될까요? 중간에 임수(壬水)가 있어서 합에 걸리적거리는군요. 그래서 합이 없는 거나 마찬가지입니다. 신혼부부 방에 시어미가 함께 있으면 아무래도 합이 잘 안되는 것과 같습니다. 더구나 사이에 끼어 있다면 될 턱이 없지요.

時	日	月	年	사주
己	甲	甲	戊	
巳	寅	寅	戌	

이 사주의 갑기합은 어떨까요? 합이 성립하는군요. 분명히 갑기합이 되어 있는 것입니다. 그러나 화(化)까지는 아니군요. 갑목(甲木)과 기토(己土)가 서로 자신의 뿌리를 갖고 있기 때문입니다. 감이 잡히세요?

時	日	月	年	
己	甲	丁	丁	사
巳	辰	未	亥	주

이 사주는 갑기합이 성립함은 물론이고, 화토(化土)까지도 성립이 되는군요. 土는 왕(旺)하고 木은 뿌리가 해수(亥水)에 있는데 미토(未土)에게 깨어지고 희망이 없으니 기토를 따라서 화(化)해버리는 경우입니다.

갑목의 경우를 예로 들어서 설명해드렸습니다.

모든 예를 보여드리면 좋겠지만, 이 일간합의 경우는 다음에 용신공부를 할 적에 또 등장합니다. 즉, 화기격(化氣格)이라는 별도의 격국을 공부해야 하거든요. 그래서 이 자리에서 완전히 해부를 하지 않아도 염려 마시기 바랍니다. 또 아직 수준이 화기격(化氣格)을 논할 수가 없는걸요. 사실 용신 중에서도 가장 어려운 것이 바로 화기격(化氣格)입니다. 한 술 더 떠서 가화격이란 말이 나오면 아마 모르긴 몰라도 머리를 싸매고 누우실지도 모르지요(낭월이가 가장 헤맨 부분이기도 함).

그러니 지금의 순서에서 더 이상 일간 합에 대해서 연구를 하지 않더라도 전혀 염려하실 일이 아니란 것을 말씀드립니다.

이 장에서는 다만 천간 오합이 일간과 얽힌 경우에는 좀 더 복잡하다더라…… 하는 정도만 기억해주셔도 좋습니다.

단, 일단 합을 했으면 화(化)를 했는지 안했는지는 잘 살펴야 하고 좀 더

치밀하게 분석을 해야 합니다.

    그러면 다음엔 지지(地支)로 내려가서 삼합(三合)에 대한 연구를 할 순서입니다. 삼합도 어지간히 복잡한 사정이 있습니다만, 까짓거 어차피 한번 부딪쳐보면 별것도 아니지요.

    가장 중요한 합은 일간합을 비롯한 간합(干合)과 지지의 삼합(三合)입니다. 다른 합은 그런 대로 몰라도 상관없지만, 간합과 삼합은 잘못 살피면 헛다리짚는 수가 있으니까 잘 공부하시기 바랍니다.

삼합(三合) 연구

삼합(三合)의 기본은 이미 통달하셨겠지요?
아직까지 삼합을 외우지 못하시는 분은 저쪽으로 가셔서 손들고 서 계시고…….
이것을 백 번씩 읽으십시오. 그럼 다 외워질 테니까요.

인오술화국(寅午戌火局) 해묘미목국(亥卯未木局) 사유축금국(巳酉丑金局) 신자진수국(申子辰水局) 진술축미토국(辰戌丑未土局)

삼합의 문제는 여간 속을 썩이는 것이 아닙니다.
복잡하고 미묘하고…… 사실 삼각관계가 얼마나 복잡 한지 아시죠? 서로 밀고 당기고 얽히고 설켜서 참으로 복잡하고 미묘하지요. 이 소식이 바로 그 소식이려니 하시고 잘 음미하시기 바랍니다. 간단하게 예를 봅시다.

예 1)
인오술미(寅午戌未) 신해묘미(申亥卯未) 사신자진(巳申子辰) 술진미축(戌辰未丑) 묘사유축(卯巳酉丑)

만약에 어느 사람의 사주를 봤더니 지지(地支)가 이렇게 생겼다면 이것들은 모두 삼합이 성립합니다. 즉, 서로 바짝바짝 연결되어 있는 것이지요. 물론 이 경우에도 간합(干合) 또는 오합(五合)처럼, 천간(天干)의 기운에 따라서 화(化)를 하느냐 마느냐가 결정나는 것이니까, 잘 봐야겠지요. 근데, 가령 이들 사이에 뭔가 끼어든다면 어떨까요? 아래를 보세요.

(여기서 년이든 시든 구분할 필요는 없음)

예 2)
1) 오인진술(午寅辰戌) 2) 인미오술(寅未午戌) 3) 술인묘오(戌寅卯午)
4) 축유인사(丑酉寅巳) 5) 유사미축(酉巳未丑)

이런 경우에 대개는 합이 된다고 보면 됩니다. 그래도 막연하지요? 이렇게 기억하세요.

삼합이 있을 경우에 그 사이에 뭔가 끼어 있다면, 그 놈이 삼합의 기운을 生해주는 놈인가 아니면 극하는 놈인가…… 이것을 살피는 게 좋겠어요. 가령 예2)의 1번은 인오술(寅午戌)이 있는데 진이 끼어 있군요. 이 경우에는 土가 火기운을 조금만 손상시키니깐 합에 영향이 거의 없다고 봐도 좋습니다. 2번은 인오술(寅午戌)에 미가 끼어 있지만, 별로 신경 쓸 일이 없다는 걸 알 수 있겠지요?

3번은 인오술(寅午戌)에 묘가 있어서 오히려 화국(火局)의 기운을 도와주고 있으니 더욱 상관할 필요가 없겠지요? 4번도 사유축(巳酉丑)에 인이 있는데 인은 金을 깨뜨리지 못하니까 크게 신경을 쓸 일이 없다는 것이지요. 다만 합의 힘이 약간 떨어지는 정도로 이해하면 될 겁니다.

5번은 사유축(巳酉丑)에 미가 있고, 미는 금기(金氣)를 도와주니 역시 좋군요.

무슨 말인지 아시겠지요? 그럼 다음 예로 넘어가 봅시다.

예 3)
1) 인오자술(寅午子戌) 2) 유오사축(酉午巳丑) 3) 해묘유미(亥卯酉未)
4) 진신미자(辰申未子) 5) 술축묘진(戌丑卯辰)

1의 경우에는 인오술(寅午戌)이 있으나, 자수(子水)가 가로막고 있어서 합이 어렵군요. 2는 오화(午火)가 역시 사유축(巳酉丑)의 합을 방해하고 있습니다. 나머지도 한번 살펴보시기 바랍니다.(긴 설명 생략……)

사실 이렇게 설명은 너절하게 했습니다만, 한마디로 말한다면 "감을 잡아라"는 것입니다. 삼합을 방해하는 오행이 있어도 삼합이 되는 경우도 있기에 하는 말입니다. 이렇게 공식 비슷한 것을 만들어보는 것은, 우리 벗님의 안목을 염려해서 되도록 이면 이해를 도와보려는 낭월이의 고육지책(苦肉之策)입니다. 사실은 이런 공식이 어떤 경우에는 잘 먹히지 않을 수도 있다는 것을 말하지 않으면 낭월이 욕먹지요…… 후후.

그럼, 이제 삼합이 경우에 따라서는 되기도 하고 안 되기도 한다는 사실을 아셨습니까? 그러면 성공입니다.

그런데 또 속 썩을 일은 수두룩합니다. 뭔고 하니 이런 경우지요. 세 자가 모두 있으면 그런 줄 알겠는데 두 자만 있으면 어쩌지요?

그럼, 이제 삼합이 경우에 따라서는 되기도 하고 안 되기도 한다는 사실을 아셨습니까? 이 정도만 알아도 성공입니다.

그런데 또 속 썩을 일은 수두룩합니다. 뭔고 하니 이런 경우지요. 세 자가 모두 있으면 그런 줄 알겠는데 두 자만 있으면 어쩌지요?

예 4)
1) 인오진축(寅午辰丑)   2) 사유오인(巳酉午寅)   3) 자진오술(子辰午戌)
4) 인술유축(寅戌酉丑) …… 등등

이런 경우에 합의 힘이 반쯤 있다고 생각하지요…… 그래서 반합(半合)이라고 합니다. 반합이란 합의 힘이 반쯤 된다고 알면 되겠지요.
그러나 삼합의 중간에 글자(자오묘유(子午卯酉))가 있어야 반합이 되는 기준이 될 수 있음을 명심해 주시기 바랍니다. 그러니까 가운데 글자(왕(旺)에 해당)가 없다면 반합(半合)은 성립이 되지 않습니다. 잊지 마세요. 초보의 언저리에 계신 벗님이 혼동하기 쉬운 부분입니다.
예4)의 4번에서 유축은 반합이지만, 인술은 반합이 아닙니다.
다만, 만약에 두 개가 지지에 있고, 그 없는 것의 본기(本氣)가 천간(天干)에 있다면 삼합이 있는 걸로 봐줍니다. 이런 경우가 되겠지요.

예 5)

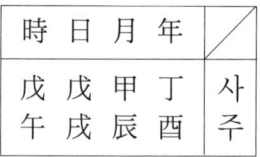

이런 경우에 오술(午戌)이 있고, 인목(寅木)이 없는데, 천간에 인목의 본기(本氣)인 갑목(甲木)이 튀어나왔군요. 이것을 투출(透出)되었다고 말합니다. 투출이란 역시 튀어나왔다는 말이니 상관없습니다. 뭐라고 하던지……

그래서 인오술(寅午戌)이 완전하지는 않지만, 화국(火局)이 있는 걸로 봐줍니다. 대개 이런 경우가 많습니다. 그래서 분위기를 잘 파악하는 사람이 사주를 잘 보는 사람입니다.

이 정도면 대강 삼합에 대한 설명이 된 것 같은데…… 참, 아울러서 방합(方合)도 이렇게 기억하시면 됩니다. 즉, 방합이 있으면 방합의 기운이 왕하다고 보면 되겠지요.

방합이 뭔지 알겠지요?

인묘진동방(寅卯辰東方) 木
사오미남방(巳午未南方) 火
신유술서방(申酉戌西方) 金
해자축북방(亥子丑北方) 水

이것이지요.

동방(東方)이라는 것은 목방(木方)이라는 뜻입니다. 이 정도는 오행의 기초에서 졸업한 것일 테니까 줄입니다. 그러니까 방합이거나 삼합이거나 간에 그 원리는 비슷합니다.

다만 차이점을 이해하면 되겠지요. 한마디로 한다면,

삼합(三合)은 부자손(父子孫)의 합(合)이요, 방합(方合)은 붕우(朋友)의 합(合)이니라.

그러니까 끈적거리는 것은 삼합이 더 심하고, 파워는 방합이 더 강합니다. 그러나 방합은 친구들의 모임과 같아서 해가 지면 모두 헤어집니다. 가정으로 돌아가지요. 그래서 합의 힘이 삼합보다는 약하다고 하는 것입니다. 이 정도 해도 눈치 빠른 벗님은 이해하실 듯하군요.

육합(六合) 연구

육합(六合)이란 지지(地支)의 단 두 개가 서로 만나서 형성되는 합 관계입니다.

자축합토(子丑合土) 진유합금(辰酉合金) 사신합수(巳申合水) 인해합목(寅亥合木) 묘술합화(卯戌合火)

이렇게 오행(五行)이 다 나오고 나니 어쩔 수 없이 오미합무화(午未合無化)일 밖에요. 그래도 오미(午未)도 火의 합으로 봐주면 편합니다.

육합은 어디서 나왔을까요?

일설에는 지구의 자전에 의해서 생겼다는 말도 있습니다. 그러나 한 가지 이론일 뿐이지요. 확실한 것은 없다는 것입니다.

육합은 비교적 그 변화가 간단합니다.

이치는 역시 간합(干合), 삼합(三合)과 같습니다. 그러니까 길게 설명을 하지 않아도 아실 줄 압니다. 그리고 이 육합은 삼합의 변화보다는 크게 적용하지는 않습니다. 참고하는 정도라고 할까요. 삼합의 비중보다는 낮다는 뜻입니다. 그런 것이 있다고 생각하시고 혹시 사주에서 보이면 참고하시기 바랍니다.

이렇게 해서 합에 대한 세 가지 종류를 공부했습니다.

세 가지 중에서 가장 으스스한 것은 역시 간합입니다. 제발 우리 벗님들이 고수의 문턱에 들 때까지는 이런 사주를 만나지 마시기 바랍니다. 하긴 만나고 부딪쳐야 통하기도 하지만…… 그 다음은 삼합이군요. 그리고 육합도 신경 써서 봐야 할 부분입니다. 어쨌든 앞으로 사주를 보다가 좀 이상하다 싶으면 즉시 합의 변화를 읽어보시기 바랍니다.

달밤에 몰래 만나는 암합(暗合)

합에 관한한 이미 간합(干合)과 삼합(三合)과 육합(六合)을 공부했으면 다 된 걸로 봅니다. 근데 이것은 또 무엇인고?

암합이라니…… "어두운 합"이란 말인가?

사실 이것은 간합의 영역과 별로 다른 것은 없습니다. 그러나 얕잡아 봤다가는 큰일 납니다. 정말 무서운 합이 바로 암합입니다. 그래서 사주보는 것이 점점 복잡해지는 것입니다. 그러면 암합은 어떤 특성이 있느냐가 문제인데…….

우선 은밀, 비밀, 이런 종류로 생각하시면 거의 틀림이 없습니다. 가령 남편을 두고서 애인을 갖고 있는 부인은 애인이 암합된 것이고, 겉으로는 부인이 없는 척하면서 속으로 부인을 숨겨두고 있는 사람은 부인이 암합이 된 것입니다. 이렇게 암합의 현상은 구석구석에 숨어 있습니다. 그런가 하면 자식을 숨겨두고 내어놓지 못하는 사람, 재산을 숨겨두고 사용하지 못하는 사람(차라리 기증을 하면 좋으련만……), 직업을 숨기는 사람…… 그런 사람도 있느냐구요? 물론 있지요. 요즘은 산업 스파이도 많습니다. 도둑이나 살인강도는 암합의 직업에 속하지요…… 헤헤, 별로 만나고 싶지 않은 분들입니다.

어떤 사람들을 상대하다가 보면, 왠지 분명해 보이지 않고, 무슨 꿍꿍이

가 있는 것처럼 보이는 사람은 필시 암합이 있을 가능성이 있습니다. 암합이 많으면 공개하기를 싫어합니다. 그래서 무섭지요. 그런 사람을 보면 우선 경계심이 먼저 듭니다. 까딱하다가는 무슨 덤터기를 쓰게 될는지 모르기 때문입니다.

별것도 아닌 것을 갖고 비밀스럽게 행동하는 사람도 암합의 영향일 가능성이 있습니다. 여기서 가능성이라고 하는 것은 모두 그런 것은 아니기 때문이지요. 암합이 아니더라도 팔자에 목화(木火)의 기운이 부족하면 그렇게 될 수가 있기 때문입니다.

웃으면서 뒤통수 때리는 사람은 정말 무섭습니다.

배신당했다고 울고불고 펄펄 뛰고 난리법석을 떱니다만, 사실은 이미 그렇게 되도록 되어 있었습니다.

공개를 안했을 뿐이지 이미 암암리에 모든 계획이 추진되고 있었으니까요. 이것이 암합의 무서운 점입니다.

가끔 뉴스에서 보게 됩니다. 각시가 바람이 나서 애인과 돌아다니는 것도 억울한데, 이 각시란 작자가 정미(情未)와 짜고서 남편을 살해하려고 합니다. 얼마나 무섭습니까? 이것도 암합의 영역입니다. 그래서 암합이 가장 무섭게 작용하는 곳은 남녀관계입니다.

일단 사주를 입수해서 감정을 할 적에는 다른 암합은 그냥 두더라도 이성간의 암합이 있는지는 한번 살펴보십시오. 암합이 있다면 그 암합이 취하는 행동을 잘 관찰해보십시오. 결국 자신(일간(日干))에게 이롭게 돌아오면 "상관이 없는 것 + 큰 이익"이 되겠고, 자신에게 해롭게 마무리되는 형상이라면 필시 "믿는 도끼 타령"을 하게 됩니다.

이쯤 말씀 드렸으니 이제 우리 벗님들은 암합이 뭐하는 것인지 잘 이해가 되었을 줄 생각합니다.

그럼 사주를 보면서 암합의 현장학습을 하겠습니다.

時	日	月	年	
庚	庚	乙	癸	사
辰	申	卯	巳	주

암합의 반대는 명합(明合)이 되겠군요. 이 사주는 명합도 있고 암합도 있는 팔자로군요. 우선 복습 삼아서 명합을 보지요. 을경합이 있군요. 물론 화(化)는 아니겠습니다. 신진(申辰)에 자(子)는 계(癸)로 변신을 해서 튀어나왔으니, 이것도 합수의 의미가 조금은 있는 걸로 봐줍시다. 이런 종류는 모두 이미 배운 대로 합이지요. 이른바 그냥 합인데, 난데없이 암합이란 말이 나오고 나니까 명합이라는 말을 하게 되었군요. 혼동하실 일은 아니지요?

그럼 암합은 어떤 것이 있지요?

암합은 지장간(地藏干)의 소식입니다. 지장간 모르시는 분은 뭘 해야 하는지 잘 아시겠지요?

년주(年柱)의 계사(癸巳)는 지장간이 무경병(戊庚丙)이군요.

그래서 천간(天干)의 계수(癸水)와 지지(地支)의 무토(戊土)가 합을 하니 암합이로군요. 이렇게 간지 자체가 합을 하는 경우가 몇 개 있습니다.

다음 을묘(乙卯)의 을목(乙木)이 년지의 경금(庚金)과 암합이군요. 이 경우에 합력은 약하다고 합니다만.

월지 묘중의 을목(乙木)과 일지 신금(申金) 속의 경금과 을경합을 하는군요. 이것도 암합의 대표격으로 종종 등장하는 것입니다. 그래서 묘신합(卯申合)이라고 기억을 하라는 말도 있습니다. 이것은 어쩌면 암합이 아닐 수도 있겠습니다만, 일단 육합도 삼합도 아니니 암합이라고 해둡니다.

이 사주는 정말 암합(暗合)이 많기도 하군요. 그리고 여기저기 걸리는 것이 모두 을목이군요. 이놈은 항상 문제를 일으킬 소지가 있습니다. 사실 이 팔자가 그러한 문제로 사형을 받기도 했습니다.

그러면…… 암합은 모두 부정적 견해만 갖고 있느냐?
뭐라고 하시렵니까? 역시 양면성이 있다는 말이 나올 것 같지요? 그렇습니다. 암합도 양면성이 있습니다. 무엇이든지 일면성만 갖고 있는 경우는 흔치 않습니다. 위의 경우에는 부정적인 암합을 살펴봤습니다만, 좋은 면도 있다는 것을 생각하시면 됩니다. 즉, 그 암합이 자신의 일간(日干)이나 이나 용신(用神)에 좋게 작용을 하면 좋은 면이 나타나겠지요. 가령 일간이 약한데, 암합으로 일간의 기운을 도와준다면 그 사람에게는 비밀의 원조자가 있겠지요. 이런 것도 있어봤으면 좋겠네요.

이 정도면 암합의 이치를 알 수 있을 것 같군요.
그러면 암합의 이야기는 이쯤 하고 줄이겠습니다.
항상 관심 깊게 살펴보시기 바랍니다. 암합을 잘 보면, 사람이 상담을 하다가 깜짝깜짝 놀랍니다. 그리고는 하는 말……. "아니, 팔자에 그런 것도 나와요?"

서로 부딪치니 충돌(衝突)이라

충(沖)이란 말은 항상 많이 해오던 말이군요.
상충(相沖)이란 말을 하기도 합니다. 결국은 같은 말입니다.

그럼 충은 무슨 의미가 있을까요?
보통은 충이라고 하면 흉한 이미지를 갖습니다. 충돌은 아무래도 불상사에 가까운 일이 많거든요.
그래서 팔자 속에 충이 있으면 그 주인공은 한가하질 못하고 분주하다고 말하기도 합니다. 그러나 꼭 충이 있어서 그런 것은 아니지요. 그래도 충이 있으면 분주한 현상이 생기는 것은 사실입니다. 그래서 팔자에 충이 있는 것은 꺼리게 됩니다. 우선 팔자를 한번 보면서 궁리를 해보도록 합니다.

時	日	月	年	
乙	乙	甲	辛	사주
酉	卯	午	卯	

이 사주는 묘유충이 있다는 것을 한눈에 알 수 있지요?

	年	月	日	時
사주	戊	戊	丁	丙
	子	午	卯	午

이 사주는 연지의 자수와 월지의 오화가 서로 충이군요.

	年	月	日	時
사주	壬	壬	庚	戊
	申	寅	戌	寅

이 사주는 인목(寅木)과 신금(申金)이 서로 충을 하고 있군요.

	年	月	日	時
사주	庚	己	庚	甲
	午	卯	子	申

이 사주는 자오충이 있으나, 사이에 묘목(卯木)이 가로막고 있어서 충의 작용이 없습니다. 역시 합에도 사이에 막혀 있으면 합의 힘이 떨어진다고 했는데, 충의 경우도 마찬가지입니다.

	年	月	日	時
사주	丙	丁	丙	丁
	子	酉	午	酉

이 경우에는 자와 오의 사이에 유금(酉金)이 있더라도 충의 작용이 있다고 말을 합니다. 이렇게 경우에 따라서 충이 되기도 하고 안되기도 합니다. 합도 역시 같은 뜻이 있습니다.

잘 아시겠지요? 충도 합과 마찬가지로 경우에 따른 상태 파악이 중요합니다. 항상 고정관념이 없이 상황에 맞게 원리를 적용시키는 안목…… 이것이 시력이라면 실력이라고 할 수 있을 것입니다.
우리 벗님들도 고집을 부리지 마시기 바랍니다.
자(子)와 오(午)가 만나면 반드시 충인데 왜 충이 아니냐고 고집을 피우실 필요가 없습니다. 아무리 전력차가 많이 나더라도 대한민국 축구가 브라질이나 독일을 이기는 날도 있습니다.

이렇게 유연한 자세로 원리 탐구에 임해주신다면 훨씬 적은 시행착오를 거치면서 정상에 도달할 것이 분명합니다.
이제 충의 형상을 설명했습니다. 충은 고요한 팔자를 뒤흔들고 있습니다. 그럼 충의 작용도 모두 비슷할까요?

충의 모양은 여섯 가지가 있다는 것은 이미 모두 알고 계시는 대로입니다. 그럼 각각 그 작용은 어떻게 다를까요? 참 궁금하기도 합니다.
인신(寅申)충과 사해(巳亥)충은 생지(生地)의 충이라서(삼합의 경우에 生에 해당) 충돌을 하면 어린아이들이 싸우는 것과 같다고 합니다. 그래서 서로는 코피가 흐르게 마련입니다. 아이들은 함께 뒹굴면서 싸우지요?
그래서 결국은 이긴 놈도 진 놈도 모두 피투성이가 되기 마련입니다. 그래서 생지충(生地沖)은 서로 상한다고 기억하시면 편합니다.

물론 더욱 자세히 분류를 할 수도 있습니다만, 우리 벗님들 고생하실까 봐서 이 정도만 설명 드리렵니다. 그래도 충분합니다.

근데, 어린아이가 싸우는 것과 같이 과연 서로가 모두 상하게 되는 뜻이 있을는지는 설명을 드리고 갈까요?

또 지장간이 나옵니다. 이야기가 깊어질수록 지장간의 이야기는 자주 나옵니다. 이미 다 외우고 계실 줄로 믿고(좀 의심스럽긴 하지만) 설명을 조금만 해보겠습니다.

인목(寅木)(무(戊) 병(丙) 갑(甲))
신금(申金)(기(己) 무(戊) 임(壬) 경(庚))

위의 인신충(寅申沖)은 어떻습니까? 우선 경금(庚金)이 갑목(甲木)을 때립니다.

그러면 갑목은 절대로 경금을 이기는 법이 없으니깐 그 자식(병화(丙火))에게 하소연합니다. 그러면 인중의 병화는 쫓아가서 경금을 메다꽂아버립니다. 그럼 경금이 울고불고 야단을 치지요. 이번에는 경금이 임수(壬水)에게 이르고 임수는 병화를 때리고…….

이런 분위기입니다. 인신충(寅申沖)이라고 하는 간단한 말 속에는 이런 재미있는 복잡한 사연이 만화처럼 숨어 있습니다.

조금 이해가 되시는 벗님은 다른 충도 지장간의 이치를 빌어서 살펴보시기 바랍니다. 아마도 많은 것을 발견하시게 될 겁니다.

자오(子午), 묘유(卯酉)충은 어느 하나가 죽어야 끝이 납니다.

가장 맹렬한 불꽃 튀는 싸움입니다. 그래서 끝이 있습니다. 즉, 누가 이기고 누가 지고가 있습니다.

   삼합에서는 모두가 장수 왕지(旺地)들입니다. 그래서 결코 만만치가 않습니다.

   진술충(辰戌沖), 축미충(丑未沖)은 같은 土끼리의 충입니다.
   그래서 지진이 일어난 거와 같습니다.
   지진은 土끼리의 충돌이지요? 이치가 그와 같습니다.
   여기서 한 가지 부언할 것이 있군요.

   土는 충해야 쓴다.
   土는 충해야 창고가 열린다.
   이런 말이 있습니다. 근데 이 말은 미신에 가까운 말입니다.
   충하면 동하게 마련입니다.
   土는 워낙 고요한 물건이라서 충을 하면 움직이는 성질이 있기는 합니다만 그러나 충하면 고(庫)가 열린다는 말은 좀 그렇군요.

   만약에 갑목이 약한 뿌리인 진(辰) 중의 을목(乙木)에게 의지하고 있을 적에 술(戌)이 와서 충을 했다고 할 경우에 말입니다.
   이런 경우에 충을 만나서 나무의 뿌리가 흔들려서 큰일이라고 봐야 옳을까요? 아니면 나무의 창고가 열려서 뿌리가 되었다고 봐야 옳을까요? 이 문제는 참으로 의미심장한 말입니다.
   술토(戌土) 중에는 신금(申金)이 있어서 충을 하면 튀어나와서 을목을 죽여 버립니다. 어떻게 닫힌 창고가 열려서 좋다고 춤을 출 수가 있겠습니까?

이 문제는 나중에 용신을 가리고 나서 다시 신중하게 다룰 예정입니다.
이쯤 아시고 넘어가도 좋을 성싶군요.

합충(合沖)도 복합적인 경우가 있다

이번에는 합과 충이 뒤섞여 있는 경우에 대해서 한번 생각을 해보고 이 야기를 마무리할까 합니다.

사람의 팔자 구조가 어찌나 복잡한지…….

합이 있는 것만 해도 골치가 지끈지끈한데, 하물며 충이랑 섞여서 범벅이 되어 있으면 정말 복잡해집니다.

아마도 우리 벗님들도 이 정도에서 벌써 사주를 연구한다는 것이 얼마나 복잡한 것인지 감을 잡으셨을 겁니다.

『자평진전(子平眞詮)』을 보면, 합과 충이 섞여 있을 경우에 대해서 자세히 언급을 했습니다.

대강 생각을 해보면, 선후(先後)를 나눠서 보라는 뜻이 있습니다.

가령 년월(年月)이 합되고, 월일(月日)이 충되었을 경우에는 합이 먼저고 충이 나중이군요.

또 월일(月日)이 충되고, 일시(日時)가 합되면, 충이 먼저이고 합이 나중이군요. 이렇게 먼저와 나중을 구분하라고 하였습니다.

그래서 합이 먼저이면 합 무효이고 충이 먼저이면 충 무효입니다. 이것 역시 꼭 이런 것은 아니지요. 경우에 따라서는 선후(先後)에 관계없이 합과 충의 관계가 변하는 경우도 분명히 있습니다.

그 경우란 해당 오행의 세력에 관계합니다. 그러나 이것은 시간이 지나면 저절로 밝아질 것입니다. 우선은 이렇게 합과 충이 뒤범벅일 경우에 어느 놈의 장단에 춤을 춰야 멋진 춤이 될 것인지…… 아리송송할 적에 갈등하지 마시고, 앞뒤의 상황을 살펴서 합이 무효이면 충의 작용을 생각하고 충이 무효이면 합의 작용을 생각하시기 바랍니다.

경매를 하는 거 보신 적이 있으신가요?

합충의 관계도 경매하는 분위기와 비슷합니다.

먼저 제시한 가격은 나중에 제시한 가격에 밀려서 무효가 되지요?

먼저 있는 합이든 충은, 나중에 있는 합이나 충에 의해서 무효가 되는 것이 좀 닮았다는 생각이 드는군요.

팔자의 배치를 어떻게 생각하시나요? 연월일시(年月日時)가 모두 동등한 자격을 갖고 있다고 생각하시나요? 아니면 년과 시의 자격은 분명히 다르다고 생각을 하시나요?

종이에 적어서 볼 적에는 각기 동등한 자격을 갖고 있는 것처럼 보입니다. 똑같은 간지가 넷이 있을 적에 특별히 차이가 있을 것 같지 않지요? 초보님의 눈에는 그렇게 보일 수도 있습니다.

그러나 그 차이는 분명합니다.

년의 갑자(甲子)와 시의 갑자(甲子)는 그 역할이 분명히 다릅니다. 월에 있는 병술(丙戌)이라는 것과 일에 있는 병술(丙戌)이라는 것이 분명히 다르듯이요.

기준은 분명합니다. 한번 정리를 해보지요.

1기준 일간(日干). 2기준 월지(月支). 3기준 일지(日支).
4기준 시간(時干). 5기준 월간(月干). 6기준 시지(時支).

7기준 년간(年干). 8기준 년지(年支).

9기준 대운(大運). 10기준 세운(歲運).

이렇게 눈이 돌아가는 순서가 있습니다. 도무지 감이 안 잡히실 적에는 이 기준으로 상황을 살피시기 바랍니다. 그러면 크게 벗어나지 않고 형상을 살필 수가 있을 것입니다.

어쨌든 여기서는 합과 충이 섞여 있을 경우에 대한 생각을 해보는 순서이니까, 그 순서만 잘 알고 계시면 족합니다.

나머지 복잡한 놈들
(형(刑), 파(破), 해(害), 공망(空亡))

아마도 혼자서 책을 좀 읽어보신 벗님은 이놈들의 행동에 걱정이 많으실 줄로 생각합니다.

낭월이가 전혀 언급을 하지 않으니, 도대체 이놈들은 짊어지고 있어야 하는 건지, 내려놔야 하는 건지……,

어떤 책을 보면 공망이라는 게 굉장히 중요하다고 말을 하기도 합니다. 그리고 그 문제만 가지고서 한 권의 책을 만들기도 합니다. 이렇게 중요하게 다루는 것을 도대체 어떻게 해야 하지요? 모두 공부하면 될 것 아니냐고요? 그렇긴 합니다만, 낭월이가 염려하는 것은 손님이 주인 노릇을 할까 봐 걱정입니다.

이놈들을 공부하다가는 도대체 어느 놈이 주인인지 어느 놈이 객인지 분간을 못하게 되는지도 모릅니다. 아마도 필시 그렇게 될 것입니다.

그뿐이 아니지요. 역마살이니 도화살이니 홀아비살이니 과부살이니 해가면서 그럴싸한 이름이 등장합니다.

이 모든 종류가 줄잡아서 250가지라고 합니다. 이 숫자도 정확한 것이 아닙니다. 아마도 부지런한 사람이 뒤지면 더 있을 거라는 생각입니다. 이 모든 것은 용신을 찾는 작업에는 전혀 도움이 되지 않습니다.

단, 신통한 이야기가 나오는 출처는 될 수 있습니다. 그러니까 일단 용신을 잘 살피고 나신 후에는 잘 사용하기만 하면 멋진 도사라는 말을 들을 수도 있을 겁니다.

가령 "당신 이모부가 우물에 빠져서 죽었구먼. 그래서 맨날 다리에 신경통이 생기는 거요!"라고 말을 할 수도 있습니다. 이모부는 육친으로 따지면 어머니 동생의 남편이니까 어머니는 인성(印星)이고 인성의 남편은 재성(財星)이니까 재성에 우물에 빠진다는 낙정관살이 있으면 그러한 일이 생길수도 있다는 겁니다. 그러나 재성이란 이모부만 해당하는 게 아니고, 아버지도, 숙부도, 백부도 각시도 애인도 모두 해당한다는 게 문제지요. 그 중에서 이모부라고 하려면…… 하하, 글쎄요.

그래서 낭월이는 이놈들은 꽁꽁 묶어서 다락에 집어넣어두고 잠가버리라고 하고 싶은 겁니다.

그래놓고 어쩌겠냐구요? 그냥 잊어버리지요 뭐. 그래도 혹시 쓰일는지도 모르는데 어쩔까 하고 걱정되시는 분은 틈틈이 들여다보세요. 그러나 지금은 아닙니다. 나중에 용신공부가 다 마무리되거든 그때 이후에 틈틈이 들여다보시기 바랍니다. 물론 버리지는 마세요. 이놈들에게서도 우려먹을 게 있기는 있습니다. 다만 지금은 도움이 되지 않을 뿐이지요.

그래서 낭월이가 잠시 한 말씀 드린다면 우선 내려놓으시라고 권합니다. 여기서 우선이란 말은 시궁창에 집어던지질랑은 마시라는 것입니다. 혹시 나중에 필요한 일이 있어서 다시 시궁창을 뒤지고 다니려면 그 일이 보통 고역이 아니거든요. 그냥 다락방에 넣어두고 표시만 해두는 겁니다.

《《이 보따리는 당장은 필요 없는 것임》》

그리고 나서는 잊어버리세요. 잊어버려도 사주보는 데 아무 장애가 없습니다. 이놈들을 끌러 놓으면 그 순간이 "평화의 끝"이 되고 말지도 모릅니다. 우선 합과 충을 공부하는데도 이렇게 복잡한데…… 그 형이나 파나 해나 공망을 한 보따리 풀어두었다가는 아마 용신이고 뭐고 뒤죽박죽이 되어서 두 손 두 발 다 들고 도망가는 일만 남게 될는지도 모릅니다.

그래서 부탁드리건대, 우선 이런 뭉치들은 다락에 넣어두고 내려오지 말라는 겁니다. 그게 만고에 편한 일입니다.

형, 파, 해, 공망은 끌러놓지 않아도 된다는 결론입니다. 나중에 할 일 없고 심심할 때 한번 끌러보든지 말든지 하시고, 지금은 끌러놓지 마시라고 권합니다.

그래서 합과 충에 대한 변화만 잘 헤아리면 거의 충분하다는 말씀을 드립니다.

아셨지요? 낭월이는 이런 것들을 설명하지 않겠습니다.

사실 지금 급한 것은 용신을 찾아내는 것인데, 이런 장신구 준비하느라고 시간 다 흘려보내고 나면 정말 억울하지요.

5장

육친(六親) 연구

열 가지 특수법칙

우선 도표를 하나 봐야 이해가 빠르실 것 같군요. 이 도표는 육친(六親)이라고도 하고 십성(十星), 혹은 십신(十神)이라고도 합니다. 이제 본격적으로 명리학(命理學)의 냄새가 나는 용어가 등장하게 되었군요.

名稱 日干	比肩	劫財	食神	傷官	偏財	正財	偏官	正官	偏印	正印
甲木	甲	乙	丙	丁	戊	己	庚	辛	壬	癸
乙木	乙	甲	丁	丙	己	戊	辛	庚	癸	壬
丙火	丙	丁	戊	己	庚	辛	壬	癸	甲	乙
丁火	丁	丙	己	戊	辛	庚	癸	壬	乙	甲
戊土	戊	己	庚	辛	壬	癸	甲	乙	丙	丁
己土	己	戊	辛	庚	癸	壬	乙	甲	丁	丙
庚金	庚	辛	壬	癸	甲	乙	丙	丁	戊	己
辛金	辛	庚	癸	壬	乙	甲	丁	丙	己	戊
壬水	壬	癸	甲	乙	丙	丁	戊	己	庚	辛
癸水	癸	壬	乙	甲	丁	丙	己	戊	辛	庚

이렇게 거창한 도표를 하나 만들었습니다. 우선 보기에도 거창해 보이지요? 근데 이것을 외워야 한다면 질려버리지나 않으실런지요, 하하.

좀 간단하게 외우는 방법이 없을까요? 외우고 정리하는데 도가 트신 분들도 많으시던데 그런 분은 이렇게 복잡한 표를 외우시라고 해도 간단하게 두어 줄 만들어서 외워버리고 말 겁니다. 어디 한번 궁리해봅시다. 낭월이는 이런 식으로 기억하고 있습니다. 많은 분들이 이렇게 공부하셨을 줄로 알고 있습니다. 아주 간단한 방법이지요. 이미 배운 바 있는 오행의 상생상극표를 응용하는 것에 불과합니다.

아생식(我生食) 식생재(食生財) 재생관(財生官) 관생인(官生印) 인생아(印生我)
아극재(我剋財) 재극인(財剋印) 인극식(印剋食) 식극관(食剋官) 관극아(官剋我)

요렇게 요약을 할 수 있겠습니다. 일단 외우는 비결이니 그냥 외워두시는데 활용하시고, 그 뜻은 두어 번 읽어보시면 알게 되실 것 같습니다. 그래도 약간의 설명이 필요할까요? 간단히 설명해보겠습니다.

여기서 아(我)라고 하는 것은 자신의 일간을 말합니다. 즉, 갑일주(甲日柱)는 아(我)가 甲에 해당할 것이고, 임일주(壬日柱)는 아(我)가 임(壬)에 해당하겠지요. 즉,

아(我)= 양대양(陽對陽)이나 음대음(陰對陰)이면 비견(比肩)
　　　(음양과 오행이 같은 글자)
　　　양대음(陽對陰)이면 겁재(劫財)
　　　(음양이 서로 다른 오행 글자)
식(食)= 양대양(陽對陽)이나 음대음(陰對陰)이면 식신(食神)
　　　(음양이 같은데 내가 生해주는 오행)

양대음(陽對陰)이면 상관(傷官)

(음양이 다르고 내가 生해주는 오행)

재(財) = 양대양(陽對陽)이나 음대음(陰對陰)이면 편재(偏財)

(음양이 같고 내가 극하는 오행)

양대음(陽對陰)이면 정재(正財)

(음양이 다르고 내가 극하는 오행)

관(官) = 양대양(陽對陽)이나 음대음(陰對陰)이면 편관(偏官)

(음양이 같고 나를 극하는 오행)

양대음(陽對陰)이면 정관(正官)

(음양이 다르고 나를 극하는 오행)

인(印) = 양대양(陽對陽)이나 음대음(陰對陰)이면 편인(偏印)

(음양이 같고 나를 生하는 오행)

양대음(陽對陰)이면 정인(正印)

(음양이 다르고 나를 生하는 오행)

이렇게 설명을 할 수 있겠습니다. 이해는 과히 어렵지 않을 것 같군요. 그럼 하나씩 그 영향력을 설명해드려야 하겠지요?

비견(比肩) = 형제 자매, 동업자, 친구, 자존심 등
겁재(劫財) = 형제 자매, 라이벌, 친구, 열등심 등
식신(食神) = 재능, 연구력, 남자는 능력, 여자는 자식 등
상관(傷官) = 표현력, 승부욕, 남자는 능력, 여자는 자식 등
편재(偏財) = 여자, 아내, 부친, 비공식재물, 물질개념 등
정재(正財) = 아내, 여자, 월급, 유산재물, 육체 등

편관(偏官)＝직업, 구박하는 上司, 남자에게 자식, 인내심 등

정관(正官)＝직업, 정 많은 上司, 남자에게 자식, 합리성 등

편인(偏印)＝어머니(계모), 이모, 주택, 고독 등

정인(正印)＝어머니(생모), 이모, 주택, 인정 등

위와 같이 몇 종류의 분류를 할 수가 있겠군요. 그러나 더욱 자세히 나누면 이루 말할 수 없는 많은 종류의 뜻이 있습니다. 극히 일부분이라는 말씀을 드립니다. 그러나 우선은 이 정도로도 충분하다고 생각되는군요.

그래서 대강 마무리를 하고 특히 중요하다고 생각되는 것을 약간 자세히 설명드릴 생각입니다.

즉, 어머니와 아버지, 아내, 남편 등입니다. 나머지는 이 네 가지의 뜻을 파악하시면 능히 통할 수 있다고 생각되어서 줄이겠습니다.

나의 뿌리, 어머니

어머니라고 이름했군요…… 앞에서 어머니에 대한 공부를 했지요? "어머니의 잔소리"라고 해서 공부했을 겁니다.

이제 진정 나의 팔자에 어머니에 해당하는 글자는 무엇인가를 공부하실 차례입니다. 이름하여 "육친관계(六親關係)"

나를 생하는 자는 인성(印星)이라 합니다. 나를 생하면서 음양이 같으면 편인(偏印), 음양이 다르면 정인(正印)이라고 합니다. 근데 여기서 혼동을 하시면 난리가 나는 게 있습니다.

앞에서 누누이 말씀을 드린 바 있는 체(體)와 용(用)을 혼동하지 마시라는 겁니다. 여기서 완전히 혼동의 극을 달리게 됩니다. 사실 낭월이가 자수(子水)를 음수(陰水)로 기억하게 한 것도 바로 여기에서 혼동을 하실 가능성이 많기 때문이었습니다.

아마도 제 말씀을 미리 보시지 않으신 벗님은 고생 좀 하실 겁니다. 분명히 용(用)의 음양을 기억해둬야만 혼동 없이 공부가 진행된다는 것을 다시 첨언 드리면서 잘 이해하셨기를 바랄 뿐입니다.

정인과 편인은 무슨 차이가 있을까요?
일설에는 정인은 생모(生母)요 편인은 계모(繼母)라고 한답니다.

정말로 그럴까요?

아마 이 말은 설명을 하자니까 그렇지 꼭 그렇다고 하지는 못할 것 같군요. 이 한 가지만 가지고 사주에 편인이 있다고 해서 당신은 계모가 있구만 어쩌고 했다가는 망신당하기 십상입니다. 전혀 믿을 말이 못되거든요. 단 어머니와의 정이 무정(無情)하다고 말한다면 또 몰라도……

무정하다는 말은 일리가 있습니다.

음과 양은 서로 당기는 힘이 있고, 음과 음, 양과 양은 서로 밀치는 성질이 있습니다.

그래서 인성(음양을 통틀어서)은 다 같이 나를 生해주는 오행이지만, 정인은 나의 음양이 다르므로 나와 정이 두텁고, 편인은 음양이 같으므로 정이 박하다고 말합니다.

쉬운 말로 남자는 딸을 좋아하고 딸은 아빠를 좋아하는 이치와도 통한다고 하겠습니다. 아들을 못 낳아서 안달을 하는 쪽은 보통 생각하기에 남자일 것 같지만, 제 상담자의 비율을 본다면, 오히려 여자 쪽이 월등히 많습니다. 그 이유를 생각해보면, 옛날에야 칠거지악 어쩌고 해서 곤란했다지만 지금은 전혀 남편이 아들에 대해서 안달을 하지 않는데도 여자가 아들을 구하는 것을 보면서 음양에 대한 이치를 떠올리지 않을 수 없군요.

대체로 딸만 두고서 편안하게 마음을 먹고 사는 여자는 별로 보지 못했습니다. 아마도 이 모두는 음양의 법칙에 근원을 두는 걸로 낭월이는 이해하고 있습니다.

항상 부족함을 느끼지만…… 그래도 최선을 다해서 설명 드리겠습니다. 가장 중요하고 어려운 대복이 바로 이 육친의 장이 아닌가 싶군요. 즉, 용신이 나오고 난 후에 바로 대입되는 항목이 이 육친의 장이기 때문입니다.

내 팔자에 어머니의 덕이 있느냐 없느냐를 구분하는 것은 용신에 가까우냐 기신(忌神)에 가까우냐로 판단합니다.

용신에 가까우면 어머니 덕이 하늘같고, 기신에 가까우면 어머니는 짐덩어리일 뿐입니다.

사실, 사주를 본다는 것도 알고 보면 바로 이것을 알기 위해서입니다. 각시 덕이 있느냐? 부모덕이 있느냐? 자식 복이 있느냐?

그렇지요? 결국 용신을 보는 것도 다른 것이 아니고, 바로 이 육친이 내게 유익하냐 해로우냐를 알기 위해서라면 이해가 되시나요?

이렇게 팔자를 감정함에 있어서 가장 중요한 위치에 있는 육친을 보면, 소홀히 할 수가 없군요.

우리 벗님들 이제 용신의 장도 얼마 남지 않았습니다.

이 항목이 용신의 문턱을 넘어가는데, 아마도 마지막 관문이 될 성싶군요. 이제는 점점 구체화됩니다. 마치 살얼음판과도 같습니다.

처음에 음양의 장을 공부할 때처럼 두리뭉실 넘어갈 수는 도저히 없습니다. 다소 어렵다고 생각이 되실는지도 모르겠습니다만, 여태까지 게으름 부리지 않고 잘 해 오신 벗님들은 어려움없이 계속 상승세를 타실 걸로 생각됩니다.

이해가 잘 안되시면 좀 더 앞의 부분을 복습해주시기 바랍니다.

우선 오행의 구조상으로 보면, 뿌리의 역할을 하고 있습니다.

그래서 뿌리가 약하면 어머니의 역할이 더욱 필요한 거지요. 상담을 하다가 유난히 관심이 가는 자식이 있다고 해서, 그 자식의 사주를 보면 신약하여 어머니께 의지하는 팔자더라고요. 어머니는 사주를 몰라도 스스로 그렇게 저놈은 내가 돌보지 않으면 안 되는 놈이 되어버리나 봅니다.

필시 비실대는 놈은 팔자가 신약해서 어머니(인성(印星))가 필요한 팔자일 겁니다. 그래서 어머니가 자꾸 보살피게 되는 거지요.

예수님도 아마 어머님의 심성을 갖고 계셨던가 봅니다.

아흔아홉 마리 양은 본 체도 않으시고, 한 마리 길 잃은 양을 찾아다니신다는 말을 보면 당연합니다. 이것은 어머니의 심성이거든요.

우리말에 어머니의 마음을 잘 표현한 것이 많이 있습니다. 그중에서도 두 아들을 둔 어머니의 마음이 가장 진하더군요. 두 아들이 있었는데, 한 놈은 짚신 장수를 하고 한 놈은 우산 장사를 했다는 거 아닙니까. 이미 아시는 이야기라고요? 당연하지요. 이 이야기를 모르면 한국인이 아니지…… 하하.

어쨌거나, 이렇게 두 아들을 두고서 항상 마음이 불안한 것이 어머니의 마음입니다. 날이 개면 우산 장사가 안될까 봐…… 비가 오면 짚신이 팔리지 않을까봐…….

속 모르는 아이들은 그럽니다.

"아니, 엄니! 좋게 생각하시지 왜 그렇게 나쁜 쪽만 보세요. 참 딱도 하시네요. 비오면 우산이 팔리겠구나, 해가 나면 짚신이 팔리겠구나…… 이러시면 될 일을…… 애고 걱정도 팔자셔……."

우리 벗님들도 혹시 이런 기분 들어보신 적 없으실까요?

어머니의 잔소리가 하도 지겨워서 아마 한두 번은 툭 쏘아붙였음직 한데요?

근데 이 팔자 공부를 해보고 인성의 마음을 헤아리게 되고 나서는 제 자신이 얼마나 어머니를 이해하지 못했는지를 알게 되더구만요.

그래서 어머님께 잘해야겠다고 마음을 먹었는데 어머니는 자식의 효를 받으실 팔자도 못되셨는지…… 이내 세상을 떠나고 마시더라구요.

우리 벗님들…… 어머니 살아계실 적에 잘하라는 말…… 아직 가슴에 느낌이 찡 하고 오지 않으신 분은 철부지에 가까워요. 문득 정신이 들었을 적에는 어머니는 이미 이 땅에 없지요.

그렇게 못되는 아들만 골라가면서 걱정을 한다고 수없이 투덜대던 자신이 한없이 어려 보일 적에 문득 정신이 성장하는가 싶군요.

팔자 공부가 인생 공부이고, 인생 공부가 팔자 공부라고 생각합니다. 낭월이는 이 둘의 차이를 별로 못 느끼겠어요. 위의 이야기에서 팔자 속 인성의 마음을 헤아려주시기 바랍니다.

인성의 역할은 이것입니다. 이렇게 안목이 높아갈수록 팔자를 보는 눈도 더욱 깊어지지요. 단순히 책 몇 권 더 읽었다고 팔자를 잘 보는 것은 아닐 거라고 생각되는군요.

각자 궁리들 해보시기 바랍니다. 어머니의 마음을 어떻게 헤아리게 될까…… 이 궁리를 하고 나면 다음 궁리, 자식의 마음, 그리고는 남편의 마음, 또 이어서 아내의 마음, 그리고 사회의 마음, 또 부하의 마음, 친구의 마음…….

이 모두를 다 헤아리고 나면 이제 용신을 찾으러 갑니다.

이것도 모른 채로 용신만 물어서 도대체 뭘 하겠다는 건지……

이제 무슨 뜻인지 알겠지요? 아마 능히 하실 겁니다.

이렇게 하고 나서 용신을 찾으러 가면 용신이 그대로 튀어나옵니다. 그러면 그놈을 붙잡고 다그쳐서 정답을 받아내면 되지요. 근데 이 이치를 모르고서는 용신을 아무리 불러도 나오지 않습니다. 우쨔우쨔 눈치코치 봐가면서…… 겨우 용신을 찾아내놓고 보면 이번에는 입을 꾹 다물고 아무 말도 하지 않습니다. 그러니 찾으나 마나지요. 흔히 이런 말을 하시는 분을 봅니다.

"용신은 찾겠는데, 찾아 놓은 다음에가 문제더라고요."
이 분이 어디가 문제인지 우리 벗님은 모두 아실 겁니다.
바로 육친의 공부를 소홀히 하고 용신만 가리면 벼락부자가 되고, 용신만 가리면 계룡산 도사가 되는 줄만 알고 서두른 결과지요, 하하.
만사는 순서가 있는 법이거늘…….
흐르는 물은 앞을 다투지 않는답니다.

어머니의 두 얼굴

어머니에게는 두 얼굴이 있습니다.

어머니뿐 아니라 모든 사람과 물질에게는 두 얼굴이 있다고 말하는 것이 더 이치에 합당하겠군요.

자식을 보살펴야겠다는 마음과, 이거 귀찮은 물건이데…… 하는 두 마음입니다.

그래서 목숨을 걸고 자식을 보살피는 것도 어머니요, 자식을 버리고 서방 따라서 시집을 가버리는 것도 어머니입니다. 이 둘은 얼핏 생각하면 대단한 차이가 있어 보입니다만 그 원리를 관찰하면 비슷한 현상의 다른 결과일 뿐입니다.

사람의 팔자를 볼 적에, 어머니가 꼭 필요한 사람이 있다면 그 어머니는 도망을 가지 않습니다. 한숨과 눈물로 세월을 보낼지언정 결코 자식을 버리고 도망가서 호강할 궁리는 하지 않습니다.

근데, 만약에 그 어머니가 필요한 팔자의 주인공에게 어머니에 해당하는 정인과 편인이 다른 것과 합이 되어서 화한 것이라면 어떻게 될까요?

그렇게 된다면, 어쩔 수 없이 그 어머니는 어린 핏덩이를 두고서 낭군 따라서 가버릴 겁니다.(세상은 비정한 어머니라고 하겠지만……)

그냥 합만 되어 있다면, 자식을 키우면서 애인과 연애를 하기는 해도 도망은 가지 않습니다만, 이렇게 화해버리면 도리가 없습니다. 이제 아시겠습니까? 합(合)과 합화(合化)를 어째서 가려야 하는지를……

만약에 자신의 일주가 신강하게 되어서 어머니(정인(正印), 편인(偏印)의 생조)가 필요 없이 되었다고 가정을 해봅시다.

그런데 어머니가 옆에 붙어 있으면서 요기조기 잔소리를 하면, 정말 피곤합니다. 그런다고 핀잔이라도 할라치면 이번에는 훌쩍훌쩍 울면서…….

"아고, 복 없는 년이 서방 따라서 죽어야 하는데……." 해대니 이거 참 난감합니다. 이런 경우는 어머니의 덕이 없는 경우겠지요. 이렇게 공자님이야 뭐라고 하시건 말건 간에, 자신이 생각하는 어머님의 상이 대강은 정해져 있나 봅니다.

인성이 필요한 사람은 효자(孝子)쪽에 가깝고, 인성이 필요 없는 사람은 그저 그렇습니다. 그럼 인성이 용신을 깨어 먹은 팔자라면 그 사람은 어머니에 대한 마음이 어떻겠습니까?

아마도 이런 사람은 어미만 보면 잡아먹으려고 설칠 겁니다. 세상에 그런 사람이 어디 있냐고는 하지 않으시겠지요…… 이미 우리는 무수히 보고 듣고 있습니다. TV라는 매체를 통해서 말입니다.

이런 사주를 보여드릴까요? 두 사람의 사주를 놓고서, 누가 더 효심이 진하겠는가, 하는 질문 어때요? 재미있겠지요?

(1)

時	日	月	年	사주
辛	己	丙	甲	
未	亥	寅	子	

(2)

時	日	月	年	사주
戊	己	己	庚	
辰	未	未	午	

어디 한번 확인해보지요. 두 사람 중에 누가 더 효자인지 말입니다. 1번은 약하므로 火가 필요하고, 2번은 필요 없군요. 그럼 1번이 더 효자겠군요. 물론 효심에도 정도가 각각입니다. 그냥 소 닭 보듯 하는 자식도 있고, 볼 때마다 못 잡아먹어서 으르렁거리는 자식도 있습니다. 그런가 하면 아예 내다버리는 자식도 있지요. 이렇게 각각의 마음은 모두 팔자 속에서 기인한다는 것을 생각해보면 팔자의 굴레가 얼마나 질긴지 알 만 하지요.

일단은 나(일간(日干))를 기준해서 인성을 살펴서 그 길흉을 따집니다만, 이것이 정리가 되고 나면, 내 자식이 내게 어떻게 할 건지도 알 수 있습니다. 즉, 내 자식에 해당하는 글자가 그 아비나 혹은 어미에 해당하는 글자에 대한 마음이 어떤지 판단하면 나올 일이군요. 그래서 효심이 많으면 학교에 보내지 않아도 효도하고, 효심이 불량하면 학교에 보내봐도 별로 신통한 결실을 기대하기 어렵습니다. 물론 그나마도 안 보낸 것보다는 도움이 되겠지만요…….

그래서 잘 확인해보고,
자식 놈이 효심이 있어서 재산을 미리 물려줘도 능히 부모를 봉양할 팔자면 일찌감치 재산 물려주고 편하게 사시고, 아무래도 자식의 마음이 신통치 못하겠다 싶으시면, 천상 죽는 그 순간까지 재산을 물려주면 안 됩니다. 이 모든 것이 자신의 팔자에 있다는 것은 참으로 놀랄 일입니다.
그런데 한 가지 특이한 것은…… 정성을 들여서 낳은 자식은 대개가 효심이 있더라는 것입니다. 그 팔자에 어머니가 필요 없는 구조를 타고나더라도 팔자 내에서 서로 상충을 하지 않아서 묘하게 효도를 하는 경우가 있거든요. 아마도 태교의 영향이 아닐까…… 하는 생각을 해봅니다.

이거 말을 꺼내 놓으니까…… 자꾸 길어지는군요.

요약이 아니고, 강의가 되다보니까 그런가요?

간단간단하게 줄여서 쓴다면 단 두 줄이면 충분하련만…….

혹시라도 우리 벗님네들 도움이 되려나…… 하여 자꾸 설명을 하고 있습니다. 근데 사실은 이 항목이 굉장히 중요합니다.

팔자를 감정하는 것이 어차피 부모 형제 부부의 덕이 있느냐 없느냐? 혹은 해가 되느냐 마느냐? 하는 것에서 크게 벗어나지 못할 바에는 이것을 자세히 해두는 것이 상책입니다.

하나로 능히 백 가지를 추리할 수 있다고 보면, 이 어머니 장에서 다른 항목의 특성을 미루어서 짐작할 방법이 있을 것입니다. 여기서 합되고 충되는 상황까지 감안하다면 금상첨화(錦上添花)겠지요…….

수없이 많은 어머니에 대한 마음이 있습니다. 아마 모르긴 몰라도 사람의 머릿수만큼의 어머니 관이 있지 않나 싶군요.

우리 벗님 각자는 어머니에 대한 생각이 어떠신가요?

혼자서 곰곰이 생각해보시지요. 그리고 자신의 팔자에서 어머니에 대한 감정이 어떻겠는지도 살펴보시고, 어머니의 역할을 잘 궁리해보시기 바랍니다.

또, 다른 육친을 배울 때에는 그에 해당하는 육친에 대한 감정과 혜택 등을 비교해보시면 될 것입니다. 그래서 낭월이가 시간을 많이 들여서 이렇게 어머니라는 이름으로 장황하게 늘어 벌였습니다.

사실 어머니가 없는 사람은 없으니까요. 누구나 실험의 대상으로 삼을 수가 있기에 더욱 좋은 자료지요.

이제 앞으로 "아버지", "남편", "각시", "자식", "형제" 등이 계속 등장합니다. 물론 장인 장모도 따지면 나오지요. 장모는 각시의 어머니이니깐…… 갑목(甲木)의 남자라면 각시는 기토(己土), 기토의 어머니는 병화(丙火)이니까 병화가 장모에 해당하는군요. 근데 인성은 정편(正偏)을 크게 구분하지 않습니다. 꼭 정인(正印)이라야만 어머니라고 고집하지 마시기 바랍니다.

며느리와 시어머니가 수천 년을 두고 싸워온 이유를 설명할 수 있겠나요? 이것도 팔자 속의 사정입니다.

스스로 궁리를 해서 답을 올려보세요. 며느리와 시어미가 아옹다옹하는 원인을 팔자 속에서 궁리해보면 참 재미있는 결과가 기다리고 있습니다. 이 소식을 스스로 오행 속에서 발견한다면 대단합니다. 한번 도전해 보시기 바랍니다.

이 인성, 혹은 어머니의 장에서는 대강 이 정도 하고 넘어갈까 합니다. 나중에 용신을 가리고 나면 다시 등장하니까 좀 아쉽더라도 참고 기다려 주시기 바랍니다.

예? 아쉽기는커녕 지겨웠다고요? 흐흐흐, 주제를 모르는 낭월이가 눈치 없이 떠들었군요…… 이만 강의 마칩니다, 땡땡땡.

하늘같은 아버지

지난 시간까지는 어머니에 대해서 생각을 해봤습니다. 이제 또 아버지에 대해서 생각을 해보는 시간을 만들어봐야지요. 아버지란 편재(偏財)를 말합니다. 근데 정말 이 이야기를 하려면 갈등이 생깁니다. 각자의 책마다 아버지에 대한 정의를 다르게 내렸기 때문입니다. 그래서 장차 이 문제는 토론을 많이 해보고 난 후에 결정을 해야 할 부분이기도 합니다만, 어쨌든 나중을 기약해봅니다.

어째서 편재가 아버지냐 하는 이야기는 분명합니다. 즉, 어머니의 남편(정관(正官))이 아버지라는 이야기입니다.

그러니까 갑목(甲木) 일주(日柱)가 있다면 그의 어머니(정인(正印))는 계수(癸水)가 되고, 계수(癸水)의 남편(정관(正官))은 무토(戊土)가 되는데, 무토는 갑목이 바라다보면, 편재가 된다는 이야기입니다.

근데 낭월이도 이 이야기에 일리가 있다고 생각을 합니다. 이 이야기가 동물의 생리에 적절한 것으로 생각이 드는군요.

아버지는 씨앗만 뿌린 사람으로 간주하는 것입니다. 반대로 자식은 관살(官殺)로 봅니다. 즉, 아버지에게는 멍에(먹여 살려야 하므로)에 해당한다는 이야기입니다. 그럼 되었지 무슨 문제가 있느냐고요? 예, 있지요.

옛날의 고전에서는 생아자부모(生我者父母)라 해서 나를 낳아준 자는 부모로 함께 본 것이 있어서 문제입니다. 즉, 정인(正印)은 어머니, 편인(偏印)은 아버지란 견해지요. 이 이론도 전혀 아니라고는 못하거든요.

아마도 이 이야기는 유교의 정신에서 나온 것이 아닌가 싶어요. 하늘같은 권위의 상징인 아버지가 세상에 내가 극하는 편재라니 있을 수도 없고 있어서도 안 되는 일로 생각한 것은 당연한 이치지요.

그리고 자식은 아버지를 순종해야 하는 것이 효의 본질이거늘 감히 아비를 극(剋)(관살이 자식에 해당하므로)하다니…… 말이 되지를 않는 것이지요. 그래서 나를 낳아준(정인,편인) 자는 부모라고 점잖게 한 말씀 하신 걸로 생각이 됩니다.

이 이론에 반박을 어찌 하겠나요? 반박을 하는 그 즉시 상놈(?)이 되고 말 것을…… 하하.

이치에는 그럴싸합니다만, 어디까지나 주관적인 윤리관이라고 생각되는군요. 윤리와 철학이 사촌이라고는 하지만, 그래도 명리학이란 심도있고 본능적인 구석을 모조리 다뤄가는 특별한 철학(!) 앞에서는 윤리는 뒤로 밀리는 수밖에 없지요. 명리는 오직 본능만을 다룹니다. 그야말로 "원초적 본능"입니다.

자기의 타고난 원래의 본성을 파악하는 것이 명리학이니까요.

근데, 이렇게 확신을 하는 낭월이 앞에 강자가 나타났습니다. 바로 "유전인자론"이 그 주범입니다.

유전인자론을 보면, 자식은 그 아비를 닮는 것이 원칙이잖아요?

그렇다면 명리학 이론의 전면 수정이 불가피한데…… 그렇다고 이 새로운 견해를 명리학에 접목시키지 않으면 아마도 중요한 것을 놓치게 될지도 모르지요.

팔자가 그 사람의 전생이라고 말을 한다면 "유전자(遺傳子)"야말로 전생이 아니고 무엇이겠나요? 이렇게 된다면 정인 아버지가 되고, 편재는 어머니가 되는 불상사(?)가 터지고야 말 것입니다.

이런 깊이 있는 이론 앞에 낭월이 혼자 대응하기는 너무나 힘이 부족하군요. 우리 벗님들 중에는 생물학도도 계시고, 물리학도도 계시고, 과학 재단에 계시는 분들도 있으니 일말의 희망을 품어봅니다.

이 낭월이의 고민이자, 전 세계 명리학도의 고민이기도 한 이 문제를 속시원하게 한번 파헤쳐서 홀라당 벗겨주시기 바랍니다.

합의 이론으로 부모를 보는 견해가 명리학이 발전하면서 드러난 것으로 생각이 됩니다. 즉, "정인과 합하는 것이 아버지이다"는 이야기지요. 사실 부모의 합으로 내가 생겨난 것이니까요.

이래서 다시 한번 합의 소식이 오묘하다는 기분이 드는군요.

아버지와 어머니가 첫날밤에 합을 하지 않았다면 어떻게 내가 생겨날 수가 있느냐는 이야기지요.

항상 합을 하는 곳에서는 변화가 생기기 마련입니다. 그래서 합의 변화에 민감해야 눈이 밝아진다는 이야기지요. 그 덕분에 우리 명리학도의 머리는 고속으로 돌아가야 하는 고행이 연속되겠지만요.

자, 이야기가 좀 산만해졌나요?
그럼 정리를 하겠습니다.

명리학의 이론에서는 편재를 아버지로 보는 것을 원칙으로 합니다. 그리고 유전인자론의 강력한 도전을 받고 있는 현실이기도 합니다.

그러나 현재로서는 도전자의 연구가 부족한 관계로 편재론이 우세합니다. 마치 미스 코리아는 그 당시의 관점에서 본 미인이라는 말이 있듯이 말입니다. 그래서 일단 유전인자의 문제는 보류합니다.

최종적인 결론은 편재가 아버지라고 하는 것입니다. 일단 이렇게 정의를 하고서 다음 단계로 넘어갑니다.

그럼, 아버지는 어떻게 설명을 해야 하는가?

어떤 팔자는 아비 덕이 있고 어떤 팔자는 아비 덕이 없이 떠돌이로 보내는가?

흔히들 말씀하십니다. 부권(父權)이 땅에 떨어졌노라고…… 아버지의 설 자리가 좁아진다는 뜻일까요? 예전의 그 강력한 독재자(?)였던 엄친(嚴親)은 어디로 가고, 연약한 아버지의 모습…… 가족의 생계통로인 월급쟁이.

전부 다는 아니라고 하더라도 대다수의 우리 아버님은 지금 위기에 처해 있습니다. 밖으로는 회사에서 승진의 경쟁이 치열하니 내 가족 생계를 해결하려면 같이 눈치를 봐야 하는 숨 막히는 현실…… 그 속에서 시계바늘처럼 오락가락 흰머리 늘어나는 세월…….

아내는 여권 신장이네, 여존남비네 해가면서 슬슬 목소리를 키워가고 있으니 집에 와서 자칫 말이라도 한마디 잘못하면 내일 아침에는 라면으로 아침을 때우고 출근하게 될지도 모르고…….

아이들은 대학을 못 보내주면 무능한 아비가 된다고 마구 얼러대고, 그 쥐꼬리 월급에서 제일 급하게 우선순위에 오르는 것이 생계비가 아니라, 과외비라는 이 기막힌 현실…….

정말 이 시대의 아버님들을 보면 편재란 말이 정말 공감이 갑니다.

아마도 옛 명리학(命理學)의 스승님들이 편재를 아버지로 보신 데는 이렇게 심오한 오늘의 현실을 내다 보신 안목이 있으셨던 게 아닌가…… 하고 낭월이는 반추해봅니다.

편재…… 정말 편재입니다.

끝도 한도 없이 벌여야 하는 재물…….

"아버지는 돈 버는 기계"라고 하는 말이 어색하게 들리지 않는 요즘의 현실에 누가 감히 아비가 편재가 아니라고 할 수 있을까요?

편재는 그래서 아버지가 되나 봅니다. 그럼 아버지의 덕이 있느냐 없느냐는 뭘 보고 알지요? 그야 물론 용신을 보고 알지요. 용신이 편재이면 아버지의 덕이 있고, 용신이 편재가 아니면 아버지의 덕이 없는 거지요 뭐. 너무 간단한가요?

사실은 좀 복잡합니다. 편재가 용신일 것과 동시에, 윗부분에 있어야 할 것이라는 조건이 붙습니다.

여기서 윗부분이란 년월(年月)쪽에 있어야 한다는 이야기입니다. 상대적으로 아랫부분이라면 시주(時柱)쪽이 되겠지요.

오랜만에 사주 하나 보고 넘어갈까요? 그러지요.

時	日	月	年	
癸	己	丙	己	사
酉	未	寅	巳	주

아비 덕이 있느냐 없느냐를 논하는 자리이다 보니, 선택된 사주는 우리 모두가 알고 있는 "아비 덕이 별로"인 사람이라 하겠군요. 그래서 일단 미국의 전 대통령 링컨을 골랐습니다. 링컨이 아비 덕을 봤다는 말이 없는 것 같아서요. 인월(寅月)의 기토(己土)군요.

각자 소신껏 살펴보시기 바랍니다.

년이나 월에 편재가 있나요?

헤헤, 있을 턱이 없지요. 낭월이가 없으니까 골랐겠지요. 그렇더라도 참 재미있지요? 편재가 년월에 없다는 것이 말입니다.

이거 아버지 덕이 없는 팔자만 보여드려서 어쩌지요? 근데 아버지 덕이 많은 사람의 팔자가 흔하지가 않아요.

어째서 그런가 생각을 해보니 어려서 아버지의 덕이 많았던 사람은 나중에 거친 사회에서 성공을 할 확률이 떨어지지요. 그래서 이름난 사람은 대개가 아버지의 덕이 없는 사람들인가 싶군요. 일리가 있지요?

그리고 보니 우리 벗님들 아버지 원망하실 일이 하나도 없군요. 그 덕에 자수성가하셔서 장차 큰 인물이 되실 가망성이 더욱 높아지셨으니까 말입니다, 하하.

이 정도로 하고 넘어갈까요?

이 장을 빌어서 다시 말씀드립니다. 이 땅의 외로운 아버님들께 우리 벗님들만이라도 잘하시기 부탁드립니다. 머지않아서 우리 벗님도 아버지, 어머니가 되실 것이고…… 그때 가서 겪어보시면 더욱 절감하실 겁니다. 아니, 이미 부모의 입장에 서 계신 벗님들도 계시군요. 더욱 공감이 가실 것입니다.

이제 아버지 어머니는 모두 마친 셈이군요.

다음에는 남편으로 넘어갈까 합니다.

남편도 여러 가지

남편이라고 해도 정말 각양각색입니다. 아마도 남편의 종류를 생각해보면, 이 땅의 남편 수만큼이나 많지 않을까 싶군요. 그만큼 종류가 다양하다는 생각이 듭니다.

우선 기본적으로 남편의 종류를 대강 한번 나눠볼까요? 잘 될지 모르겠습니다만…….

하늘 같은 남편
오빠 같은 남편
친구 같은 남편
동생 같은 남편
종 같은 남편
도둑 같은 남편
강도 같은 남편
남 같은 남편

어떠세요? 이 정도로 대강 나눠봐도 무난하겠지요?

이런 다양한 형태의 남편 상들이 모두 팔자 속에 존재하고 있습니다. 그래서 팔자의 남편성(男便星)(정관(正官), 편관(偏官))을 잘 관찰하면 어떤 형태의 남편을 섬기고 살 팔자인지 대강은 감이 잡힐 것입니다.

　가장 복잡한 것이 정관, 편관의 동태를 살피는 일입니다. 사실 보통 사주를 감정해주기를 의뢰하는 사람이 주로 가정주부고, 그러다보니 남편의 문제가 가장 핵심으로 떠오릅니다. 그래서 오늘날의 사주 감정은 "남편", "여편", "자식", "재물", "지위" 정도만 잘 헤아리면 되지 않을까 싶군요. 지난 시간의 어머니 아버지는 어쩌면 이제 별로 궁금해 하는 사람이 없다고 봐도 좋을 것입니다.

　크게 나눠서 남편은 두 종류로 분류합니다. 정관(正官)과 편관(偏官)이 그것이지요. 보통은 정관은 올바른 남편이라고 하고, 편관은 치우친 남편이라고 직역을 해서 설명하기도 합니다만, 그렇게 단정을 할 수가 없다는 것은 물론 더 말씀드리지 않더라도 익히 알고 계시지요?

　우선 관살(官殺)(정관과 편관을 묶어서 관살로 표기함)이 많아서는 곤란합니다. 첫째로 나를 극하는 성분이기 때문입니다.

　누구나 자신을 극하는데 좋아할 사람이 없지요. 어느 정도 필요에 따른 만큼의 보호는 필요로 할는지 몰라도, 지나친 간섭은 누구나 반발심이 작용합니다. 이것이 사람의 마음이지요.

갑목(甲木)의 남편 역할

　그래서 남편을 이야기할 적에는 관과 살이 섞여 있는 것을 꺼리는 것입니다. 가장 좋은 것은 하나의 관이나 살이 우뚝 솟아 있는 것입니다마는…… 역시 한마디로 잘라 말을 할 수는 없겠군요.

　그럼 심리적인 관살은 어떻게 작용을 하는지 한번 설명을 드릴까요? 자신을 억압하는 작용을 합니다.

　차이가 있다면 정관은 합리적인 억압이고, 편관은 강제적인 억압이라는 것이 차이겠지만, 자신을 억압한다는 차원에서는 대동소이합니다.

　그러면 한번 생각을 해보세요. 허구헌날 자신을 억압하고 자포자기한 사람은 사회에서 성공을 할 수가 있겠습니까? 팔자에 관살이 과하면 이런 현상이 발생합니다.

　그럼 또 다른 관점에서, 날이면 날마다 절제 없는 생활을 한다면 그 사람은 사회에서 성공을 할 수가 있겠나요? 역시 결과는 마찬가지일 거라고 생각합니다. 둘 다 사회에서 성공을 하기는 적합하지 못합니다. 이 경우는 관살이 너무 약하면 생기는 현상입니다.

　그래서 남녀를 불문하고 관살은 사회의 적응 성분이라고 말을 하기도 합니다. 다만 지금은 남편에 대해서 생각을 해보는 장이기 때문에 문제를 축소해서 남편에 대해서만 생각을 해봐야겠습니다만, 사려가 깊으신 벗님이라면, 이 간단한 현상을 미루어서 짐작을 하실 수 있는 힌트가 될 수 있다는 말씀을 올립니다.

　좀 더 자세하게 설명을 드릴 수 있으면 좋겠는데, 낭월이의 생각이 어디까지 도달할지가 의문이군요. 여하튼 할 수 있는 데까지 자세한 설명을 드리도록 애를 써보렵니다.

　그러면 십간(十干) 중에서 갑목(甲木)과 을목(乙木)으로 남편을 설명해볼까요? 이런 시도는 저도 처음인데, 한번 잘 음미해보시면 느끼시는 게 많을 것 같군요.

일등 남편

올바른 남편이라면 정원사의 가위라고 할 수 있습니다. 즉, 정원사의 가위는 갑목(소나무, 향나무 등등)을 더욱 돋보이게 하고 잘 살아갈 수 있도록 도와주는 역할을 하고 있습니다. 물론 억압을 하는 것도 있지요. 너무 가지가 삐쭉하게 자라 나오면 잘라주니까요. 이것은 나무가 미워서가 아니라, 더욱 사랑하고 있기 때문입니다. 사랑을 한다고 해도 나무의 입장을 이해하고 헤아리고 감싸주는 이해라야지, 자신의 욕구를 만족시키기에 급급한 이해는 이기적, 독선적인 사랑의 표현으로서 삐뚜룸한 결과를 초래하기도 합니다.

너무 가지가 심하게 많으면 나무가 자라는데 지장을 받습니다. 여성이 절제가 없으면 맨날 쏘다니느라고(갑목의 성분이 그래요) 가정이고 자식이고 엉망이 됩니다. 그 방종으로 흐르기 쉬운 아내를 잘 잡아주는 정원사와 같은 남편은 정말 하늘같은 남편이군요.

그러나 정원사에도 등급이 있듯이 잘해주는 남편에도 등급이 있는 것은 당연하지요. 그러나 등급이 아무리 나쁘더라도 좋은 남편임은 분명합니다(이런 남편은 일단 정관(신금(辛金))이 용신일 가능성이 높습니다. 그리고 사주 격국이 편안하겠지요. 아직 좀 어려우니 줄입니다. 다만 궁금해 하실 벗님이 계실 것 같아서 힌트만 드립니다).

이등 남편

욕심이 많은 남편이라면 과수원의 가위라고 할 만합니다. 이것은 나무가 사랑스러워서 가위질을 하는 것이 전혀 아니지요? 오직 좀 더 많은 열매를

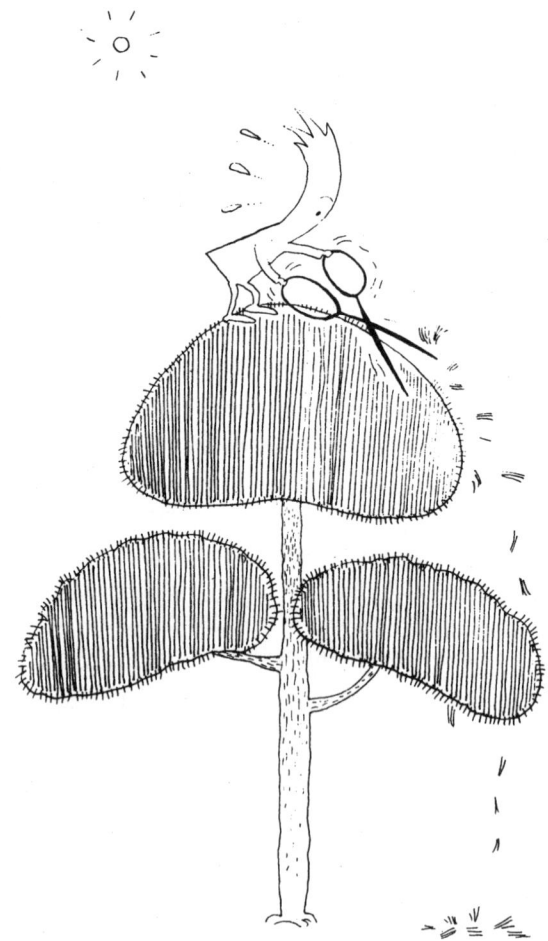

거두기 위해서 나무의 모양이나 품성은 무시한 채 좀 더 따기 쉽도록 가위질을 합니다. 그래서 과수는 마치 여왕벌의 몸처럼 이상하게 굽어지고 휘어져서 오직 알만 낳는 기계가 되어 있지요. 우리 여성 벗님들은 한 알의 사과가 맛있다고 냠냠 드시기만 할 게 아니라, 이 사과나무의 고통을 헤아려주시는 아량도 길러보세요, 하하.

　이렇게 불쌍한(?) 과수원의 나무와 같은 여성이 우리 주변에도 분명히 있지요? 아이만 많이 출산하면 된다고 해서, 며느리를 고를 적에는 엉덩이를 제일 먼저 본다는 이야기도 있습니다만……에고, 모양 없는 이야기를 하고 있는 낭월.

　이것이 자연의 이치입니다. 아내는 일을 잘하면 충분하다고 생각하는 이 지구상의 남편들도 아직 너무나 많습니다. 집안일도 잘하고, 돈도 잘 벌고, 동사무소 일까지 두루두루 볼 줄 아는 여자를 만들기 소원하는 남편이 분명히 있습니다. 모든 일을 척척 알아서 해주는 만능의 아내를 부러워하는 사내가 생각보다 많이 있습니다.

　이런 남편들은 모두 과수원의 농부 같은 가위입니다. 참으로 멋이 없는 남편이지요. 꼭 잘라도 한가운데의 위로 올라가는 갑목(甲木)의 본성을 잘라버립니다. 위로 올라가면 약을 칠적에나, 수확을 할 적에나, 전혀 도움이 안 되기 때문이지요. 그와 같은 남편은 꼭 아내의 화장품 비용에 신경을 곤두세웁니다. 아니 또 화장품을 산단 말이요? 그까짓게 배가 부른가? 돈이 나오나? 값이나 싼가? 전혀 백해무익한 것을 뭐 하러 그렇게도 사 나른단 말이요? 당장 치워요(사실 치워라! 하겠지만 많이 참는 낭월…… 하하) 현실은 이렇게 냉정한가 봅니다.

하급 남편

다음은 정말 무심한 가위가 있습니다. 바로 나무꾼의 가위입니다. 아니, 가위라는 말도 필요 없지요. 도끼나 톱이라고 말을 해야 하겠군요. 가위라니요, 그래도 과수원의 나무는 호강스런 편입니다. 과실을 딸 수 있는 데까지는 아끼고 보살펴주기는 하니까요.

그러나 나무꾼이 일단 지게를 턱 하고 내리면 그 주변의 나무들은 모두 달달달 떨고 나무꾼이 갈 때까지 움츠리고 있는 수밖에 없습니다. 정말 나무를 나무로 보는 것입니다. 그럼 이런 남편은 아내를 뭘로 보겠습니까? 물으나마나, 고깃덩어리로 볼 겁니다. 지금도 매 맞고 사는 아내가 많다고 매스컴에서 시끌시끌하던가요? 이것은 영원히 없어지지 않을 거라고 낭월이는 생각합니다. 아마도 개벽이 일어나기 전까지는 말입니다. 어딜가나 이런 사람이 있습니다. 구역질이 나지만 이것이 현실이고 이것이 팔자입니다. 그러니 외면하지 마시고, 바로 살펴보시기 바랍니다. 그래서 명리학을 연구하면 사려가 깊어지는 법입니다.

만약에 어느 매 맞은 여성이 우리 벗님에게 와서 하소연을 한다면 뭐라고 하시렵니까? 곰곰이 생각을 해보시기 바랍니다. 팔자를 잘 보는 것이 다른 것이 아닙니다. 바로 이런 장면에서 '어떤 이야기를 해서 그 여성의 아픈 상처를 어루만져주는가?'에 따라서 잘 보고 못 보고가 결정 나는 것입니다. 그까짓 족집게 소리를 들어서 뭐합니까? 그 족집게 소리보다는 이렇게 가슴이 쓰린 여인에게 따뜻한 위로의 한마디가 천금의 가치를 갖는다고 이 낭월이 힘주어 말하면서…….

(이런 팔자의 소유자는 분명히 남편성이 흉신의 작용을 하고 있을 것입니다. 용신을 극하는 기신(忌神)이라고 하는 역할을 충실히 이행하느라고 참 고생도

많은 남편입니다.)

병든 남편

지나치게 감시가 많은 남편도 있습니다. 이런 경우는 분재사의 가위라고 말하겠습니다. 의처증이라고 말을 할 수도 있겠지요.

분명히 사랑을 하는 것은 사실인데, 방법이 문제입니다. 아내의 입장에서 사랑을 하는 것이 아니라, 자신의 능력을 과시하기 위해서 사랑을 하는 남편이 분명히 있습니다. 분재사의 가위를 한번 보셨습니까?

가위를 들고는 틈만 나면 분재를 이리저리 돌려보면서 감시를 합니다. 내가 모르는 사이에 눈(싹)이 나왔나? 살피다가 뭔가 다른 느낌이 들면 가위로 싹둑 자릅니다. 이렇게 항상 자신의 손바닥에서 벗어나는 꼴을 못 보는 것이 분재사의 가위입니다.

제 벗들은 다양한 직업을 갖고 있는데, 그중에서 분재를 하던 사람이 있었습니다. 그 사람의 동태를 보면 분명히 나무를 사랑하고 있는 것은 사실입니다.

그런데 가만히 그 내면의 심성을 살펴보면, 상품으로써 아끼고 사랑하는 마음이 더욱 많은가 싶더군요. 그런 남편은 자신의 아내에게 무수히 많은 요구를 합니다.

분재를 슬쩍 보면 정말 예술품 같습니다. 그런데 자세히 보면 마치 박제된 표본을 연상하게 합니다. 이미 그 나무는 나무로써의 생명이 없습니다. 첫째로 화분에 있는 그 자체가 그렇습니다. 천하의 갑목(甲木)이 화분에서 살아야 하는 이 기막힌 상황이라니요.

얼핏 생각하면 정원사가 다루는 정원수와 분재는 비슷한 것처럼 느껴집니다. 그러나 그게 아닙니다. 정원수는 "잘 가꿔진 것"이라면, 분재는 "잘 만들어진 것"입니다. 이 가꿔진 것과 만들어진 것의 차이는 엄청나게 큽니다(이런 사람의 팔자 속에서는 억압이 많은 팔자일 것이니, 필시 정관이 너무 강한 팔자임이 분명합니다).

대략, 위의 네 가지 경우를 갖고 갑목의 남편 상에 대해서 생각을 해봤군요. 물론 소 닭 보듯 하는 이와 전혀 상관없는 남편도 있지만, 일단 생략합니다.
더 이야기를 해달라고 하시면, 낭월이는 이렇게 얼버무리고 넘어가지요.

"뭐 태평양 바다의 물을 전부 마셔봐야 짠지 싱거운지 아나요?"

또 하나의 남편

앞에서는 남편의 구조에 대해서 갑목(甲木)을 기준하여 살펴봤습니다. 이번에는 을목(乙木)을 기준하여 한번 살펴볼까요?

을목(乙木)의 남편 역할

우선 을목의 남편은 좀 강력해야 합니다.

갑목은 슬슬 잡아주기만 하면 다 해결이고, 너무 깊이 간여를 하면 오히려 부작용이 발생한다고 했습니다만, 을목은 그렇지 않습니다.

을목은 남편에게 꽤나 밀착되어 있거든요. 을경합금(乙庚合金)의 이치가 그래서 필요한 거지요. 갑목은 남편(정관(正官))과 합이 되지 않습니다. 그런데 을목은 남편과 합이 되지요. 이것은 당연한 이치이겠습니다만 다시 한 번 잘 살펴보시기 바랍니다.

일등 남편

을목에서 일등 남편은 아주 애정이 많습니다.

아침마다 뽀뽀를 해주고 출근을 하고, 저녁에는 장미꽃을 한 다발 사서 들고 옵니다. 미장원에서 머리를 지졌는지 백화점에서 핸드백을 샀는지 남편이 돌아와서 보면 한눈에 알아줍니다. 그래서 세상 살맛이 납니다.

보통 궁합 궁합 합니다만, 이것을 잘 살필 줄 알아야 올바른 궁합을 볼 수가 있을 겁니다.

갑목은 화분에서 사는 게 비극이라고 했습니다만, 을목은 화분에서 살아야 제 대우를 받는다고 생각합니다. 이것 참 단순히 음과 양의 차이일 뿐인데도 결과적으로 생각하는 사고방식은 많은 차이가 있지요? 참으로 음양의 차이는 하늘과 땅의 차이인가 봅니다.

그리고 돈을 많이 벌어다줍니다. 적어도 내가 쓰고 남을 만큼은 벌어옵니다. 그래서 더욱 즐겁습니다. 이렇게 행복한 결혼생활을 하는 을목 새댁은 남편이 용신일 것입니다.

이렇게 입안의 혀와 같이 곰살맞게 잘해주는 남편을 모시고 사는 을목은 정말 격국이 귀한 팔자입니다. 서양의 남자들이 영화에서는 대개 이렇게 잘하는 것이 있습디다마는 실제로도 그렇게 잘하는지는 보지 않아서 잘 모르겠고…… 그러니까 갑목의 삼등 남편(의처증에 가까울 정도로)이 을목에게는 일등 남편이 되는 것을 보면 정말 모두 제 눈에 안경인가 봅니다. 즉, 분재사의 손길이 을목에게는 항상 그리운 것입니다. 화초라는게 그렇지요. 서초동에 한번 가보시면 아시지요. 얼마나 많은 꽃들이 정원사의 보살핌을 먹고 사는지…….

가꾸면 가꿀수록 멋이 나고 돋보이는 을목.

난초를 봐도 잎사귀에 물을 바른 놈과 그냥 둔 놈과는 벌써 기분이 다릅니다. 그러니 자꾸 손길을 원하지요. 그래서 음목(陰木)은 남편과 합이 되어 있는지도 모를 일이군요.

그래서 결론을 말한다면, 기화요초는 정말 남편 복이 많은 을목이다. 이렇게 말을 할 수가 있겠습니다.

물론 용신이 남편이어야 한다는 전제가 붙어 있는 것은 당연하구요.

이등 남편

이등으로 남편 복이 많은 을목은 아무래도 곡식이 되겠군요. 벌판의 잡초보다는 나은 셈이고, 온실의 화초보다는 고달픈 셈이라고 하면 될까요?

스스로 원하는 것이 충족되지는 않습니다. 항상 자신만 보살펴주기를 원하지만, 현실이 그렇게 따라주지를 못하는 거지요. 가령 자신의 열매가 좋은 것이라면 더욱 대우를 받을 것이고, 열매가 시고 떫은 것이라면 더욱 괄시를 받겠지요. 이것은 자신의 능력에 따라서 대우를 받는 것이고, 일등 남편 복이 많은 을목은 자신의 능력에 관계없이 대우를 받는 것이니, 이등 남편 복을 갖은 여인은 항상 일등 남편 복을 갖은 여자가 부러워서 눈물이 마를 날이 없답니다. 웬만한 바람은 스스로 맞고 자라야 합니다. 그러나 너무 심한 바람은 막아주지요. 태풍이 불면 농부는 자다가도 쫓아 나오거든요.

이런 남편은 아내가 감기가 들었다고 해도 미동도 하지 않습니다. 그러나 종양이라든지 좀 까다로운 병이라고 하면, 그때는 온 정성을 기울여서 보살피지요. 그렇다고 해서 순수하게 을목을 위해서만 정성을 기울인다고 말할 수 없겠군요. 왜냐하면 남편은 자신의 필요에 의해서만 움직이기 때문입니다.

팔자로 봐서는 어떤 정도겠느냐구요? 남편이 희신(喜神) 정도는 되겠지요. 그래도 좋은 남편에 속합니다.

삼등 남편

헤헤, 어쩔거나…… 우리 벗님에게는 해당이 없겠지만…….

세상의 무수한 여인네들은 여기에 속하는 분들이 더 많지요.

"너 팔면 돈이 되겠냐 말겠냐?"로 시작해서 "옆집 국화는 크고 멋있던데, 넌 어째 그리 지지리도 못난 꽃밖에 못 피냐? 그러고서도 네가 꽃이냐?"

"열매가 못생겼걸랑 꽃이라도 이쁘든지…… 정말 꼴값하고 있네…….'

노골적으로 자존심 팍팍 상하는 소리를 들어도 꼼짝 못하고 살아야 하는 여인들…… 자신의 능력껏 일을 해도 남편은 항상 불만입니다. 이거 누가 시집을 간다면 도시락 싸들고 다니면서 말리고 싶은 심정입니다.

그렇다고 남편에게 대들어봐야 머리채 나꿔 채이거나, 자칫하다는 건 어차이기 십상입니다. 이렇게 못생긴 화초는 그 즉시로 낫을 들고 모조리 잘라 버릴 테니까요. 우리 엘리트 여성 벗님들은 "설마 그렇게까지야, 낭월 사부 허풍이겠지" 하고 싶으실 겁니다. 그러나 사실입니다. 지지리도 남편 복이 없으면 이런 서방을 모시고 평생을 살아야 하지요.

이런 팔자는 남편이 용신을 극하는 흉신, 또는 기신(忌神)의 자리를 지키고 있는 경우입니다. 그래서 이런 팔자를 보면 그러지요.

"결혼은 해서 뭐하려구요. 혼자 사는 게 만고 땡인 것을."

그런데 정작 이런 여인네가 결혼을 또 더 빨리 하더라구요.

이렇게 다양한 모양의 남편을 그려봤습니다. 남편 복이 많은 사람과 없는 사람의 차이는 실로 대단히 크지요?

나머지 火土金水의 남편도 일일이 열거를 했으면 재미는 있겠지만, 시간이 너무 많이 걸리는 것이 아쉽군요.

각자 자신의 일간에 따라서 삼등급의 남편을 그려서 궁리하여 보시기 바랍니다.

각시도 여러 가지

시선 집중! 총각 벗님들…… 하하.
남편 이야기를 했으니, 이제 아내 이야기를 해야지요?
그럼 어디 슬슬 관심의 보따리를 풀어볼까요.

내가 극하는 것이 각시의 성(星)(정재(正財),편재(偏財))입니다.

간단하지요? 내가 극하는 것이 각시니까, 갑목(甲木)의 각시는 기토(己土)이고, 을목(乙木)의 각시는 무토(戊土)로군요.
아참, 한 가지 더, 내가 극을 하면서 음양이 다른 것이라고 해야겠습니다. 음양이 같아도 각시는 각시지만 원칙적으로 음양이 다르면서 내가 극하는 것을 아내로 봅니다.
음양이 같으면 편재라고 하고, 음양이 다르면 정재라고 하지요? 이것만 봐도 정(正)(바름), 편(偏)(치우침)의 구분이 되잖아요?
그래서 정재를 각시라고 하는 것입니다.
그리고 배우자가 사는 집은 일지(日支)랍니다. 내 팔자 속에서 배우자가 사는 집이 있지요. 가령 병신(丙申) 일에 출생한 사람은 신금(申金)의 자리가 각시의 자리인 것입니다. 남편도 같은 의미지요.
원칙적으로 남편이 사는 집은 월지(月支)입니다. 그러나 영향력이 일지의 영향이 크게 작용하므로, 일지를 배우자 궁으로 보고 싶군요. 그러면 남녀평등의 원칙에도 적용되고…… 그래서 여명(女命)(남자 팔자)을 감정할 적에는 일지와 월지를 함께 참고합니다만, 남명(男命)(남자 팔자)은 그냥 일지만 각시의 집으로 보면 되니까 편합니다.

남편만 등급까지 나눠가며 자세히 설명하고 각시는 대강 넘어가면 아무래도 낭월이가 원망을 들을 성싶군요. 그래서 각시의 세 가지 등급도 설명을 올립니다.

상등 각시

각시에도 등급이 있는 것이 당연합니다. 세상만사는 모두 등급이 있습니다. 그래서 각시에도 등급이 있지요. 그럼 일등 각시는 어떤 각시일까요?

보통 열쇠를 세 개 갖고 오면 일등각시라고 하는 말이 있더군요. 흔히 하는 말이지요. 그러면 과연 팔자에서도 열쇠 세 개를 갖고 오면 일등 각시일까요?

팔자의 일등 각시는 이렇습니다.

우선 남편을 공경해야 합니다. 즉, 남편의 분부는 하늘인 줄 알아야 합니다. 서방이 무슨 야단이라도 하면 따콩따콩 한마디도지지 않는 각시가 참으로 많습니다. 시대가 그렇다고요? 절대로 그렇지 않습니다. 시대가 그래도 상등 각시는 그렇지 않습니다. 모든 기준은 남편의 입장에서 세우고 따릅니다. 이것이 상등 각시입니다. 자신은 오직 희생을 기꺼이 감수합니다. 이런 사람을 바보라고 할 여성이 많겠군요. 이런 상등의 아내는 남편에게 그만한 대우를 받습니다. 또 상등 각시는 절대로 앞에 나서는 법이 없습니다. 그래서 남편은 항상 든든합니다.

그런가 하면 남편이 곤경에 처했을 적에는 버선발로 뛰어다닙니다. 정말 대단한 여성입니다. 이런 여성을 각시로 삼는 남자는 정말 행복하겠지요? 거의 환상적인 아내입니다.

이런 남자는 그 팔자에서 재성(財星)이 용신입니다. 그리고 재성은 병이 없습니다. 그래서 상등이 재격(財格)을 이루면 이런 각시를 갖게 됩니다 (저런……. 자신들 사주 들여다보시느라고…… 하하)

중등 각시

그럼, 다음으로 각시는 어떤 각시일까요?

팔자에서 재성(財星)이 용신은 아니지만 좋은 역할을 하고 있는 남자와 팔자겠군요. 이것을 희신(喜神)이라고 부릅니다.

이런 여성도 남편을 내조하는데는 열성이 대단합니다. 종종 마찰이 있기도 하지만 그래도 자신을 빼고는 남편이 가장 중요하다고 생각하는 각시입니다. 그러니까 자신에게 불리하면 남편의 뜻을 따르지 않을 수도 있다는 이야깁니다. 어쩌면 남편도 중요하지만 자식이 더 중요하다고 생각하고 있을런지도 모릅니다. 그래서 남편에게 하기는 잘하지만 자식에게 질투를 해야 하는 남편이 될지도 모르지요…… 하하.

하등 각시

참 딱한 각시군요.

만사에 자신밖에 모릅니다. 계모임 한다고 가서 밤 12시 땡하고 들어와도 미안한 기색이 전혀 없습니다. 친구한테 꼬여서 집문서 잡히고 돈 빼다

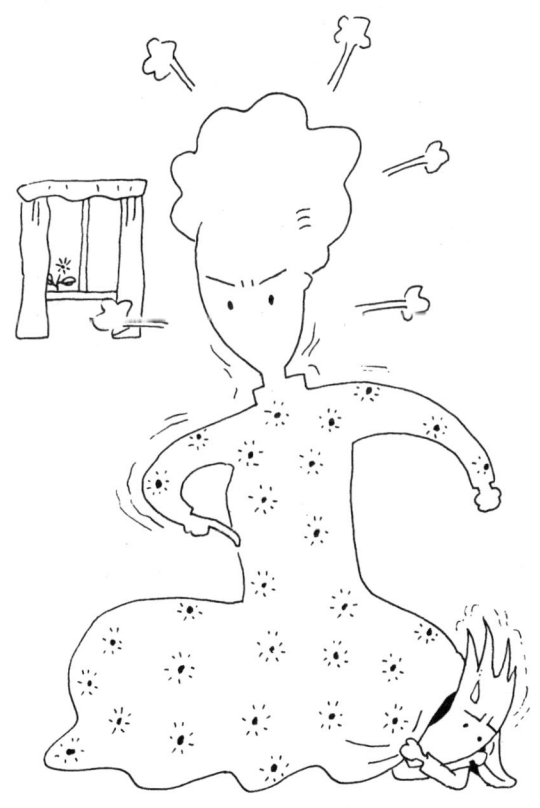

가 놀음으로 탕진합니다. 그것도 근근이 20년을 저축해서 모은 돈으로 장만한 집인데 말입니다.

시어머니 모시고 살자고 하면, 대번에 도끼눈을 뜹니다. 아니 미쳤수? 하는 뜻이지요. 이런 때에는 한 대 쥐어박아주고 싶지만 참습니다. 괜히 잘못 건드렸다가 긁어부스럼 만들어서 보따리 싸들고 친정이라도 가버리면 골치 아프기 때문입니다.

그래서 항상 각시의 눈치를 보면서 살아야 합니다. 툭하면 남편의 무능을 탓합니다. 옆집의 누구는 월급이 2천만 원이라는데 당신은 어째서 2백만 원밖에 못 벌어오느냐고 따지고 악을 씁니다. 정말 딱하군요. 이런 종류의 아내는 하등 각시라고 할 만하지요? 팔자로는 재성(財星)이 기신(忌神)에 해당하는 남자입니다. 기신이란 용신을 잡아먹는 글자입니다.

이런 남자는 결혼생활이 지긋지긋합니다. 그러면서도 쉽게 끝내지 못하지요. 이것이 팔자일까요?

간단하게 3등급의 아내를 이야기해봤습니다. 우리 남자 벗님들은 그중에 어디에 해당할지 궁금하군요…… 하하.

이렇게 인생의 절반을 동행해야 할 배우자는 정말 중요하군요. 그래서 마지막으로 궁합에 대한 이야기를 조금 해보겠습니다. 자신의 팔자에 3등 각시를 데리고 살라고 했으면 어쩔 수 없지만, 그래도 상대를 잘 선택한다면 심성이 고운 아내를 얻을지도 모르지요. 궁합을 보는 마음은 그래서인가 봅니다.

궁합도 처음에 두어 번 만나서 아직 정이 들기 전에 보면 차라리 나은데, 이미 정이 들대로 다 들고 나서야 '아참' 싶어서 궁합을 보러 사주를 들고 뛰어다닙니다. 그래서 좋다는 이야기가 나온다면 다행이지만, 대개의 팔자는 궁합을 보면 나쁘다는 말이 나오기 십상입니다. 사실 궁합을 봐서 나쁘게 나오는 비율은 대강 잡아서 80% 이상이더군요. 좋다고 생각되는 궁합이 그렇게 귀합니다. 그러니까 궁합을 의뢰할 적에는 나쁘다는 말을 들을 각오를 해야 합니다.

어디 실제로 팔자를 하나 보면서 각시에 대한 이야기를 하면 더욱 현장감이 있을까요? 병화(丙火)의 입장에서 각시에 대한 이야기를 해볼까요? 그럼 병화 일주(日柱)를 하나 적어놓고 살펴보는 것도 좋겠군요. 어디 한번 봅시다.

時	日	月	年	사주
壬	丙	甲	丙	
辰	申	午	寅	

이 사람의 각시를 살펴보겠습니다. 우선 병화가 극하는 것은 화극금(火剋金)해서 金이 각시군요. 팔자에서 각시의 오행이 위의 다섯 가지 경우의 어디에 해당하는지를 살펴봐야 하겠습니다. 병화가 오월(午月)의 어지간히 뜨거운 여름에 태어났군요.

이렇게 더울 적에는 시원한 장대비가 한 줄기 좌악 내리는 것이 정말 반갑습니다. 그렇지요?

그래서 이 사주는 水가 가장 필요한 사주라고 하겠군요. 水가 있나요? 예, 시간(時干)에 임수(壬水)가 있군요. 그래서 임수가 용신입니다.

그런데 임수는 편관(偏官)에 속하고 재성(財星)에는 속하지 않으므로 이 사람의 각시는 용신이 아닌 것을 확인할 수 있군요.

다음으로, 용신(임수(壬水))의 입장을 기준으로 살펴봅니다.

오월(午月)의 쨍쨍한 날에 水가 매우 약하군요. 그래서 水를 도와주는 근원이 필요하게 됩니다. 이미 배우신 대로 임수의 근원은 金이 되고, 金은 임수의 의지처가 됩니다. 그래서 金은 희신(喜神)이 됩니다.

이 金은 병화에게 편재(偏財)가 되므로 재성(財星)에 속하고, 처는 희신(喜神)에 속하는군요. 즉, 각시 덕이 있는 팔자라고 할 수 있겠습니다. 좋은 모양이군요. 이 사람의 각시는 분명히 좋은 사람일 겁니다. 어쩌면 사임당 같은 사람입니다.

아시겠지요? 이렇게 각시의 복이 있는지 없는지를 살피는 것입니다.

각시의 덕이 없는 경우도 있을 거 아니냐고 묻고 싶으시지요? 그래서 또 그런 사주를 하나 찾아봤습니다. 비교를 해보세요.

時	日	月	年	
辛	丙	乙	乙	사
卯	辰	酉	丑	주

이 사람도 병화(丙火) 일간(日干)이로군요. 유월(酉月)의 가을에 태어났다는 것도 알 수 있겠지요? 일단 용신을 살펴봐야 하겠지요? 병화가 가을에 나니 수(囚)에 해당하는군요. 벌써 잊어버리신 것은 아니겠지요? 그래서 월을 얻지 못했습니다. 일은 진토(辰土)이니 역시 내 기운을 가져가는 오행이라 얻을 게 없군요. 이 火는 약하다고 판단을 합니다. 약한 놈은 도와주는 것이 좋지요. 그래서 나무가 필요한 팔자입니다. 그럼 용신은 나무로 정하지요. 나무는 육친으로 따지니 목생화(木生火)하는 관계라서 인성(印星)에 속하고, 정재나 편재가 아니므로 처가 용신이 아닌 것은 분명하군요.

그럼 희신은 무엇일까요? 용신 木이 살펴볼 적에 나무는 가을이라 죽을 지경의 상태(사(死)에 해당)로군요. 당연히 水가 필요합니다만. 팔자에 水가 없군요. 그래서 金기운을 꺾고 일간을 돕는 火를 희신으로 삼습니다. 火는 육친이 비견겁재인 고로 역시 재성은 아니군요. 그래서 희신도 못된다고 말합니다.(점점 나빠지는 각시……)

다음, 용신을 극하는 것은 금극목(金剋木)하니 金이 기신이군요. 金은 내가 극하는 오행이므로 정재 편재에 속하고, 바로 이것이 각시로군요. 애고 망했습니다.

이 사람의 각시는 바로 그 기신이 되는군요. 그러니 각시 덕이 전혀 없는 것은 고사하고, 각시로 인해서 모든 일이 엉망진창이 됩니다. 그래서 차라리 각시 덕이 없는 정도면 복이 많은 사람이라고 할 정도입니다. 참 딱하군요. 이 땅에는 여자 잘못 만나서 일생을 망치는 경우도 왕왕 있습니다.

바람난 각시 방에 가두고 설득을 시키다가 도저히 말을 듣지 않자, 휘발유를 끼얹고 함께 죽어버린 사람도 종종 나오지요? 바로 그런 경우가 이런 경우입니다. 정말 끔찍한 각시.

이 팔자에서 정말로 흉한 것은 각시가 기신에 해당하기도 하지만, 더 나쁜 것은 일간(日干)과 병화(丙火)가 바로 기신인 정재(신금(辛金))와 합이 되어 있는 것입니다. 마음이 기신에 합이 되어 있으니 어머니(木)의 약이 되는 말보다도 각시(金)의 달콤한 독이 더 끌리는 마음…… 무서라.

그래서 이 사람도 요절을 했노라고 간단하게 적혀 있군요.

이것이 팔자입니다. 각시의 복이 이 정도라면 입산수도하고 독신으로 살면 연명이 가능하겠지만…… 어디 그게 쉽나요.

그럼 각시에 대한 이야기는 이 정도로 마무리를 하겠습니다.

남녀 배필을 보는 궁합

이 정도 오면 궁합에 대한 이야기를 한 마디 하지 않을 수가 없군요.
"어디 가서 물어봤더니 원진살이 있어서 함께 못 산다고 하던데요"로 시작해서 궁합의 기준이 도대체 어디에 있는지를 몰라서 마구 방황하는 것을 접할 때마다, '이거 무슨 기준을 세워야겠구나' 하는 생각을 했습니다.

배우자는 평생의 길 동무이다 보니 정말 소중합니다.
그래서 누구나 관심을 가질 수밖에 없지요. 사실 팔자를 감정하는데도 제1 순위가 될 것입니다.
당연한 이야기겠지만, 궁합의 이야기도 용신을 공부하고 나서 궁리를 해야 옳은 답이 나오는 것이 정상입니다. 그러나 우리 벗님들의 관심사가 관심사이니만큼, 잠시 옆길로 돌아서 가는 것도 좋을 성싶군요.

궁합을 볼 적에 기준점

① 자신의 배우자 복을 먼저 감정한다.
우선 자신의 팔자에서 배우자 복이 얼마나 되는지를 먼저 알아야 합니다. 자신의 팔자는 벙어리 각시를 데리고 살아야 하는 팔자인데, 잘난 이대 출신 각시를 데리고 살려고 하면 곤란합니다. 반대로 자신의 복이 멋쟁이

아내를 얻을 복이 있는 팔자라면 그에 준하는 아내를 얻게 마련입니다.

아무리 상대가 좋아도 자신의 팔자를 보고서 어울리는 사람을 찾아야 합니다.

② 상대방이 내 팔자에 어울리는가를 본다.

그럼 궁합을 볼 필요가 없지 않냐고 묻고 싶을지도 모릅니다. 그러나 이것이 상책입니다. 괜히 내 팔자에 어울리지도 않는 배우자를 골라서 함께 데리고 사느라고 고생하는 것보다는 미리 자신의 팔자에 어울리는 배우자를 선택하는 것이 좋습니다. 그러자니 자연히 자신의 팔자에서 배우자의 복이 많은지 적은지를 알아야 하게 되고, 그것을 알기 위해서는 용신을 알아야 하므로 자연히 사주 공부가 필요하다는 것을 알게 되지요.

③ 상대방의 품성을 살핀다.

아무리 어울리다고 해도, 바람둥이라면 곤란합니다. 그래서 일단 내 팔자에 어울린다고 판단을 하고 나서는 그 사람의 격국을 살핍니다. 그 사람이 품성이 좋아야겠지요. 가장 중요한 일이기 때문에 어쩌면 가장 최우선 순위에 이 항목을 두어야 할는지도 모릅니다.

이상의 세 가지 요소가 궁합의 가부를 결정합니다.

그러니 무엇보다도 용신을 모르고서는 궁합을 볼 수가 없습니다. 그러니 우리 벗님들 용신을 가릴 때까지는 궁합을 보는 것을 보류하시기 바랍니다. 그런데 용신 보기는 어려우니까, 그냥 편한 데로 년지(年支)끼리 대조해 보고서 합이면 좋다고 하고, 충이면 흉하다고 판단을 하시면 됩니다.

그래야 마음 편합니다. 결코 이것은 나쁜 것이 아닙니다. 문제는 반대일 경우에 발생합니다. 분명히 좋은 인연인데 년지끼리의 대조에서 서로 충돌을 했다고 방방 뛰는 어머니 때문에 고달파지는 것입니다. 식자우환이라고 밖에 말할 수 없지요.

자식, 그리고 그 밖의 인연들

앞서 부모랑 부부를 대략 살펴봤습니다. 이제 남은 것은 자식인가요? 자식이 중요한 문제이지요.

자식은 인생의 마무리라고 할 수도 있습니다. 자식이 그래서 많은 의미를 갖고 있나 보군요. 자식의 복은 뭘로 보고서 판단을 할 수 있을까요? 우선 자식의 자리는 시지(時支)입니다. 그러니까 시를 잘 타고 났다고 보통 말하는 것은, 말년과 더불어서 자식의 복이 있다고 말하는 것과 동일합니다. 즉, 자식은 말년의 좋고 나쁜 관계와 밀접하게 연결이 되어 있습니다.

무엇보다도 용신(用神)이나 희신(喜神)이 시(時)에 있을 것을 강조합니다. 그래서 일단 용신에 들어가면 자식에 대한 이야기는 자연스럽게 등장합니다. 그러니까 여기서는 너무 신경을 쓰지 않아도 아무 문제가 없다고 봅니다. 다만 중요한 것은, 무슨 오행이 자식에 해당하느냐가 중요하겠지요.

일단 남자와 여자의 자식은 좀 달리 보고 있는 것이 현실입니다. 내가 생해주는 것이 자식인 것은 분명한데…….

여자는 그렇게 내가 生해주는 것(식신(食神), 상관(傷官))으로 자식을 삼습니다.

남자의 경우에 식신 상관은 자식으로 보지 않고, 능력으로 봅니다. 이점이 차이라면 차이지요. 마치 "여자는 자식을 낳고, 남자는 발명을 낳는다"

고 하는 말과 무엇인가 통한다는 느낌은 드는군요.

그래서 남자의 자식은 나의 처(정재,편재)가 낳은 것(정관,편관)으로 자식을 삼습니다.

근데 낭월이가 어째서 이렇게 어정쩡한 말로 얼버무리는가 하면 이것도 문제가 있기 때문입니다. 앞서 말씀드렸던 아버지를 편재로 봐야 하느냐, 인성으로 봐야 하느냐, 하는 문제와 연결되어 있는 부분입니다만…….

역시 남자에게 있어서 자식이 식상이냐 관살이냐 하는 문제는 윗대에서 해결을 못 보고 천상 우리의 차례가 되었습니다. 여기에다가 또 한 술 더 떠서, "용신이 자식이다"라고 하는 이야기가 있습니다. 이 말도 전혀 근거가 없다고 할 수가 없습니다.

또 "남자에게 있어서는 용신이 자식이고 각시가 희신이다. 그리고 여자에게 있어서는 용신이 남편이고 희신이 자식이다." 이렇게 말을 하고 있습니다.

저는 이렇게 장황하게 설명을 늘어놓아서 우리 벗님들이 그 원유를 궁리해보시기 바라는 마음입니다.

용신이 자식이라는 이야기는 조후론(調候論)의 창시자인 『궁통보감(窮通寶鑑)』에서 강력히 주장하고 있습니다. 근데 이런 식으로 글을 적어놓으면 무슨 발표 논문을 읽으시는 것 같을까봐 그만 줄입니다.

언젠가 서울에 있는 중국 서점을 갔더니, 진소암 할배의 명저 『명리약언(命理約言)』이 있더군요. 그래서 구해 와서 읽어 봤습니다.

역시 논리 정연한 이야기가 주옥같이 전개되더군요. 근데 여기서도 이 문제가 정면으로 등장했습니다. 인성이 부모지 어떻게 편재를 아비로 삼느냐는 거지요. 그냥 어줍잖은 선비가 그런다면 무시라도 하겠는데, 천하의 진소암 어르신께서 이렇게 말씀을 하실 적에는 필시 무슨 곡절이 있을 것입니다.

그리고 제가 참으로 좋아하는 적천수징의가 이 어르신 이론에 동조를 하는 것 같더군요.

뭔가 토론의 장이 마련될 것입니다. 궁금한 대로 조금만 더 가봅시다. 필시 무슨 해결이 나오리라고 기대를 합니다.

우선은 그냥, 이렇게 기억해두되 문제가 있다면 다시 판단해주시기 바랍니다.

남자=정관 편관이 자식이다.
여자=식신 상관이 자식이다.

이 육친(六親)들이 희신이나 용신이 되면 자식의 복이 있는 것이요.
기신(忌神) 구신(仇神)에 해당하면 자식으로 인해서 고민이 많을 것이다.
그리고 한신(閑神)에 해당한다면 소 닭보듯 서로 인연이 없을 것이다.

이것이 요약입니다.

일단 용신이 나오고 나서야 토론이 전개될 이야기들을 너무 성급하게 들먹거린 감이 없지 않군요.

그래도 문제를 제기해야 얻는 것이 많다고 생각해서입니다. 낭월이가 이렇게 이야기한다고 해서, 명리학의 이론이 엉성하다고 판단하시지는 마시길 부탁드립니다. 사실은 더욱 정확한 목표점을 향해서 도전하는 학자의 고뇌일 뿐, 그냥 그 사람의 운명을 봐주는 꾼(소위 말하는 術客)들이시라면 전 이런 이야기도 할 필요가 없다고 느낍니다.

그리고 이모니 고모니 하는 육친의 전개 방법은 어딘지 모르게 찜찜름 합니다. 따지면 답이 없는 것은 아니지만, 부모(父母) 형제(兄弟) 처자(妻子) 남편(男便)…… 이 정도면 충분하지 않을까요?

사실은 형제도 그리 대단한 비중을 차지하지 못하고 있는 것이 현실입니다. 이런 마당에 다른 육친까지 전개한다는 것은 쓸데없는 에너지 낭비가 아닐까 생각해봅니다.

사실은 부부(夫婦)와 자식(子息)이 가장 중요할 것입니다.

그래서 우리 벗님들은 부부와 자식에 대해서 집중적으로 궁리를 하시는 게 힘을 적게 들이고 크게 얻는 방법이 아닐까…… 생각해봅니다. 그리고 남는 시간에 형제나 부모에 대해서 궁리를 해보신다고 해도 충분할 것으로 생각합니다.

■ 덧붙이는 글

『왕초보 사주학(입문편)』이 세상에 소개된 것이 1995년이니까 2013년 기준으로 약 18년이 되었습니다. 그 사이에도 꾸준히 궁리하고 연구하던 내용에 약간의 진전(進展)이 있어 독자의 연구에 조그만 보탬을 드리고자 이렇게 추가하는 말씀을 준비하였습니다.

이 책에서 이루는 범위는 음양론(陰陽論), 오행론(五行論), 십간론(十干論), 십이지론(十二支論)과 십성론(十星論)까지입니다. 자평명리학(子平命理學)에 관심(關心)이 생겨서 처음 시작하는 독자에게는 내용상으로 다소 벅찰 수도 있습니다만 맛보기라는 의미로 본다면 그만한 의미가 전달될 수 있을 것으로 생각했습니다. 이제 각각의 부분별로 참고하면 좋을 의견을 덧붙여서 좀 더 깊은 명리학의 세계로 들어가고자 하는 독자를 안내하려고 합니다. 참고로 이 책의 내용은 "알기 쉬운 시리즈" 중 『음양오행(陰陽五行)』, 『천간지지(天干地支)』, 『합충변화(合沖變化)』의 내용과 관련이 있기 때문에 그 책에 붙인 이야기를 그대로 옮겨온 것입니다.

1. 음양 관철법

음양을 구분하는 데 조금이나마 도움이 될 것 같아 열두 가지의 방향을 잡았습니다.

1) 체용법-체음용양(體陰用陽)

체용(體用)은 하나의 물체가 있을 때 그 물체를 체(體)로 보고, 물체의 용도를 용(用)으로 보는 관점입니다. 다음 예로 설명합니다.

① 자동차

자동차를 체로 본다면, 운전하여 이동하는 데 도움을 받는 것은 용이 됩니다. 이때 체는 본질이므로 음(陰)이 되고, 용은 이름 그대로 사용하는 것이므로 이동수단으로 삼는 것입니다.

② 주택

주거하는 집을 체로 삼으면, 가족은 용에 대입합니다. 항상 체는 음이고 용은 양이라는 생각으로 관철하면 어렵지 않게 대입할 수 있을 것입니다. 그러면서도 매우 중요한 개념입니다.

③ 주객

손님이 찾아왔을 때 주인은 체가 되고, 손님은 용이 됩니다.

④ 심신

마음과 몸을 놓고 생각하면 마음이 체가 되고, 몸은 용이 됩니다. 그런데 처음에 질문을 해보면 95% 정도는 몸을 체라고 합니다. 신체(身體)라는 말이 각인되어 있기 때문인 것 같지만, 자동차나 주택과는 다른 관점이 필요하다는 것을 알아야 합니다. 잘 생각해보면 몸은 마음이 끌고 다니는 물건임을 알 수 있을 것입니다. 즉, 정신이 몸을 사용하는 것이지요.

2) 동정법-동양정음(動陽靜陰)

움직이는 것과 가만히 있는 것을 구분하는 것이 동정(動靜)입니다. 여기에 대해서 관찰하는 방법을 설명합니다.

① 속도

동정의 경우 비교하여 이해하면 됩니다. 가령, "시속 200km의 자동차는 음이냐? 양이냐?"라고 묻는다면 얼른 생각하기에는 빠르니까 양이라고 답하기 쉽습니다. 그러나 음양에 대한 질문은 반드시 상대적인 대상이 있어야만 답을 할 수 있습니다. 그 대상으로 시속 190km로 달리는 자동차를 대입하면 맞는 답이지만, 210km로 달리는 자동차를 대입하면 틀린 답이 됩니다.

② 심리

마음에도 속도가 있다면 동정법에 대입하여 음양을 구분할 수 있습니다. 생각이 빠른 사람은 느린 사람에 비해서 양적이라고 할 수 있기 때문입니다. 상담할 때에도 마찬가지로 양적인 사람은 사주를 적자마자 용신을 바로 찾아내지만, 음적인 사람은 한참을 끙끙대고 나서야 비로소 용신을 찾을 수 있기 때문입니다. 그래서 마음이 밝을수록 빨리 읽고, 어두울수록 그만큼 시간이 걸린다고 생각하면 되겠습니다.

또, 도인(道人)은 양적인 사람이고, 범부(凡夫)는 음적인 사람이라고 해도 맞는 말입니다. 범부란 말은 평범한 일반 사람을 이르는 말입니다. 그러므로 어떤 일에 대해서 반응을 보면서 그 사람이 양적인 심성을 갖고 있는지 아닌지를 판단할 수도 있습니다. 이렇게 음양의 분별만 잘할 수 있어도 사람을 파악하는 데 상당히 많은 도움을 얻을 수 있습니다.

③ 행동

행동은 마음의 지시에 따라서 움직입니다. 이것은 심신의 체용과도 서로 통한다고 하겠습니다. 그러니까 심리적으로 반응이 빠른 사람은 몸도 그만큼 반응이 바로 나타나기 마련이지요. 나무늘보와 노루의 심성은 들여다보지 않아도 그냥 그대로 보이는 것입니다.

④ 이기(理氣)

철학적인 용어이므로 아마 어렵게 느껴질 수도 있을 것입니다. 이(理)는 원리이고 핵심이라고 이해하고, 기(氣)는 작용이고 변화라고 이해하면 됩니다. 동정(動靜)으로 이기를 보면 이(理)는 정(靜)하고, 기(氣)는 동(動)하는 것을 생각할 수 있습니다. 이것을 간지에 대입하면, 간지는 가만히 있고 작용의 변화가 나타나는 것을 읽어서 길흉화복(吉凶禍福)을 해석하는 것과 비슷하다고 할 수 있습니다.

3) 강유법-강양유음(剛陽柔陰)

굳센 것을 강(剛)이라고 하고, 부드러운 것을 유(柔)라고 합니다. 그렇게 나눌 때 단단한 것을 양으로 보고, 부드러운 것을 음에 대입하면 됩니다.

① 水와 바위

水는 부드럽고 바위는 단단합니다. 이것을 강유(剛柔)로 보면 바위는 양이고, 水는 음이라고 할 수 있습니다. 혹 이러한 관계를 동정(動靜)에 대입하면 물은 양이고 바위는 음이 되는데 이렇게 뒤바뀌면 되겠느냐고 의문을 제기할 수도 있겠지만, 바로 그러한 것이 음양의 이치를 공부하는 것이라고 할 수 있습니다. 어떤 사물이나 상황을 때로는 이렇게 보기도 하고 또 때로는 저렇게 볼 수도 있기 때문입니다.

다만, 그렇게 보는 것에는 그만한 이유가 따르는 것도 알아야 오류가 일어나는 것을 줄일 수 있습니다. 그것도 음양관(陰陽觀)입니다.

② 삼베와 비단

비슷한 것끼리 대입해볼 수도 있습니다. 삼베는 뻣뻣하고 비단은 보들보들합니다. 어느 것이 양이고 음인지는 설명하지 않아도 될 것입니다.

③ 골육

뼈와 살을 놓고도 생각해볼 수 있습니다. 강유에 대입하는 것도 음양으로 보는 분류에서 필요하기 때문에 잘 이해해두는 것이 좋습니다.

4) 자웅법-자음웅양(雌陰雄陽)

자웅(雌雄)은 암컷과 수컷 한 쌍을 말합니다. 닭이나 거위 같은 큰 새를 두고 하는 말이지만, 큰 승부를 이야기할 때에도 "오늘은 자웅을 겨뤄보자"라고 표현하기도 합니다.

다만, 자웅을 겨룬다는 말은 타당하지 않을 것 같습니다. 왜냐하면 누가 이긴다는 개념이 음양에는 없기 때문입니다. 아마도 수컷이 이길 것이라는 선입관이 개입되었을 수는 있다고 봅니다.

① 남녀

남녀를 놓고 음양을 물어보면 대다수는 남자는 양이고 여자는 음이라고 합니다. 왜 그런가를 물어보면 남자는 강하고 여자는 약하기 때문이라고 답하지요. 물론 이것은 명백한 오답(誤答)입니다. 그렇게 생각하는 사람은 철학자라고 할 수 없습니다. 여자도 강한 사람이 있고 남자도 약한 사람이 있다고 해야 정답이기 때문입니다.

남녀의 음양은 오로지 성기(性器)로만 구분해야 합니다. 아무리 힘이 강한 여걸이라도 성기를 봐서 구분하는 데에는 다른 이유를 붙일 수 없습니다. 그리고 인간에만 해당하는 것도 아닙니다. 세상만물에는 자웅의 논리로 만들어진 것이 많습니다. 절구통과 절굿공이가 그렇고, 맷돌의 위아래도 그렇지요. 또 만년필의 뚜껑과 몸체도 자웅입니다. 살펴보면 의외로 이 이치가 많이 적용되어 있음을 알 수 있을 것입니다. 이렇게 자웅으로 관찰해야만 하는 경우가 있음을 알아두는 것도 중요합니다.

② 요철

글자 모양이 이렇게 생겼습니다. 오목할 요(凹)와 뾰족할 철(凸)이므로 더 이상 설명이 필요 없습니다. 생긴 것을 봐서 무엇과 세트가 되는지 알 수 있다면 그것으로 충분합니다. 그리고 두 글자가 결합하면 그야말로 음양합체(口)가 되는 것입니다.

③ ♂ ♀

이 부호는 병원에서도 발견할 수 있습니다. ♂는 남자를 나타내고, ♀는 여자를 나타냅니다. 이것은 모양만 봐도 성별을 구분하는 성기(性器)의 표시임을 알 수 있습니다. 그리고 점성학(占星學)에서 남성을 상징하는 화성

(♂)과, 여성을 상징하는 금성(♀)을 나타내는 부호이기도 하지요. 아마도 점성학에서 가져온 부호로 보아도 될 것입니다.

5) 대소법-대양소음(大陽小陰)

이 항목은 매우 간단합니다. 물질적인 크기에만 대입하면 되기 때문입니다. 큰 것은 양이 되고 작은 것은 음이 된다고만 알아두면 됩니다.

6) 명암법-명양암음(明陽暗陰)

빛을 음양으로 이해할 필요가 있다면 명암으로 구분하는 것이 타당하다고 봅니다. 밝은 것은 양이고 어두운 것은 음이라고 하면 간단하게 해결되는 문제입니다.

① 희비(喜悲)

명암의 의미에는 여러 가지가 있습니다. 기쁨과 슬픔을 놓고도 명암으로 생각해 볼 수 있습니다. 시험에 합격하면 기쁨이 될 것이고 낙방을 하면 슬픔이 될 것이므로 희비가 교차하게 됩니다.

다만, 여기서 어느 것이 더 좋으냐는 질문에 별 생각없이 "합격을 하는 것이고 기쁜 것이 좋다"고 말한다면 음양을 공부하는 자의 답변으로는 실격입니다. 왜냐하면 원래 음양은 좋고 나쁜 것으로 나눌 수 없는 것이기 때문입니다. 그냥 하나의 상대적인 개념일 뿐입니다. 즉, 합격자는 공부가 중단되므로 슬플 수도 있고, 낙방을 했더라도 다시 공부를 하므로 지식이 진화할 수도 있기 때문입니다.

② 청탁(淸濁)

명암에 청탁을 대입할 줄 안다면 공부를 잘하고 있다고 보아도 됩니다. 물론 둘 중에 어느 것이 좋은지에 대해서는 판단하지 않는 것이 옳다는 입장은 여전히 유효합니다.

7) 표리법-표양리음(表陽裏陰)

겉과 속으로 되어 있는 것들의 음양은 표리법에 대입하여 이해하면 됩니다.

① 얼굴과 장부(臟腑)

얼굴을 겉이라고 할 경우에는 몸속의 오장육부(五臟六腑)를 속이라고 할 수 있습니다. 예를 들어, 눈동자가 누렇게 보이면 간병(肝病)을 의심하고 혀가 갈라지면 심병(心病)을 염려하는 것은 한의학에서 관찰하는 표리법입니다. 왜냐하면 음양은 분리될 수 없는 것이어서 속에 있는 것이 겉으로 드러나고, 겉에 있는 것이 속으로 작용하기 때문입니다.

② 자녀와 부모

조금 난이도가 있는 대입입니다. 자녀와 부모를 놓고 표리법으로 음양을 구분하라고 하면 어떻게 할까요? 간단하게 결론을 말하면 자녀는 양에 해당하는 표(表)가 되고, 부모는 음에 해당하는 이(裏)가 된다고 할 수 있습니다. 부모만 봐서는 잘 모르는 것이라도 자녀를 보면 부모를 짐작할 수 있기 때문입니다. 우리 속담에도 "그 사람을 알려면 친구를 보고, 부모를 알려면 자식을 보라"는 말이 있습니다.

8) 상하법-상양하음(上陽下陰)

조직적인 사회에서는 반드시 상하가 구분되어야 합니다. 물론 어느 하나가 좋다는 의미는 아닙니다. 제각기 자신의 일이 있다는 의미이며, 그래서 질서가 있어야 한다면 上은 양이 되고, 下는 음이 된다고 이해하면 됩니다.

9) 전후법-전양후음(前陽後陰)

전후는 앞뒤를 생각하면 됩니다. 앞은 양이 되고, 뒤는 음이 됩니다.

① 과거와 미래

이것은 시간의 개념이기두 합니다. 지나간 시간은 후(後)라고 봐서 음이고, 다가올 시간은 전(前)이라고 봐서 양에 대입하면 됩니다.

② 조석

하루의 아침과 저녁을 놓고 생각해볼 수 있습니다. 관찰 시점이 정오라면 저녁은 양이 되고, 아침은 음이 됩니다. 왜냐하면 지나간 것과 다가올 것을 구분하여 대입하기 때문입니다. 얼른 생각하면 아침이 앞이고 저녁이 뒤라고 생각하기 쉬운데, 그것은 움직이지 않는 도표상에서 관찰하는 경우입니다. 무슨 차이가 있는지 생각해보면 이해가 될 것입니다.

③ 경도

둥근 지구에 세로로 줄을 24개 그어서 시간표를 만들어놓은 것이 경도(經度)입니다. 영국의 그리니치 천문대를 0°로 삼아서 15°마다 1시간(60분)씩 적용시켜서 360°를 돌면 24시간이 되는 방식이지요. 이것은 시간의 개념이므로 전후로 이해하면 됩니다.

10) 좌우법-좌음우양(左陰右陽)

오른쪽을 右라고 하고 왼쪽을 左라고 하므로 좌를 음으로 대입하고, 우를 양으로 대입한다고 정리하면 됩니다. 왜 그런지는 구태여 설명하지 않아도 이해할 수 있을 것입니다. 좌경(左傾)은 국가의 정책을 거부하는 집단이고 그래서 지하에서 활동한다고 이해해도 되겠습니다. 반대로 우경(右傾)은 겉으로 드러나게 활약하므로 쉽게 이해될 것입니다.

11) 한열법-한음열양(寒陰熱陽)

매우 간단한 기준이며, 온도로 구분하는 음양법으로 이해해도 됩니다.

① 기온

온도가 높으면 낮은 것에 비해서 양이 되고, 추우면 높은 것에 비해서 음이 된다고 이해하면 전혀 어렵지 않습니다.

② 위도(緯度)

위도는 지구에 가로로 선을 그어서 중심을 적도라고 하고 위아래로 10°씩 표시해 놓은 것입니다. 이것은 기후를 이해할 때 참고하므로 열(熱)에 관계된 것으로 봅니다. 열대와 온대를 대략 살필 수도 있습니다.

12) 유무법-유양무음(有陽無陰)

자신에게 있는 것은 양이 되고, 없는 것은 음이 됩니다. 이것은 물질적인 것에서도 같고, 정신적인 것에서도 같이 보면 됩니다.

다만, 음양의 상대적인 관점을 초월한 도인(道人)에게는 해당되지 않는 이야기일 수도 있습니다. 그 차원은 앎을 버리는 것이 오히려 아는 것이기 때문인데, 보통 사람에게는 통용되지 않는 법칙이므로 무시해도 좋습니다.

이렇게 음양의 보조적인 관찰법으로 열두 가지 항목을 놓고 살펴보는 방법을 제시합니다. 그 밖에도 찾을 수 있는 방법이 있다면 또한 살펴볼 수 있을 것입니다. 모쪼록 음양에 대해서 혜안(慧眼)을 얻기 바랍니다. 만법의 바탕에는 상대적인 관념인 음양법이 내재되어 있기 때문입니다.

2. 오행 관찰법

기본적인 오행의 생극(生剋)은 잘 알고 있을 것입니다. 목생화(木生火), 화생토(火生土), 토생금(土生金), 금생수(金生水), 수생목(水生木)이 공식입니다. 또 목극토(木剋土), 토극수(土剋水), 수극화(水剋火), 화극금(火剋金), 금극목(金剋木)의 이채 역시 알고 있을 것입니다. 그런데 여기에서 다시 진일보를 해야 할 필요가 있습니다.

그래서 마련한 것이 다음에서 설명하는 50가지의 생극관계입니다. 여기에 대해서 잘 이해하면 오행에 대해서는 이해를 잘한 것입니다. 궁리를 위해서 이름만 나열하겠습니다. 왜 그렇게 볼 수 있는지에 대해서 각자 생각해보는 것이 내공의 증진에 도움이 될 것이기 때문입니다. 목생목(木生木)은 조건입니다. 그러므로 힌트를 보기 전에 나름대로 노트에 적어가면서 궁리해보는 것이 선행되어야 효과를 극대화시킬 수 있습니다. 그 다음에 화살표의 오른쪽에 설명한 힌트를 보면서 다시 원리를 생각하면 됩니다.

1) 木의 생극관계

① 목생목(木生木) → 달리는 말에 채찍질을 가한다.
② 목극목(木剋木) → 브레이크가 파열된 차가 급경사를 만난다.

③ 목생화(木生火) → 운동을 하여 에너지를 확장시킨다.
④ 목극화(木剋火) → 무리한 운동으로 에너지가 탈진된다.
⑤ 목생토(木生土) → 토양을 미생물이 부드럽게 한다.
⑥ 목극토(木剋土) → 태풍으로 흙이 날아가서 황사가 된다.
⑦ 목생금(木生金) → 몸이 있어 영혼이 깃들 수 있다.
⑧ 목극금(木剋金) → 몸이 병들어서 정신이 황폐해진다.
⑨ 목생수(木生水) → 해류로 인해서 바다에 활기가 넘친다.
⑩ 목극수(木剋水) → 태풍으로 물이 분산되어서 흩어진다.

2) 火의 생극관계

① 화생목(火生木) → 따뜻한 햇살이 나무에게 광합성을 한다.
② 화극목(火剋木) → 가뭄이 심하여 나무가 고사(枯死)하게 된다.
③ 화생화(火生火) → 촛불을 들고 끝없이 모여들어 힘을 키운다.
④ 화극화(火剋火) → 과열된 것은 폭발하기 쉽다.
⑤ 화생토(火生土) → 햇볕을 받은 대지는 생기가 넘친다.
⑥ 화극토(火剋土) → 작열하는 태양에 땅이 갈라 터진다.
⑦ 화생금(火生金) → 역경을 통해서 정신력은 강화된다.
⑧ 화극금(火剋金) → 심한 스트레스로 정신이 고통스럽다.
⑨ 화생수(火生水) → 씨앗이 온기로 싹을 틔운다.
⑩ 화극수(火剋水) → 폭염으로 호수가 말라버린다.

3) 土의 생극관계

① 토생목(土生木) → 토양이 단단하여 나무의 뿌리를 잡아준다.
② 토극목(土剋木) → 흙이 너무 쌓여서 나무가 묻히게 된다.

③ 토생화(土生火) → 바람막이가 있어서 불길을 보호한다.
④ 토극화(土剋火) → 불이 붙기 시작했을 때 흙을 끼얹으면 꺼진다.
⑤ 토생토(土生土) → 오래 된 농지에는 객토(客土)를 한다.
⑥ 토극토(土剋土) → 지진이 일어나서 충돌한다.
⑦ 토생금(土生金) → 어머니의 사랑으로 주체(主體)는 안정된다.
⑧ 토극금(土剋金) → 지나친 모친의 관심은 주체(主體)를 나약하게 한다.
⑨ 토생수(土生水) → 물이 잘 흘러가도록 도랑을 만들어준다.
⑩ 토극수(土剋水) → 물이 흐르지 못하게 막아버린다.

4) 金의 생극관계

① 금생목(金生木) → 지혜로운 정신은 생명을 지킨다.
② 금극목(金剋木) → 정신이 황폐하면 몸도 병든다.
③ 금생화(金生火) → 전구의 필라멘트나 난로의 코일(coil)이다.
④ 금극화(金剋火) → 지나친 신중함은 열정을 식혀버린다.
⑤ 금생토(金生土) → 쟁기나 트랙터로 토양을 부드럽게 한다.
⑥ 금극토(金剋土) → 암석이 너무 많으면 토양이 유실된다.
⑦ 금생금(金生金) → 금강산 만물상의 절경이다.
⑧ 금극금(金剋金) → 자존심이 너무 강하면 싸움이 일어난다.
⑨ 금생수(金生水) → 암석과 모래가 물을 정화시킨다.
⑩ 금극수(金剋水) → 너무 완고한 사람은 사고력도 약하다.

5) 水의 생극관계

① 수생목(水生木) → 숲에 단비가 내리니 초목이 싱싱해진다.
② 수극목(水剋木) → 기나긴 장마에 벼가 물에 잠겨서 병이 든다.

③ 수생화(水生火) → 엔진의 과열을 막는 냉각수이다.
④ 수극화(水剋火) → 노인의 말이 젊은 혈기를 막는다.
⑤ 수생토(水生土) → 메마른 토양을 촉촉하게 해준다.
⑥ 수극토(水剋土) → 홍수로 토양이 모두 떠내려간다.
⑦ 수생금(水生金) → 바닷물에서 소금을 얻는다.
⑧ 수극금(水剋金) → 염전에 비가 내려서 소금이 녹아버린다.
⑨ 수생수(水生水) → 종자를 저장하는 냉장고이다.
⑩ 수극수(水剋水) → 지나친 냉각으로 냉해를 입는다.

이렇게 궁리를 해볼 수 있습니다. 힌트를 주의 깊게 살피면서 이해했다면 오행의 생극은 결국 균형과 불균형에 의한 차이임을 알 수 있을 것입니다. 그러니까 목극토(木剋土)가 극(剋)이 아니라 균형을 이루면 목생토(木生土)가 된다는 것을 알 수 있고, 목생화(木生火)가 생이지만 균형이 깨지면 목극화(木剋火)가 된다는 것을 알고 있으면 나중에 사주를 적어놓고 풀이를 할 때 바로 대입하여 활용할 수 있을 것이므로 많은 연습을 해두기 바랍니다.

음양과 오행은 간지의 본질이므로 이것을 얼마나 깊이 이해하고 있느냐에 따라서 사주를 풀이하는 안목이 달라질 수밖에 없습니다. 그러므로 용신을 찾아서 멋진 풀이를 하고 싶다는 마음이 간절하다면 앞으로만 달려가려고 애쓰지 말고 내공을 충실히 연마하는 것이 상달(上達)의 지름길임을 절로 깨닫게 될 것입니다.

3. 십간론

1. 천간(天干)에 대한 정리

1) 인간(人間)의 100년 여정(旅程)

천간	인생의 천간(天干)	작용
	천간의 작용	
甲 1~9세	어린아이가 활발하게 성장한다. 2~3세 해제(孩提) : 어린아이가 사람을 붙잡고 흉내 냄.	성장시기
乙 10~19세	점차 목적이 생기면서 의식이 확장한다. 15세 지학(志學) : 학문에 뜻을 두는 시기.	
丙 20~29세	모든 것이 자신의 뜻대로 될 줄 안다. 20세 약관(弱冠) : 관례를 치루어 성인(成人)이 됨.	교육시기
丁 30~39세	이치를 알게 되면서 적응하는 법을 배운다. 30세 이립(而立) : 뜻을 세움.	
戊 40~49세	위로는 부모, 아래로는 자녀를 생각하게 된다. 40세 불혹(不惑) : 환경에 현혹되지 않음.	사회시기
己 50~59세	자신에게 주어진 환경을 수용한다. 50세 지천명(知天命) : 자신이 해야 할 일을 알게 됨.	

庚 60~69세	자신의 영역을 구축하고 자리를 잡는다. 60세 이순(耳順):무슨 말이나 들으면 이해를 함.	완성시기
辛 70~79세	모든 것을 다 가질 것처럼 욕심이 생긴다. 70세 고희(古稀):예로부터 사람이 일흔 살까지 사는 일은 드물다[人生七十古來稀]는 의미함.	
壬 80~89세	삶을 돌이켜 보면서 반추하고 정리한다. 80세 산수(傘壽):우산살의 모양을 의미함.	노쇠시기
癸 90~99세	몸은 기운이 빠지고 의식은 여행을 떠난다. 99세 백수(白壽):百에서 一이 부족함.	

이 표는 사람이 태어나서 점차 나이를 먹으면서 변화하는 과정을 10년 단위로 끊어서 십간(十干)과 연결시킨 것입니다. 100년을 산다고 했을 때 대부분의 사람은 이러한 흐름에 따라서 삶을 가꾸는 것으로 봐도 무리가 없을 듯합니다. 그리고 이러한 논리는 공자(孔子)의 관점으로 봐도 타당성이 있으므로 참고할 만합니다. 삶의 모습을 생각하면서 대입하다 보면 일반적인 삶의 모습이 크게 다르지 않음을 알 수 있을 것입니다.

2) 천간(天干)의 물질(物質)과 정신(精神)

십간(十干)의 성질(性質)을 이해하기 위해서 물질적(物質的)인 면과 정신적(精神的)인 면으로 나눠서 정리했습니다. 기본적인 형태이기는 하지만 실제로 사주를 풀이하여 대입할 경우에는 상당한 위력(威力)을 발휘하게 될 것이므로 서두르지 말고 차근차근 정리하기 바랍니다.

천간(天干)의 물심양면 작용		
干	물질적 측면	정신적 측면
甲	동물(動物) : 활동적인 물체	발전(發展) : 전개, 통제자
乙	식물(植物) : 고정적인 물체	생존(生存) : 치밀, 내소유
丙	광선(光線) : 빛이 나는 것	영체(靈體) : 난폭함
丁	열기(熱氣) : 고온성 물체	합리(合理) : 원칙적
戊	중력(重力) : 무형의 대기권	중심(中心) : 신비, 중재자
己	토양(土壤) : 초등교과서	포용(包容) : 안정감
庚	고체(固體) : 사물의 주체	독립(獨立) : 자주, 불굴
辛	흑체(黑體) : 흡수하는 물체	경쟁(競爭) : 욕구, 욕망
壬	기체(氣體) : 공기와 같음	궁리(窮理) : 창조, 돌파구
癸	액체(液體) : 응고하고 뭉침	사교(社交) : 활발, 폐쇄적

4. 십이지지론

지장간(支藏干)은 크게 월률분야(月律分野)와 인원용사(人元用事)로 나뉘게 됩니다. 이 책에서는 월률분야에 대해서 충분히 고려하여 설명하였으므로 추가로 언급하지 않아도 될 것으로 봅니다. 그리고 실제로 사주(四柱)를 통해서 상담(相談)하면서도 월률분야에 대해서는 거의 언급하지 않는 점도 참고해야 하겠습니다. 기본적인 원리를 아는 것은 중요하지만 그것을 실제로 활용(活用)하지 않는다면 조금은 비중을 줄여도 될 것으로 봅니다. 다만, 인원용사에 대해서는 조금 생각해 볼 부분이 있어서 여기에 대한 의견을 드립니다.

1) 인원용사(人元用事)의 구조(構造)

인원용사의 구조		
지지	지장간의 비율	
生支 寅	丙 0.3 (30%)	甲 0.7 (70%)
申	壬 0.3 (30%)	庚 0.7 (70%)
巳	庚 0.3 (30%)	丙 0.7 (70%)
亥	甲 0.3 (30%)	壬 0.7 (70%)

旺支	子	癸 1.0 (100%)		
	午	丁 1.0 (100%)		
	卯	乙 1.0 (100%)		
	酉	辛 1.0 (100%)		
庫支	辰	癸 0.3 (30%)	乙 0.2 (20%)	戊 0.5 (50%)
	戌	丁 0.3 (30%)	辛 0.2 (20%)	戊 0.5 (50%)
	丑	辛 0.3 (30%)	癸 0.2 (20%)	己 0.5 (50%)
	未	乙 0.3 (30%)	丁 0.2 (20%)	己 0.5 (50%)

표를 보면 알 수 있듯이 인신사해(寅申巳亥)에서는 무토(戊土)를 제외하고 관찰하게 됩니다. 자오묘유(子午卯酉)에서도 여기(餘氣)에 해당하는 부분은 논하지 않고 본기(本氣)만으로 관찰하게 됩니다. 진술축미(辰戌丑未)는 모두 논하게 됩니다.

2) 지장간(支藏干)의 이해(理解)
지장간의 내용에 대해서 약간 부연(敷衍)하여 설명하려고 합니다만 이해하시는 데 어려움은 없을 것입니다. 어쩌면 오히려 더욱 단순해져서 대입하기 수월할 수도 있습니다.

① 자수(子水)
자수(子水)에서는 임수(壬水)는 논하지 않고 계수(癸水)에 대해서만 논하

면 됩니다. 독립적(獨立的)으로 지지(地支)가 있을 경우에 여기(餘氣)는 의미가 없기 때문입니다.

② 축토(丑土)

축토(丑土)는 신금(辛金)이 30%, 계수(癸水)가 20%, 기토(己土)가 50%로 배합되어 있는 구조라고 읽으면 됩니다. 월률분야에서는 계신기(癸辛己)로 외우고 9, 3, 18로 날짜를 대입해서 이해했습니다만 독립적으로 살피게 될 경우에는 단순하게 축토를 1로 봤을 경우에 내재(內在)되어 있는 성분(性分)을 0.3과 0.2와 0.5로 이해하면 되겠습니다.

③ 인목(寅木)

인목(寅木)은 인중병화(寅中丙火)의 30%와 인중갑목(寅中甲木)의 70%로 구성되어 있는 지지(地支)입니다. 여기에 무토(戊土)는 논하지 않으면 됩니다. 실제로 나중에 십성(十星)을 배워서 심리적으로 대입할 경우에도 무토가 없다고 해서 설명하기 불편했던 경험은 없으므로 크게 걱정하지 않아도 됩니다.

④ 묘목(卯木)

묘목(卯木)은 다른 것은 고려할 필요 없이 오직 을목(乙木)에 대해서만 전체로 보고 대입하면 되는 지지(地支)입니다.

⑤ 진토(辰土)

진토(辰土)는 진중무토(辰中戊土)가 50%이고, 진중계수(辰中癸水)는 30%, 진중을목(辰中乙木)은 20%의 비율로 구성된 지지(地支)라는 것을 생각하고 대입하면 됩니다.

⑥ 사화(巳火)

사화(巳火)는 사중경금(巳中庚金)이 30%이고 사중병화(巳中丙火)는 70% 입니다. 이러한 비율로 구성되어 있다고 생각하고 나중에 용신(用神)을 대입하게 될 경우에 일주(日柱)의 강약(强弱)을 저울질하게 될 때도 무토(戊土)는 논하지 않고 이 수치를 그대로 적용시키면 됩니다.

⑦ 오화(午火)

오화(午火)는 다른 성분은 제외하고 정화(丁火)만 있는 것으로 대입합니다. 병화(丙火)나 기토(己土)는 논하지 않는다는 의미이기도 합니다.

⑧ 미토(未土)

미토(未土)는 미중기토(未中己土)의 50%와 미중을목(未中乙木)의 30%, 미중정화(未中丁火)의 20%를 적용시켜서 상황을 읽으면 됩니다. 물론 좌우(左右)의 상황에 따라서 변수(變數)가 생기겠지만 기본적인 이치는 이와 같은 것으로 고정시켜서 대입합니다.

⑨ 신금(申金)

신금(申金)은 신중경금(申中庚金)이 70%이고 신중임수(申中壬水)가 30%인 지지(地支)로 대입하게 됩니다. 여기에서도 무토(戊土)는 논하지 않는다고 생각하고 간편(簡便)하고 명료(明瞭)하게 대입하면 됩니다.

⑩ 유금(酉金)

유금(酉金)은 경금(庚金)은 논하지 않고 신금(辛金)에 대해서만 100%가 되는 것으로 이해합니다.

⑪ 술토(戌土)

술토(戌土)는 술중무토(戌中戊土)의 50%와 술중정화(戌中丁火)의 30%, 술중신금(戌中辛金)의 20%로 구성이 된 지지(地支)라고 이해하고 적용시키면 되겠습니다.

⑫ 해수(亥水)

해수(亥水)는 해중임수(亥中壬水)의 70%와 해중갑목(亥中甲木)의 30%로 구성이 된 지지(地支)입니다. 월률분야에 있었던 무토(戊土)는 논외(論外)로 하고 생각하지 않으면 됩니다.

이상과 같이 인원용사(人元用事)에 대해서 잘 궁리한 다음에 그대로 적용(適用)시켜서 관찰하면 무리 없이 대입될 것으로 봅니다. 다만, 독자 스스로 기존(旣存)의 방법(方法)으로 대입하는 것이 오히려 편안하다고 생각된다면 그대로 하셔도 됩니다. 수정된 내용이니까 일단 알고는 있어야 하므로 언급해 두는 것이므로 종전대로 사용하셔도 문제는 없습니다.

5. 합충

합(合)에 대해서 임상과 궁리를 해 본 결과를 말씀드립니다. 무엇보다도 간합(干合)에 대해서는 적용시키는 것이 좋을 것 같습니다. 다만, 지합

(地合)에 대해서는 일체 고려하지 않는 것이 2012년 이후 현재까지 상담기준입니다. 그러니까 삼합(三合), 방합(方合), 육합(六合) 등에 대해서는 모두 없는 것으로 전제하고 그냥 생극(生剋)의 이치로만 대입하면 됩니다. 다만, 고전을 보는 과정에서 그러한 말이 나오면 의미하는 바를 알아야 한다는 점에서 책의 내용에 포함된 것은 문제가 없다고 하겠습니다. 단지 적용상의 문제로 생각하시면 되겠습니다.

　더구나 합화(合化)에 대해서는 더욱 논하기 어렵습니다. 갑기합(甲己合)은 유효(有效)하지만 화토(化土)는 무효입니다. 마찬가지로 을경(乙庚)은 되지만 金으로 화(化)한다는 생각은 하지 않아야 합니다. 하물며 지지(地支)에서의 삼합이 무엇으로 변한다는 것은 더욱 논외로 해야겠네요. 해묘미(亥卯未)가 있으면 목국(木局)이라고 하는 것은 생각하지 말라는 의미입니다. 그냥 해생묘(亥生卯)하고 묘극미(卯剋未)하고 미극해(未剋亥)만 된다고 생각하면 틀림없는 것으로 정리합니다.

　이러한 합화론(合化論)을 적용(適用)시키는 것은 자유입니다. 다만, 낭월의 임상 과정에서는 논하지 않고 대입하는 것이 더욱 선명(鮮明)한 해석이 된다는 것을 경험했기 때문에 드리는 의견이므로 적용하시면서 참고로 알아두면 좋을 것 같네요.

　육충(六沖)에 대해서는 충이라고 해서 별도로 대입할 필요는 없다고 보면 되겠습니다. 기본적인 생극으로 관찰하면 충분하기 때문입니다. 가령 사해충(巳亥沖)이 있다면 사화(巳火)나 해수(亥水)가 모두 깨어지는 것이 아니고 해극사(亥剋巳)가 되어서 수극화(水剋火)의 이치로만 대입하면 되겠습니다. 그리고 사중경금(巳中庚金)이 해중갑목(亥中甲木)을 극하는 작용도 약간 포함된다고 대입하면 무난하다고 보겠습니다. 이렇게 보는 것은 상관없지만 충이 되어서 해수도 못쓴다고 생각할 필요는 없다는 점만 알아둔다면 새롭게 관찰해야 할 것은 없습니다.

6. 통근

간지(干支)를 이해한 다음에는 주변의 상황에 따라서 어떻게 읽어야 할 것인지 생각하게 됩니다. 이것을 통근(通根)이라고 하는데, 이름에 매여서 천간(天干)에서 지지(地支)를 보는 것만 대입하는 것이 아니라, 지지에서도 천간을 보면서 통근이 되는지에 대해서 생각할 수 있다는 것도 참고로 언급하는 것이 좋겠습니다. 이해를 돕기 위해서 표로 설명을 드립니다.

오행(五行)의 지지통근표(地支通根表)											
木	子 1.0	丑 0.2	寅 0.7	卯 1.0	辰 0.5	巳 0.0	午 0.0	未 0.3	申 0.3	酉 0.0	戌 0.0	亥 1.0
火	子 0.0	丑 0.0	寅 1.0	卯 1.0	辰 0.2	巳 0.7	午 1.0	未 0.5	申 0.0	酉 0.0	戌 0.3	亥 0.3
土	子 0.0	丑 0.5	寅 0.3	卯 0.0	辰 0.5	巳 0.7	午 1.0	未 0.7	申 0.0	酉 0.0	戌 0.8	亥 0.0
金	子 0.0	丑 0.8	寅 0.0	卯 0.0	辰 0.5	巳 0.3	午 0.0	未 0.5	申 0.7	酉 1.0	戌 0.7	亥 0.0
水	子 1.0	丑 0.5	寅 0.0	卯 0.0	辰 0.3	巳 0.3	午 0.0	未 0.0	申 1.0	酉 1.0	戌 0.2	亥 0.7

※특수(特殊)한 간지(干支)의 통근(通根): 을미(乙未), 병술(丙戌), 임진(壬辰)의 간지는 기본적으로 0.3의 통근이지만 고근(庫根)에 통근하는 특수한 경우이므로 0.2를 더하여 0.5로 대입합니다.

예를 들면, 甲이나 乙이 지지에서 진(辰)을 만나면 0.5의 통근이 되고, 인(寅)을 만나면 0.7의 통근이 된다는 것으로 이해하면 되겠습니다. 또 기(己)나 무(戊)로 태어난 사람이 지지에서 해(亥)를 만나면 0.0의 통근이므로 전혀 지를 할 곳이 없는 것으로 대입한다는 것을 참고하면 되겠습니다. 만약, 해중무토(亥中戊土)가 있는데 왜 전혀 도움이 안 되는지 이해가 안 된다면 새롭게 정리된 지장간(支藏干)의 구조를 참고하는 것이 좋겠습니다.

① 인신사해(寅申巳亥): 생기(生氣) 0.3, 본기(本氣) 0.7
② 자오묘유(子午卯酉): 본기(本氣) 1.0
③ 진술축미(辰戌丑未): 고기(庫氣) 0.3, 여기(餘氣) 0.2, 본기(本氣) 0.5

위와 같은 구조로 대입하게 됩니다. 그래서 인신사해(寅申巳亥)에서는 무토(戊土)를 논하지 않고, 오(午)에서는 기(己)를 논하지 않는다고 생각하면 되겠습니다. 그리고 천간에 있는 오행에 대해서도 대입하는데, 정확한 것은 아니지만 대력 0.3 정도의 비중으로 본다면 무난할 것으로 보고 있습니다. 그러니까 좌우(左右)에 生하는 오행이나 같은 오행이 있으면 가산점이 0.3이라고 생각하면 되겠습니다. 또 "오행의 천간통근표"를 참고 하시기 바랍니다.

이와 같은 기준을 놓고 대입하되, 주변의 구조에 따라서 약간의 가감(加減)은 가능할 것입니다. 그러니까 수치는 절대적인 것이 아니라 기본적인 기준(基準)이라고 생각하면 되겠습니다. 또, 세력(勢力)을 논할 경우에도 생조(生助)하는 오행이나 같은 오행의 갯수에 의해서 강약(强弱)을 참고할 수는 있지만 그것만으로 모든 것을 결정(決定)할 수 없다는 것도 살필 수 있다면 더욱 깊은 이치를 느낄 수 있을 것입니다. 이러한 관점을 얻게 된다면

오행(五行)의 천간통근표(天干通根表)										
木	甲 0.3	乙 0.3	丙 0.0	丁 0.0	戊 0.0	己 0.0	庚 0.0	辛 0.0	壬 0.4	癸 0.4
火	甲 0.4	乙 0.4	丙 0.3	丁 0.3	戊 0.0	己 0.0	庚 0.0	辛 0.0	壬 0.0	癸 0.0
土	甲 0.0	乙 0.0	丙 0.4	丁 0.4	戊 0.3	己 0.3	庚 0.0	辛 0.0	壬 0.0	癸 0.0
金	甲 0.0	乙 0.0	丙 0.0	丁 0.0	戊 0.4	己 0.4	庚 0.3	辛 0.3	壬 0.0	癸 0.0
水	甲 0.0	乙 0.0	丙 0.0	丁 0.0	戊 0.0	己 0.0	庚 0.4	辛 0.4	壬 0.3	癸 0.3

점차 깊어가는 오행(五行)의 생극(生剋)에 대한 사유(思惟)로 이어진다고 하겠습니다.

이렇게 『왕초보사주학(입문편)』의 내용과 연결된 부분에서 참고로 삼을 만한 내용을 모았습니다. 이 책의 내용을 살피면서 이해한 다음, 덧붙이는 의견에 대해서도 다시 생각하면서 정리한다면 기초를 다지는 데 도움이 될 것 입니다. 모쪼록 알찬 성취가 있기를 기원 드립니다.

2019년 4월에 계룡감로에서 낭월 두손 모음